財投改革の経済学

髙橋洋一
Takahashi Yoichi

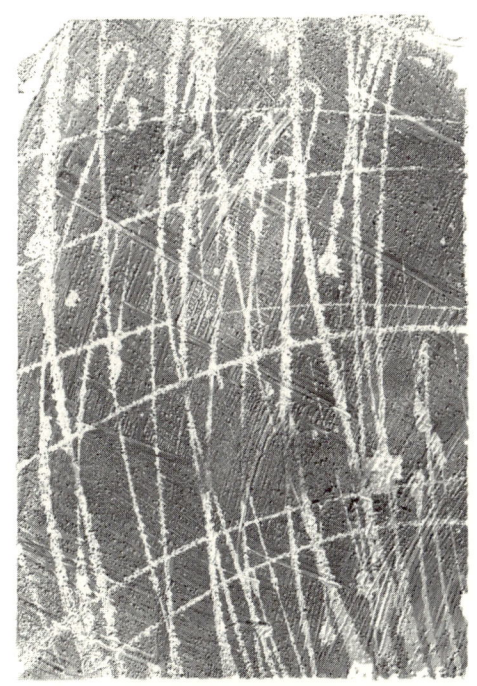

東洋経済新報社

はしがき

　財政投融資（財投）を中心とする公的金融システム改革について，筆者は政策作成当事者として4度にわたって深く関係してきた．

　公的金融システムは，いうまでもなく日本の金融システムの重要な一部であるが，その改革は広く行財政全般，ひいては日本の経済社会の根幹に関わるものである．当事者の1人としてその改革に携わりながら，参考とすべき例が乏しい中で，筆者が考えてきた理論と実践が本書のメインテーマである．これらについて詳しくは，第1章をお読みいただきたい．

　筆者が初めて公的金融システム改革に関わったのは，1991年から92年にかけてであった．大蔵省（現在財務省）理財局資金第一課課長補佐として，郵便貯金（郵貯）の資産サイド（資金運用部への預託と市場運用）を担当していた．それまで大蔵省と郵政省は，郵貯資金について，「予算感覚」で「金額」を取った・取られたという単純な議論をしていた．筆者はこの「予算感覚」に戸惑った．財投は「金融」の側面もあるのではないか．「金融」なら，資金「額」に「期間に応じた金利」が考慮されなければならない．

　そして，資金運用部資金と郵貯資金とをストックベースで考え，それに金利の要素を入れてALM（資産負債総合管理）という視点から眺めれば，それぞれの資金の目的を達成するための，両資金間での合理的な資金のやりとりが決められると考えた．そこで，資金運用部のALMを簡易に計算してみた．驚くことに，巨額の金利リスクを抱えていた．一方，郵貯でも同じ計算をしてみたところ，同じように大きな金利リスクがあった．

　しかし，この両者を解決する方法が見つかったので，一気にではなかったものの，1992年頃から徐々に試行していった．

　郵貯のALMを見る過程で，定額郵貯についての合理的な金利もおおよそわかっていたつもりであった．だが当時は，定額郵貯は不合理な商品であり廃止すべきという金融界の見解が一般的であった．オプション理論から見れば金利

を見直せばよい，という筆者の意見は，大蔵省内ではまったくの異端であった．とはいえ，郵貯の廃止はまったく現実的ではなかったので，1992年の大蔵省・郵政省間での金利見直しには，筆者の意見が反映された．その当時，筆者が考えていたことは主に第3章にまとめている．

2度目は，1994年から98年，筆者は大蔵省理財局資金企画室長の職にあり，いわゆる「財投改革」を担当していた．当時は民間金融機関の不良債権が問題になっており，筆者は，理財局に戻る直前に金融検査部で不良債権問題を担当していた．当時，ある人から「不良債権償却魔王」という名誉なあだ名もいただいた．民間金融機関には，信用リスクを含むリスク管理が金融機関経営を左右するほど重要なものだという認識があった．ところが，同じような金融取引を行っている大蔵省資金運用部では，そうしたリスク管理はまったく行われていなかった．部内では，問題が顕在化しつつあったことを危惧する向きもあった．そこで，リスク管理のシステム作りのために，筆者は理財局に戻った．その2年前の理財局資金第一課課長補佐時代に簡易版の資金運用部ALMシステムを作っておいたので，システムそれ自体を作ることにそれほど時間はかからず，数カ月でできた．そのシステムを運営しているうちに，金融の観点から資金運用部資金をどのように管理すればよいのか，おおよそわかってきた．

1995年頃から，世間では，財投批判の声が高まっていた．税金無駄使いの特殊法人に資金を流し込む財投システムは悪だというのである．それに対する政府答弁は，「国会議決などのきちんとした手続きを経て行っている」という形式的なものであった．筆者は，内心ではその答弁に満足していなかった．

財投は金融的手法による財政活動である．金融は，突き詰めれば，金利を通じてリスクを評価・管理するものだ．それなのに財投では，相変わらず「予算感覚」で「額」の話にとどまり，民主主義プロセスがきちんと行われたかどうかだけを説明していた．金融として，リスクは評価・管理されているのか，正しい金利が設定されているのか等の点では不十分に思われた．それに，財政活動としても，なぜ公的関与が必要なのか，長期事業の最終的な財政コストはいくらで便益はどうなのか，といった点でも十分に納得はできなかった．

これらの問題についての筆者なりの回答は，ディスクロージャーと市場金利による金融・財政両面での管理であった．ディスクロージャーについては，1995年から『財政投融資リポート』の公表という形で具体化している．

市場金利による金融面の管理は，資金運用部のALMシステムを構築することである．これは1994年後半から稼働している．市場金利による財政面の管理については，政策コスト分析が行われるようになった．政策コスト分析とは，財投機関が現在の事業を継続し新規事業に手を広げないとの前提で，国（一般会計等）から将来にわたって投入される補助金等を計算したものである．政策コスト分析は，1997年後半に試作品ができたが，本格実施は2001年であった．これらの財投改革については，主に第5章に書いている．

　3度目は，2003年から05年である．筆者は，内閣府経済財政諮問会議特命室及び内閣官房郵政民営化準備室参事官として，郵政民営化を担当した．郵政民営化は小泉首相が掲げる一丁目一番地の政策であり，筆者は，竹中平蔵経済財政・郵政民営化担当大臣の下で，初めは経済財政諮問会議で議論して基本方針を作り，その後は郵政民営化準備室で法案作成などに携わった．

　かつて竹中平蔵氏が大蔵省に出向していたとき，竹中氏は筆者の上司であった．竹中氏と筆者は，多くの研究論文を共同で執筆した．その後，筆者が財投研究をしていた時にも，しばしば意見交換を行っていた．2001年に筆者が米国プリンストン大学での研究を終えて帰国した後もいろいろとお手伝いさせていただいていたが，いよいよ竹中氏が郵政民営化に着手するときに，竹中氏から本格的に手伝ってほしいとの依頼があった．筆者も財投改革後の郵政改革について，やり残したことが気がかりであったので，ただちに快諾した．

　実は，1990年代半ばに財投改革に携わった時から気がついていたが，もはや郵政三事業を支えていた郵貯は民営化以外に存続ができなくなっていた．つまり，財投改革によって郵貯は市場で自主運用するようになったが，これは政府内金利であった郵貯から大蔵省資金運用部への預託金利が「市場化」されることを意味する．それ以前，預託金利は10年国債金利に「連動化」していたが，その水準は10年国債金利プラス0.2％であり，「市場化」していなかった．この「プラス0.2％」は，資金運用側の郵貯にとっては「ミルク補給」になったが，資金調達側の特殊法人（財投機関）の調達コストを高め，結果として特殊法人への補助金などを多くして，国民負担を高めていた．

　財投改革は，特殊法人の調達コストを適正化し，その活動の社会的な評価を客観的に行うためには必要であった．ただ，郵貯は悲願の自主運用になったが，公的機関としてリスク運用を回避するため国債運用を基本とせざるをえない一

方で，市場金利の調達コストは理論的には国債金利を下回ることはできないために，長期的には利ざやを確保できなくなる．財投改革当時，自主運用に移行すれば10年くらいで経営困難に陥る可能性があった．

上述のように，郵貯の資金調達コストを国債金利より低くすることは理論的に不可能である．郵貯の破綻を避けるためには，運用サイドの収益を上げることが必要であるが，これが国営のままではうまくできない．金融論の常識として，リターンを上げるためにはリスクが伴い，その裏には責任問題がある．この点，国民の総意が必要であるので，国営企業では公益との関係ではリスクをとりにくい．となると，民営化が選択肢になる．もちろん国営と民営化の間に理論上選択肢がないわけではないが，地方の第三セクターや海外などの例を見てもわかるように，そうした中間形態は，官と民の「悪いとこどり」になりがちで，現実的な解決策になりえない．

というわけで，民営化にならざるをえなかったのだが，具体的にどのような形態とするかはかなりの難問であった．筆者は，金融と非金融の分離，スケール・メリット，スコープ・メリット，経営ガバナンスの観点から，4分社化が適当という結論であった．以上のような郵政民営化については，第2章及び第6章を参照していただきたい．

なお，同時期に筆者は内閣府経済財政諮問会議特命室に在籍していたので，道路関係四公団民営化推進委員会委員の猪瀬直樹氏らに協力しながら，特殊法人改革にも若干関わっていた．特に道路公団改革について，当時マスコミでは，道路公団は債務超過であり民営化すれば追加国費負担が必要になる，したがってもう高速道路を造るべきでない，と報道されていた．また学者もそうした意見に同調していた．筆者は，道路公団は高い高速料金のために資産超過であるので，民営化すれば料金を下げられるし，採算によっては高速道路も造れると主張していた．結果としては資産超過だった．道路公団改革について，民営化委員が分裂して失敗だったという評価があるが，辞めた委員は何が何でも高速道路を造りたいか，道路公団は債務超過でもう高速道路を造れないという，誤解のあった方であるので，正しい解決策を提示したという意味で成功であったと思う．マスコミも完全に誤解して報道していた．道路公団改革を正しく評価できないままでいるのは，国民にとってまことに不幸であった．このような事情については，第7章にまとめている．

4度目は2005年から06年．筆者は内閣府政策金融改革準備室参事官として，政策金融改革を担当していた．政策金融改革と郵政民営化はコインの裏表の関係がある．筆者の頭の中では，郵政民営化を準備しながら，政策金融改革についても同時並行的に考えていた．これらについては第2章をご覧いただきたい．

政策金融改革についての整理は比較的簡単だ．政策金融自体については，政策手段としての存在意義はあるので，全部を廃止とか民営化ということではない．ただし，民間金融機関や資本市場で代替可能なものはできる限り民間の金融システムを活用すれば改革のデザインを描くことができる．金融取引は，いろいろな要素に分解（unbundling）することができ，民間でも代替可能なところはその部分を民間に置き換えればいい．この意味で，資金調達から運用・管理まで「フルセット機能組織」を各省庁でバラバラに持つ必要はない．こうして，政策金融改革はすっきりした形の結論が得られた．郵政民営化の時は，郵便局がすでに金融以外のいろいろな事業を併せて営んでいたこと，大量の雇用を抱えていたことなどがいろいろなネックになったが，政策金融改革ではそうした点は比較的問題にならなかったのも幸運であった．第8章には理論面も含めて政策金融改革の際に調べたことや考えていたことをまとめている．

また，筆者は，郵政民営化や政策金融改革とともに，内閣府経済財政諮問会議特命室や竹中総務大臣補佐官として，資産負債改革，金融政策などマクロ経済運営にも携わっていた．日本では債務残高が大きいとよくいわれるが，バランスシートの観点から見れば，政府資産の規模も大きい．「債務に着目するなら資産も」という意味での問題提起だった．

また，諸改革のためには，良好なマクロ経済環境が必要である．マクロ経済への影響については，先進国の世界の標準手法は金融政策である．特に財政政策の自由度が失われている日本ではいうまでもない．筆者は1998年から2001年まで米国プリンストン大学に在籍し，ベン・バーナンキ現FRB議長やポール・クルーグマン教授らと親交を得た．彼ら以外にも多くの著名な研究者がいたプリンストン大学の金融政策研究は世界最先端にある．そこで大いに知的刺激を受けたが，彼らが異口同音にいったのは「日銀の金融政策はおかしい」である．たしかに，失われた10年（15年？）はデフレで苦しみ，名目経済成長率は先進国中最下位だった．デフレ脱却は今なお達成できていない．

以上の問題について考察したのが第9章であり，資産負債改革や金融政策な

どの分析が書かれている．

　なお，各章の記述は改革当時に調査したり考えたりことを発表した論考をベースにしている．そのため，記述が古いところもあるが，改革と同時進行であったので政策担当者の思いが出ているというメリットもあるので，多くは改革当時のままにしておいた．

　本書の出版を強く進めていただいた加藤寛氏と竹中平蔵氏に感謝したい．両氏は改革と学問の融合の先駆者であり，筆者は強く影響を受けてきた．本書は，筆者が千葉商科大学に提出した博士（政策研究）論文がベースになっている．加藤氏のほか，島田晴雄氏，貝塚啓明氏，齊藤壽彦氏，石山嘉英氏にも筆者の論文を審査していただき，有益な助言をいただいた．東洋経済新報社出版局の中山英貴氏には，本書の出版について大変なご苦労をしていただいた．多少とも読みやすくなっていれば中山氏のおかげである．

　最後に，筆者が夜な夜な書き物をしているのを不思議に思っていた家族，特に妻弘子に本書を捧げたい．

2007年9月

　　　　　　　　　　　　　　　　　　　　　　　　　高橋　洋一

目　　次

はしがき iii

第1章　本書の課題 ———————————— 1

第2章　資金の流れの変化 ———————————— 13
1. 「失われた10年」の資金の流れの変化　14
2. 諸改革後の資金の流れの変化　16
3. お わ り に　21
   参考1　資金の流れの変化について（データの出所）　22
   参考2　政府B/Sの日米比較　25

第3章　郵貯の経済分析 ———————————— 27
1. 郵貯・資金運用部の歴史　27
2. 郵貯シフトはなぜ起きたか　35

第4章　財投・郵貯・政策金融改革の経緯・現状 ———————————— 47
1. 財 投 改 革　48
2. 郵 政 民 営 化　49
3. 特殊法人改革・政策金融改革　53

第5章　財 投 改 革 ———————————— 57
1. 米国の参考例　57
2. 諸外国の財投類似制度　65
3. 将来の財政投融資の姿　78

第6章 郵政民営化 ─────── 87

1. なぜ民営化なのか　87
2. 将来の郵貯の姿　93
3. 将来の簡保・郵便の姿　98
4. 長期シミュレーション(1)　103
5. 長期シミュレーション(2)　113
6. 4分社化のメリット　117

第7章 特殊法人改革 ─────── 123

1. 特殊法人改革の背景　123
2. 失われた90年代の原因：効果のない公的投資　125
3. 公的活動の基準：
   民間でできるものは官がやってはいけない　128
4. 公会計及び経済分析の現状　131
5. 将来キャッシュ・フロー分析の応用の具体例　141

第8章 政策金融改革 ─────── 175

1. 海外の政策金融　175
2. 将来の政策金融の姿　183
3. 政策金融改革の現状　191

第9章 他の政策への影響 ─────── 195

1. 政府資産負債管理政策　196
2. 国債管理政策　204
3. 財政再建　221

補論　郵政法案について　241
参考文献　247
索　引　255

第1章 本書の課題

　1990年代半ばから2000年代半ばまでのおよそ10年間に，日本の公的金融システムは大きく変化した．

　まず，1990年代半ばから行政改革の中で財政投融資システムへの批判が高まり，それを受けて財投改革が行われた．1998年6月に成立した中央省庁等改革基本法を受けて，2000年5月に財投改革法が成立し，財投の預託制度が廃止され，郵政3事業の郵政公社化，郵便貯金の市場での全面的な自主運用が始まった．次に，2000年代に入り小泉政権が誕生すると，郵政民営化が政治課題に上り，2005年9月の総選挙を経て，同年10月郵政民営化法が成立した．2007年10月から郵政公社が4会社に分割されて民営化されることとなった．

　さらに，郵政民営化とコインの裏表の関係にある政策金融は，郵政民営化法成立直後，いわゆる小さな政府法案の重要な一部分となり，同法案は2006年5月に成立した．政策金融機関の3つ（日本政策投資銀行，商工中央金庫，公営企業金融公庫）は完全民営化・廃止となり，残された政策金融機関は1機関に統合されることとなった．また，改革の結果，政策金融融資残高が半減されることとなる．これらの改革は，それぞれの時代を背景として政治問題化し，それぞれが独立して対処されてきた．

　本書で明らかにしたいことは，これらの改革は，政府の金融活動に対し，金融自由化後の金融資本市場の市場化の動きと国民のガバナンスという観点から見ると，一連の流れであり必然的なものであるということである．この意味で，財投改革，郵政民営化，政策金融改革のどれか1つでも欠けると，全体として改革は不十分になり，これらは相互補完的な関係になっている．

　第1に，金融資本市場の市場化が公的金融システムに影響を及ぼしたのは，郵貯シフトの発生である．郵貯の大宗を占める定額貯金は，満期10年という長期性を持ちながら，6カ月経てば解約自由という流動性を同時に併せ持つ商品

である．この商品性について経済非合理であるとの批判が民間金融界等から提起されたが，長期預金と解約オプションとの組合せと考えれば，金融商品としては経済合理的である．問題は金利設定であり，1991年まで，高金利時（逆イールド時）に定額郵貯の金利が市場金利より割高になって郵貯シフトが発生していた．金融自由化の進展とともに，郵貯シフトの問題がより強く認識され，1992年，定額郵貯の金利設定が見直され，当面の解決策がとられた．

第2に，財投システムのほころびである．まず，金利面から問題が発生した．財投システムでは金利（預託金利と貸出金利）が法定されており，市場金利の変動に対応できなかった．このため，1987年，資金運用部資金法を改正し，預託金利を市場金利に連動するようにした（預託金利水準は市場金利と必ずしも同じでないので，市場化ではない）．

預託金利が市場金利連動化されたので，金融自由化に伴う大きな問題はひとまず回避されたが，預託者（特に公的年金）への預託金利について市場金利への上乗せが恒常化した．1990年代の低金利下では，この上乗せ（0.2%）が相対的に大きかった．資金運用部[1]にとって調達コストの上昇であるが，資金運用部から財投機関への貸出金利も同じ上乗せにしたので，結局は財投機関の調達コストの上昇となった．財投機関には収支差補塡として利子補給金等財政資金が投入されているので，結果として，国民負担によって財投機関と資金運用部を経由した預託者（最大の利益享受者は郵貯）への利益移転になった．

1987年に預託金利が市場金利連動化された際，郵貯と公的年金で，いわゆる自主運用が始められた（公的年金では事実上1986年から始められている）．当時は，民間は財テクブームにあり，市場での運用は「有利運用」ともいわれるなど，リスクなしで儲かるものという認識であった．

実はこの市場運用で利益を稼ぐのは難しい．金融取引はリスクとの関係でリターンが規定される．ところが，公的活動であるために，万が一の損失でも国民負担となるために，多くの国民が許容するリスクをとることは事実上困難である．言い換えれば，市場での運用事業は自己責任を貫徹できる民間活動にふ

---

[1] 2001年4月から財投改革により「財政融資資金」と名称が変更された．本書では特に断らない限り，資金運用部という場合には，財投改革以前の姿を記述するときに用いる．なお，資金運用部といっても，実際にそうした名称の行政組織があるわけでなく，国庫内における経理上「資金運用部」と称しているにすぎない．

さわしく，公的活動ではおのずと限界があるわけだ．

　金利の問題とともに，巨大になりすぎた量的な問題が，財投システムの維持可能性を損なっていた．財投システムの運用として，公共投資のためのファイナンスや政府系金融にとどまっていれば，金融自由化の影響は最小限度になっていただろう．しかし，財投システムという政府の金融活動は大きくなりすぎていた．1990年代中頃には郵貯はその残高の3割も市場運用せざるをえないほどであった．しかも，財投システムの維持のためには，郵貯や資金運用部には税金が投入されていないが，財投機関への利子補給金等財政資金が投入されて，全体としての財投システムが維持されてきた．諸外国の類似制度と同様に，財投システムは長期融資という特徴がある．現行予算制度では単年度主義のために，毎年の財政資金の投入は容易に把握でき，毎年の国民負担はわかるが，長期融資に伴う長期にわたる国民負担はわかりにくい．

　財投システム全体として，ALM（資産負債総合管理）の観点から見れば，資産の一定割合を市場運用するのは金利リスクなどの諸リスク回避のためには必要である．この意味では，郵貯の市場運用が3割に達した1990年代中頃が分水嶺であった．ところが，郵貯残高は2000年まで増大し続けた．郵貯・財投システムの増大は，それを維持するために利子補給金等財政資金を必要とするが，長期にわたる財政システムの維持コストが巨額になることが判明し，当時の逼迫した財政事情では無理となり，特殊法人批判とともに，財投システムは制度的に維持できなくなった．

　そうした状況に対応するため，財投改革が行われた．1998年6月に成立した中央省庁等改革基本法を受けて，2000年5月に財投改革法が成立し，財投の預託制度が廃止され，郵政3事業の郵政公社化，郵貯の市場での全面的な自主運用が始まった．また，1999年から将来にわたる維持コストを現在価値ベースで明示する政策コスト分析も導入された．

　この財投改革によって，財投システムは拡大傾向から縮小傾向に転じた．これは，政策コスト分析によって，個別事業の維持コストが明白になり「政府の失敗」が明らかになったことを示している（図1-1参照）．

　第3に，郵政民営化である．もちろん，この改革ができたのは小泉純一郎前首相の政治的リーダーシップが大きい．改革の政治過程についても，与党の事前審査なしで法案を閣議決定するなどこれまでの政治決定プロセスを大きく超

図1-1 郵貯・財投残高の推移

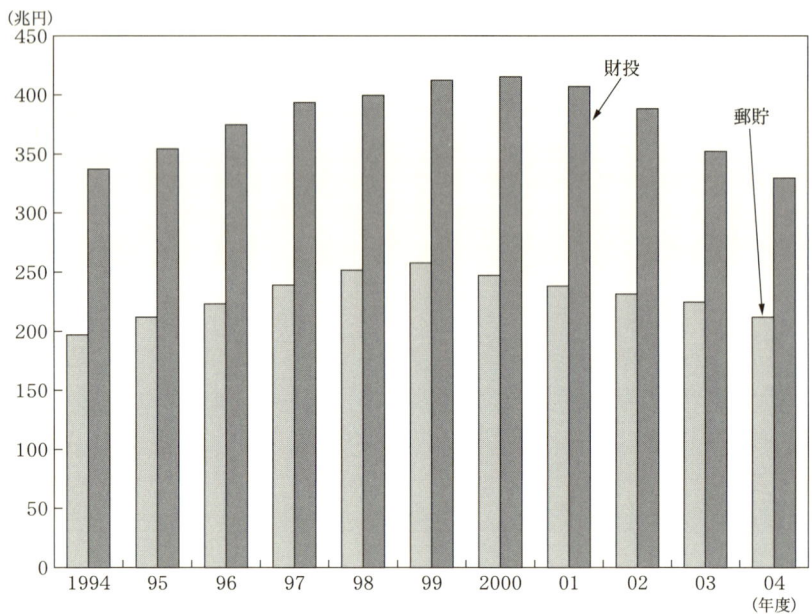

えたものであり，また，郵政民営化法案が一度国会で否決されたが総選挙を行った後再度国会に提案され，可決された点についても，極めて興味深い政治的な研究課題である．

　ただし，政治的な決断を可能にした，その背後にある経済的な環境は，もっと強調されるべきである．つまり，財投改革後郵貯が全面自主運用になったことは，郵貯が財投システムという国庫内から市場経済の中で運用されることとなり，国営のままでは経営がじり貧になり将来的には存続できなくなることを意味していた．郵貯は市場でも全面的自主運用になったために，それまでの預託では0.2％の金利上乗せがあったが，それがなくなった．その他にも国庫内のメリットもなくなった．一方で，郵貯は国営であったので，基本的には国債運用に限定されるという運用制限もあった．

　金融理論から言えば，運用利回りが国債と同水準であれば，利ざやを生むことはできない．一般に金融サービスは信用リスクを引き受ける代わりに利ざやを受け取って経営が成立している．利ざやなしで決済サービスなどの別の金融

付加価値によるビジネスモデル（ナローバンク）もあるが，現実には小規模金融しか成立していない．郵貯の経費が0.4～0.5％であるので，このような巨額な資金をナローバンク経営で維持することは事実上不可能である．この点から，信用リスクを許容しつつ，できるだけスリム化しつつ別の金融付加価値を目指す民営化を行い，運用利回りを高めなければ，将来的な郵貯経営は困難である．

　財投改革と同時期に中央省庁再編が行われ，その中に財投改革の成果も取り入れられたが，中央省庁等改革基本法第33条第6号では「民営化等の見直しは行わないものとすること」と規定された．この規定について，公社化後の民営化までを否定するものでないという政府解釈は，郵貯は国営のままでは持続的な経営が困難であることから見れば，経済理論的にも妥当である．むしろ，経済理論的には，小泉内閣以外のどんな内閣でも，いつかは民営化などの抜本的な改革をせざるをえない．一連の公的金融改革において，郵政民営化は不可避な課題であった．[2]

　郵政を民営化せざるをえないとすれば，どのように行えばよいか．郵政の特色は，郵便貯金・簡易保険という金融業務と郵便という非金融業務が一体として行われていることと，郵政3事業の顧客窓口である郵便局ネットワークという貴重な経営資源を有していることである．

　まず，郵便に使われている郵便局ネットワークはその一部であり，多くは金融業務の顧客サービス拠点となっていることから考えると，郵政3事業といわれてきたが，郵便，郵便局ネットワーク，郵便貯金，簡易保険という4つの機

---

[2]　日米間には，2001年6月の日米首脳会談による「成長のための日米経済パートナーシップ」の下に「日米規制改革イニシアティブ」が設けられ，日米両国の規制改革に関する対話が進められている．同イニシアティブにおいて郵政事業の民営化について関心の表明や透明性のある民営化プロセスの確保，民間企業との間の「イコールフッティング」等について要望が寄せられてきている．

　郵政民営化はこうした米国の要求に沿って行われているといった指摘もあるが，ここで記したように，1990年代中頃から議論されてきた財投改革による必然的な帰結である．なお，政治的にも，小泉氏は，米国が郵政民営化について要求をしてくる以前から，郵政民営化の必要性を主張していた．

　なお，簡易保険については，1997年から2000年に開催された日米規制緩和対話において，米国より，民間保険会社が提供している商品と競合する簡易保険の拡大を中止し，現在の制度の削減・禁止について検討すること等の要望が行われていた．

能があることがわかる．また，3事業兼営のメリットは，顧客窓口である郵便局ネットワークにおいて享受されてきた．一方，金融業務のリスクを考えると，金融業務と非金融業務を分離して金融からのリスクを遮断する必要があるものの，金融リスクを基本的には負わない顧客窓口ベースで金融・非金融のリスク遮断の必要性はない．

郵政民営化において，郵便，郵便局ネットワーク，郵便貯金，簡易保険の4分社化が行われたのは，これらの郵政の特色とリスク遮断という制約条件をクリアでき，郵政の4機能をそれぞれ自立できるからである．

第4に政策金融改革である．この改革は郵政民営化の直後に行われた．公的金融システムを金融理論から見れば，郵貯は受信サイドであり，政策金融機関は与信サイドになる．この意味では，郵政民営化と政策金融改革はミラー関係になる．郵政民営化をしても，政策金融改革がまったく行われなければ，民営化された郵貯は信用リスク業務に進出できずに収益機会がなく，民営化が失敗に終わる可能性もある．このため，政策金融残高を郵政民営化と整合的に減少させることが必要である．

もっとも政策金融の存在自体は否定されるべきでない．諸外国においても，一定の政策金融は存在する．日本の政策金融の問題は，新しい金融技術の進展と整合的でないことである．金融理論から言えば，金融取引は資金調達，運用，管理などに分解することができ，民間金融取引をベースとして，必要なところにのみ公的関与というモジュールを加えることで新たな政策金融をつくることができる．つまり，政策金融は民間金融取引に補助金等財政資金を組み合わせることによって，再構成ができる．このような金融技術と規模が減少するということから，政策金融については，資金調達，運用，管理等のフルセットの政府組織は最小限度しか必要でない．

以上が本書の主張であり，以下の章で具体的な各論が論じられるが，その前に，これまでの公的金融に関する先行研究を整理しておきたい．

これまで，貝塚［1981］，吉野・古川編［1991］，松浦［1991］，三井・太田編著［1995］，宮脇［1995］，吉田・小西［1996］，富田［1997］，岩田・深尾編［1998］，岩本［2000］らによる論考が代表的なものである．特に，金融的な側面に注目すれば，金融自由化との関係が論点になってきた．

貝塚［1981］では，公的金融を定義し，議論の対象の明確化を行い，この分

野のその後の研究における基礎付けを行った意義は大きい．吉野・古川編 [1991] は，金融自由化との関係を整理している．松浦 [1991] は要領の良い展望となっており，当時までの財政投融資の評価をまとめている．三井・太田編著 [1995]，宮脇 [1995]，吉田・小西 [1996]，富田 [1997] は，いろいろな立場からの公的金融に関する研究書である．その当時から，財政投融資に関する世間の関心が高まり，研究書であるが，一定の政策提言の性格も持っている．岩田・深尾編 [1998] は，本格的な経済分析書であり，それまでの研究成果をまとめ，併せて改革の方向性も示されている．その中で池尾 [1998] は，公的金融は政府活動であるとして，政府活動に関する一般理論を公的金融に応用して，政府活動の限界を模索している．また，髙橋 [1998] は，当時の改革の方向性への理論的な基礎となっており，財投債（郵貯の自主運用），政策コスト分析，財政融資資金における ALM（資産負債総合管理）の導入など実際の政策はほぼその通りに進行している．岩本 [2000] は，政策の動向も踏まえた便利な展望論文である．

　公的金融システムに関する先行研究では，公的金融が政府による金融活動である点を強調している[3]が，実際に民間金融とは何が異なるのか，つまり，同じ金融活動であるが，実施する主体が民間金融機関であるか政府であるかの点だけで違っているのか，必ずしも明らかでなかった．多くの場合，金融活動は同じであるが主体だけに差異があるとされていた．この場合，公的金融と民間金融とでは競合関係になることが暗黙の前提になってしまい，公的金融は本来なくなるべきものという政策的インプリケーションになる．ところが，公的金融が何らかの市場の失敗に基づくものであれば，その範囲において公的金融は存在価値があり，適正な規模を認められることとなる．むしろ，その場合，市場の失敗を具体的に考察することによって，公的金融の改革において，何をすべきかが明確になる．

　髙橋 [1998] では，公的金融の特徴として長期金融であることを挙げている．

---

3) 貝塚 [1981] では，公的金融を公共部門による金融仲介と定義したが，政府保証や政府による資金調達（国債発行）は含まれない．本書では，公的金融を「政策目的をもって行う政府による金融活動」と考えている．この定義は，筆者が作成担当した『財政投融資リポート95』（財務省のディスクロージャー誌の初年度版）における「財政投融資は財政政策を金融的手法を用いて実施する手段である」という定義と整合的である．

もちろん，個別事業についての公的関与の必要性が前提であるが，金融面の特徴として長期金融を指摘した．実際の金融実務から見ると，10年以上の金融は資本市場，1年未満では民間金融機関が担っている．もっとも，この境界も金融技術の進展などによって変わりうるものであるので，絶対的なものではない．しかしながら，金融機関を介在した場合，金融機関のリスク許容に限界があるので，金利リスクなど各種のリスクを伴う一定期間以上の長期金融を大規模に行うことは難しいであろう．例えば，金利リスクについては，民間主体であれば，いつ倒産するかわからないという意味で，その生存期間は一定の制約がある．[4] ところが，政府の場合にはその制約は民間に比較すればない．このため，政府のほうが民間に比べて長期債務を負うことができる．このことは，同じリスクを持つのであれば，政府のほうが民間に比べて長期金融を行えることを示している．[5] こうした点を考えると，公的金融は民間金融機関と直接的に競合するのではなく，資本市場と代替関係があることがわかる．ただし，この点は，将来にわたる公的金融の存在理由を与えるものではない．民間金融，とりわけ資本市場における市場の失敗に限って意味があるわけで，しかも金融技術の進展によって変化しうるものである．しかも，政府活動が技術の進展を妨げるものであってはいけない（政府の失敗）．この意味から，公的金融は民間金融を阻害しないように，控えめな存在でなければいけない．

こうした観点から導き出される公的金融の将来像について，入口（郵貯），中間（財務省），出口（政策金融機関）と便宜的に分けて述べれば，次の通りになる．

公的金融の入口では，一定の公的金融を前提とすれば，長期性の負債が必要になるが，郵貯資金による預託という仕組みが適切かどうかという問題である．公的金融の資金調達という観点から見れば，代替する手段としては政府が発行主体となる債券（財投債）があり，政府保証が付された郵貯は金融商品として

---

4) 例えば，民間会社の寿命は30年くらいであるといわれる．
5) 岩本 [2000] は，高橋 [1998] が政府の ALM を根拠に公的金融の長期性を主張しているが，民間も ALM をやっており，存在理由にならないと批判している．しかし，高橋 [1998] の主張は政府も民間と同じような ALM をやれば，それぞれの負債の長期性の差だけ，政府のほうが長期金融を行うことに適しているという点であり，岩本 [2000] の批判は的を射ていない．

個人国債であると見なせるので，国債管理政策の中で，個人国債を含めた債券発行形態で対応できる．両者を比べれば，運営維持コストを含めて，国債管理政策の中で財投債による対応のほうが効率的であろう．前述したように，郵貯資金による預託に国債金利の上乗せが必要であるならば，この議論はさらに明らかであろう．となれば，一定の公的金融を前提としても，郵貯を公的金融の中で維持する必要はなくなり，民営化か廃止という方向になる．[6] なお，郵貯を民営化する場合，国債運用のみを行い決済機能に特化する「ナローバンク」形態がよいとの意見もある．しかしながら，現在の金融ビジネスモデルは，信用リスクなどの金融諸リスクの対価によって経営が行われており，決済機能のみの対価によって経営するのはかなり困難である．いわゆるナローバンクは小規模経営の場合のみしか実存せず，郵貯の雇用問題を考慮すれば，実際的な方策ではないだろう．

公的金融の中間部分では，政府のALMによる諸々のリスク管理が民間並みに行えるかどうかが重要な点である．もし民間並みにリスク管理ができないのであれば，政府が一括して資金調達を行う財投債の形態ではなく，個々の財投機関による政府保証債による資金調達を行い，個々の財投機関段階でリスク管理を行うことが合理的になる．

公的金融の出口では，政策目的達成とそのための手段の適否という観点から検討が行われるべきだ．まず，一般論として，どのような政策でも政策として正当化されるためにはコスト・ベネフィットを見て，コストよりベネフィットが上回っていることが必要である．ただ，長期的なベネフィットが大きいときには短期的にコストを下回ることもありうる．政策金融の場合，コストは政策コストとして比較的把握が容易であるが，ベネフィットは民間金融を抑制する場合にはマイナス効果と考えなければいけない．[7] また，政策コストがマイナスの場合には，政策金融を民営化できる可能性がある．要するに，政策金融の場合には，

  政策ベネフィット（民業へのマイナス効果を考慮）＞政策コスト＞0

---

6) 郵貯について民営化か廃止かどちらを選択するかは，雇用問題への対応を含めた郵貯の社会的有用性に依存する．ただ，民営化した場合，社会的有用性がなければ，おのずと淘汰されるはずなので，人為的に廃止を決めることは必ずしも必要でない．

という条件が満たされる必要がある．

　定性的に考えると，民間金融機関がカバーしている中短期（主に5年未満）金融の分野では，よほど外部性などがない限り，上記の条件をクリアできないだろう．8) 資本市場がカバーしている長期（主に5年以上）金融では，公的金融の資金提供先として資本市場にアクセスできないところでは，それほど民業へのマイナス効果を考慮することもないので，上記の条件を満たす分野は一定の範囲で存在するだろう．

　次に，政策目標達成のためにどのような手段が適切かは公的金融の出口で重要である．従来の公的金融ではほとんど直接融資形態であった．9) 資金調達は入口，リスク管理は中間，資金運用・審査は出口というように，形式的には別の主体によって財投システムは構成されてきたが，それぞれは一体のものとして運営されており，民間金融機関のようにすべての部門をフルセットで有し，一貫した資金フローで全体としては直接融資が中心だった．最近の金融理論で

---

7) 一般の産業の場合，官業と民業を比較すれば，民業のほうが効率的であるのはほぼ自明のことである．ところが，金融自由化前の金融の場合，民業といっても規制が強かったために，十分な競争が働いていなかった．例えば，公的金融と民間金融では，経費率を比較すると，公的金融のほうが低かった．なお，この事実は大蔵省『財政投融資リポート』1999年度版には記載されているが，2000年度版以降その記述はなくなっている．このように，民業も政策金融もどちらも民業とはいえないのだから，政策金融が民業を圧迫するといってもそのマイナス面は規制に比べれば大きなものでないという意見もあった．むしろ，政策金融は，民間とは言い難い民間金融の「対抗力」として意味があるという考え方もあった．しかしながら，金融自由化を経て，1990年代から2000年初めにかけての金融危機を乗り越えた後は，民間金融では再編が行われ，競争環境もかなり整ってきていると思われる．

8) 政策金融改革については，2002年12月に金融機関の不良債権問題を理由として，解決が先延ばしされている（「政策金融改革について」経済財政諮問会議，2002年12月13日）．不良債権問題によって民間金融機関の機能不全があまりに大きい場合には，政策金融の民業へのマイナス効果は考慮する必要がなく，政策ベネフィットが大きいので，民間金融機関がカバーしている分野でもかなり政策金融の存在理由があると思われる．2005年の政策金融改革においても，制度・組織は見直すが，危機対応の重要性は考慮されている．

9) 従来の公的金融では，保証が少なく直接融資が中心であったことについて，融資管理と与信管理が分断していると効率的でないなどと説明されてきた．しかしながら，郵貯という巨額な原資があり，容易にそれを利用できたために，直接融資形態が多かったのであろう．少なくとも，直接融資以外の形態を考えるインセンティブは少なかった．

は，金融を行う場合に，資金調達・運用・管理までを同一組織で行う必要はなく，金融取引を分解（unbundling）して，民間金融取引をベースにして，必要な部分について公的関与を行うことも可能である．具体的には，部分保証，利子補給，証券化などの公的関与を民間金融に組み込めば，公的金融の役割を果たすことができる．そうすることで民業へのマイナス効果を減少させ，政策金融を効率的にすることができる．また，この方法は市場化テストと整合的であり，それを通じておのずと最適な公的金融の範囲を決めることができる．

第2章　資金の流れの変化

　本章では，郵政民営化と財政投融資改革，特殊法人改革，政策金融改革を包括的にとらえ，それらの改革により日本の資金循環がどのように変化するかを数量的に明らかにし，一連の公的金融改革の全体像を示したい．これらの改革によって，2003年度と2017年度の資金循環を比較すると，家計資産に占める公的金融のシェアは26％から5％へ激減し，民間負債に占める公的金融のシェアは17％から6％へ激減するなど，資金の流れは「官から民へ」と大きく変化するだろう（後掲表2-2）．

　大きな政治課題となった郵政民営化と2001年から実施されている財投改革やその他の改革との関係を整理すれば，財投改革は財投債の導入により郵便貯金と財投システムを分離するなど一連の改革の中での重要なステップであったが，それだけでは全体の公的金融改革は完遂されない．むしろ，財投改革によって郵貯が民間金融市場で自主運用されるようになったために，必然的に郵貯の民営化へのレールは敷かれたという点に大きな意味がある．郵政民営化も，公的金融改革を完遂するための重要なステップであるが，政策金融改革も不可欠であったことが浮き彫りにされる．

　さらに，中央・地方政府は今後も大きな資金需要主体であるので，公的金融改革を行わないと，官から民への資金の流れはほとんど期待できない．より民への資金の流れをつくるためには，政府の歳出歳入改革により公債依存体質を改めなければならない．[1]

　資金循環の流れの中で日本経済の低迷を理解することは非常に重要である．もちろん，資金の流れの変化は経済活動の結果であるという見方もできるが，資金の流れは経済活動とコインの裏表の関係にあり，経済活動を包括的に見ることを可能にするものであるから，資金面から経済活動を見ることの意味は大きく，政策課題を検討するための大きな方向性を示唆しうるものである．

1．「失われた10年」の資金の流れの変化

はじめに，資金の流れの事実として，2001年度と1990年度の比較をしよう（図2-1）．この期間はバブルの絶頂期から「失われた10年」である．

まず家計部門である．家計部門から民間金融機関に対して預金が160兆円増加し，郵貯・簡保に対しては170兆円増加している．一方，民間金融機関では，家計からの預金は160兆円増加したが，国債・地方債への投資が150兆円増加し，企業部門への貸出し（ネット）は110兆円減少している．

つまり，家計部門で増大した貯蓄は，郵貯・簡保等の形で公的部門に流れ込み，また民間金融機関分も国債・地方債を購入するという行動を通じて政府部門の中に流れ込んできた．したがって，企業部門には資金が流れ込まず，失われた10年における設備投資の減額と呼応しているのである．また，郵貯・簡保に入った資金は国債・地方債を通じて中央・地方政府あるいは財政投融資計画に入り，これが政策金融，特殊法人への貸付けを大きく増加させてきた．

これからわかるのは，萎縮する民間部門と拡張する政府部門という失われた10年の構図が，資金面から裏付けられたことだ．この結果は，資金の流れを大きく変えることが日本経済の活性化にとって極めて重要であることを示唆している．「民に委ねるものは民に」という小泉内閣の方針は正鵠を射ていた．中央・地方政府や政策金融や特殊法人でも資金需要がふくれ上がったが，収益性が低いかまったく生まないところに流れるお金が拡大し，収益，付加価値を生み出す民間部門が縮小するという資金の流れを，政策的に変更することは，官

---

1) 「郵政民営化を行えば資金の流れが変わる」としばしば簡単に説明されるが，これに対し，日本郵政公社の非常勤理事でもある池尾和人氏は，「資金供給（郵貯・簡保の存在）があるから需要（財政赤字）が生まれているという側面よりも，資金需要（財政赤字）の存在が供給を促しているという側面のほうが，圧倒的に主たる因果関係である．財政再建（歳出削減と増税）の実現なしに，官が資金を集める構造が変わることはありえない．この冷厳な事実を見ないふりをして，郵政改革をすれば資金の流れを官から民に変えられるかのように主張するのは，虚言に近い」と述べている（池尾［2005］）．本書で明らかにするように，郵政民営化は諸改革と密接に関係しており，それだけを単独で行うわけではない．

図2-1 資金の流れの変化 (1990→2001年度)

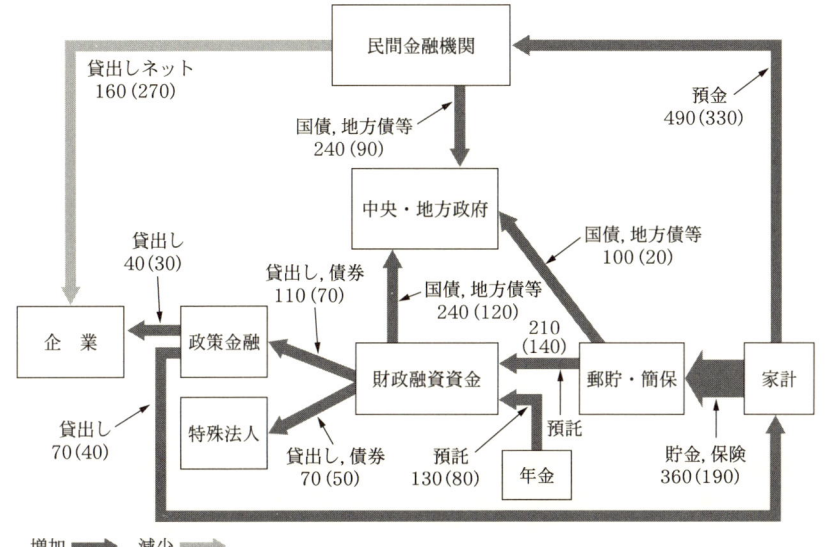

（注）単位：兆円（10兆円未満四捨五入）．かっこ内のストック数字は1990年度末．
（出所）資金循環勘定（日本銀行），各種財務諸表等より作成．

主導でなく民間主導経済をつくることになる．

　小泉内閣以来，財政依存の経済運営から脱脚しつつあるが，それでも，一般会計において毎年30兆円以上の新規財源財が発行され，国債残高は上昇している．またフローベースの財投計画も年々縮小しているが，それでもストックベースで見ると，財政融資資金で390兆円（2004年3月末）である．このような事情のため，政府資産の対GDP比は，日本が151%であるが，米国は12%にすぎない（章末・参考2）．

　失われた10年では，民間の金融資産1400兆の中で公的部門の支配する非市場的な金融が拡大してきた．企業部門は投資が不振で，家計の貯蓄もリスクを回避して安全資産である預金に流れていた．

2. 諸改革後の資金の流れの変化

2.1 改革後の姿

次に，諸改革により資金の流れが2003年度末から2017年度末までにどのように変化するかを見てみよう（図2-2）。[2] そのためには，日本経済，中央・地方政府，郵貯・簡保，政策金融・特殊法人の将来像が必要である．それぞれ次のような前提によって将来像を描いている（詳細は章末・参考1）．

①名目GDP　　　　　510→810兆円（改革と展望，ビジョン）
②国債・地方債残高　700→1120兆円　増分420兆円（改革と展望，ビジョン）
③マーシャルのk　　1.4→1.5（過去15年間のトレンド）
④民間預金残高　　　510→1090兆円　増分580兆円（①と③から算出）
⑤財投残高半減　　　340→170兆円　減少分170兆円
⑥郵貯・簡保の運用（骨格経営試算）
⑦郵貯・簡保の減少（140兆円）→個人国債増（90兆円）・民間預金増（50兆円）

その結果，資金の流れ（2003年度末から2017年度末）は図2-2のようになる．

家計部門から民間金融機関に対して預金が580兆円増加し，郵貯・簡保に対しては140兆円減少する．ただ，国債は90兆円増加する．一方，家計から民間金融機関への預金の増加は，国債・地方債への投資を390兆円増加させるものの，企業部門への貸出し（ネット）を140兆円増大させる（表2-1）．

郵貯・簡保はすでに民間金融機関になっているという前提であるから，家計資産に占める公的金融のシェアは26％から5％へ激減し，民間負債に占める公的金融のシェアは17％から6％へ激減するなど，資金の流れは「官から民へ」と大きく変化する（表2-2）．ただし，中央・地方政府の公債残高は今後も増

---

2) 郵政民営化は2007年から10年かけて行われ，政策金融改革もそのときまでには終了しているので，資金の流れの変化について2017年度の姿を見ている．

図 2-2 資金の流れの変化（2003→2017年度）

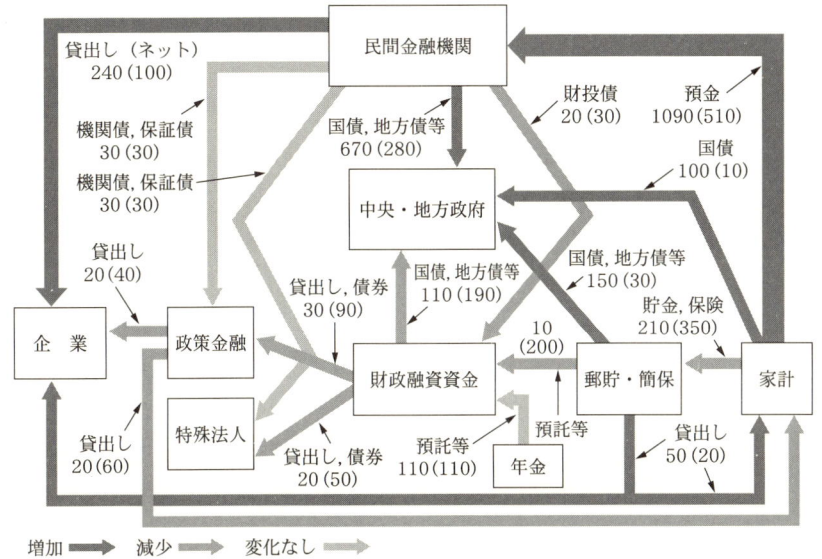

増加 ➡　減少 ➡　変化なし ➡

(注)　単位：兆円（10兆円未満四捨五入），かっこ内のストック数字は2003年度末．
(出所)　資金循環勘定（日本銀行），各種財務諸表等より作成．

加し，民間金融機関はそのために資金供給せざるをえないため，民間金融機関資産における国債・地方債のシェアは16%から28%へと増加するが，企業貸出のシェアは15%から16%へと微増にとどまるだろう．なお，企業の民間金融機関借入金の対GDP比は，54%から52%へと微減となる．

2.2　郵政民営化を行わなかったらどうなるか

まず，財投改革によって，2001年度から郵貯は旧資金運用部（現在は財政投融資資金）への預託を行わず，全額自主運用している．1878年に郵貯が旧大蔵省国債局に預けられて運用されて以来財投システムは政府内の各種資金（除く簡保資金）を統合管理・運用してきた．預託制度の廃止は，財投システムにとって，統合管理・運用をはずした歴史上初めての大改革だった．

この財投改革の預託制度の廃止について，財務省が財投債を発行してそれを郵貯が買うわけだから，資金の流れは従来の預託制度と変わらないが，金利については劇的な変化があり，それが「財投改革の肝」だった．従来の預託制度

表 2-1　資金の流れの変化　(単位　兆円)

	2003年	2017年	2003→2017年
民間主導の資金フロー			
家計→民間金融機関	510	1,090	+580
家計→民営化後の郵貯・簡保	0	210	+210
民間金融機関→企業	100	240	+140
民営化後の郵貯・簡保→企業・家計	0	50	+50
官主導の資金フロー			
家計→郵貯・簡保	350	0	△350
郵貯・簡保→中央・地方政府	130	0	△130
郵貯・簡保→財政融資資金	200	0	△200
郵貯・簡保→企業・家計	20	0	△20
財政融資資金→中央・地方政府	190	110	△80
財政融資資金→政策金融・特殊法人	140	50	△90
政策金融→企業・家計	100	40	△60
官の資金需要			
民間金融機関→中央・地方政府	280	670	+390
民間金融機関→財政融資資金	30	20	△10
民営化後の郵貯・簡保→中央・地方政府	0	150	+150
民営化後の郵貯・簡保→財政融資資金	0	10	+10
家計→中央・地方政府	10	100	+90

において，郵貯からの預託金利は，例えば7年預託金利は10年国債クーポンレート＋0.2％に決められるなど，資金運用部が国債（財投債）を直接発行して資金調達するより調達コストは0.2％も割高であった．財投システムの中で，これらの割高な調達コストは特殊法人に転嫁され，その負担を可能にするように特殊法人に対して追加的な補給金が支給され，結果として郵貯がその分の利益補填を受けていた．その他にも，郵貯は当然政府内金利である預託金利の変更時期を知っており，いわば金利の動きがわかっていて資金運用しているようなもので，預託の leads and lags により利益を上げられる立場であった．さらに，郵貯は国庫内にあることによる各種メリット（例えば預託金利子の概算払いを受けること．これにより0.1％弱の運用利回りアップになる）を受けていた．しかしながら，財投改革後は，郵貯は自主運用となって，市場から国債を購入するので，0.2％の預託金利の上乗せの利益補填の道，その他国庫内であったために得られた運用上のメリットはすべて断たれる．

その上で，郵貯が民営化されなかったら，信用リスクをとるような貸出業務

表 2-2 改革による変化

改革後,資金の官のシェアは低下

	1990年	2003年	2017年
家計資産	20%	26%	5%
民間負債	10%	17%	6%
政府負債	47%	40%	9%

改革後,官の資金は減少,民の資金は増加

官の資金

	1990-2001年	2003-2017年
家計貯蓄	170兆円	▲50兆円
企業借入	40兆円	▲10兆円
政府借入	200兆円	▲60兆円

すべて減少

民の資金

	1990-2001年	2003-2017年
家計貯蓄	160兆円	580兆円
企業借入	▲110兆円	140兆円
政府借入	150兆円	470兆円

すべて増加

は行えない.その理由は公的主体であるので,もし万が一の場合に国民負担というわけにはいかず,信用業務によるリスクをとることができないからだ.そのため,運用は基本的には国債またはそれに準ずるものに限定される.その場合,運用の平均利回りは国債金利程度になって,どのような経営努力をしても人件費などの利ざやを稼ぐことは金融理論上不可能である.要するに,民営化せずに貸出部門を持たない郵貯が市場において有価証券で運用するならば,市場原理が貫徹した世界では,十分な資金量・利ざやを確保できなくなる.

このことは,郵貯が民営化されない場合,それほど遠くない将来において郵貯経営は困難になることを意味している.ちなみに,2004年11月,郵政民営化準備室で試算された新規業務を行わない場合の「骨格経営試算」においても,現在の金融機関にとって有利な環境が継続する場合であっても年を追って経営がじり貧になることが示されている.そのじり貧傾向は,現在のような経済環境でなくなると,一層悪化することも示されている.

2001年の財投改革により,郵貯は自主運用することになり,郵政サイドでは100年の悲願である「自主運用」が行えるようになったわけだが,一方で市場

原理に組み込まれ，運用利回りを上げるために信用リスクをとらざるをえず，必然的に「民営化」を強いられることになった．この意味で，中央省庁等改革基本法第33条第6号「民営化等の見直しは行わないものとすること」について，公社化後の民営化までを否定するものでないという政府解釈は，経済理論的にも妥当である．むしろ，経済理論的には，小泉内閣以外のどんな内閣でも，今のままでの郵貯では経営は長期的にじり貧であり，いつかは民営化などの改革をせざるをえない．[3]

郵政民営化は改革の本丸であるという言い方がなされる．小泉構造改革の中心的な課題であったという意味が強いが，一連の公的金融改革において，民営化せずには問題解決できないという意味で欠くことのできない中心課題だったのである．

2.3 特殊法人改革・政策金融改革を行わなかったらどうなるか[4]

特殊法人改革・政策金融改革を行わずに，2003年度と2017年度が同じ残高規模であると，財投債（または財投機関債）が90兆円増加することになる．これは民間金融機関のポートフォリオを変更させ，政府の資金需要等他の条件が同じであれば，民間企業への貸出しが90兆円減額することになるだろう．その場合，企業負債に占める民間金融機関のシェアは25%から27%と微増にとどまり，民間金融機関資産における企業貸出のシェアは15%から13%へ低下する．その結果，企業部門への資金の流れを「官から民へ」と変えることはできない．

---

[3] 郵貯の場合，商品が個人国債と類似しているので，公社ではなく国の債務管理の一部として再構成することは理論的にはありうる．ただし，国債販売のために，現在の郵政公社の郵便貯金部門が負担している年間1兆円のコストをかけて国の一部門とすることは非現実的な議論である．

[4] ISバランスから見れば，家計の貯蓄超過＝企業の資金不足＋政府の資金不足になり，資金仲介が官であるか民であるかによっても関係式は変わらず，仲介ルートが異なるだけである．ただし，公的金融仲介ルートでは収益分野への資金は期待できない．

3. おわりに

　バブル崩壊以降，民間部門は萎縮していた．その民間部門が牽引役とならない限り，日本経済の再生はない．民間部門が自己責任原則の下でリスクをとり，新たな価値創造を行っていくことが市場経済の基本である．

　公的部門が肥大化し続けると，民間部門の革新の芽を摘み取ってしまう．つまり，政府があまりにも極端な政策発動をし続けると，公的部門が無尽蔵にリスクを吸収できるとの錯覚を国民に抱かせてしまい，その結果，自ら進んでリスクをとろうとする気概をも喪失させてしまうかもしれない．

　失われた10年の日本経済を正常な姿に戻すためには，自己責任原則に立ち返り，オープンで透明であり，競争的な市場経済を再興することが必要である．閉鎖的で不透明であり，もたれ合いを許容する官製経済と決別し，市場を通じた効率的な資源配分が達成される経済環境を整備することが極めて重要である．

　そのためには，「民の萎縮，官の拡大」という構図を打ち破ることが不可欠であり，金融面での官への依存とともに，（財政への大量な資金供給を通じた）実物面での官への依存を深め，際限なく拡大してきた公的部門に歯止めをかける必要がある．公的部門への資金の流れを抑制し，民間企業への資金の流れを回復させ，いわゆる民主導の資金循環を生み出す土壌を形成しなければならない．郵政民営化を本丸とする一連の公的金融改革は日本再生の上で避けては通れない道なのである．

参考1　資金の流れの変化について（データの出所）

1　前提
(1)　名目GDP
　①2003年度：「国民経済計算確報」（内閣府）
　②2017年度：「構造改革と経済財政の中期展望――2004年度改定」（経済財政諮問会議）
　　　　　　「日本21世紀ビジョン」（経済財政諮問会議「日本21世紀ビジョン」に関する専門調査会）
(2)　国債・地方債残高
　「構造改革と経済財政の中期展望：2004年度改定」（経済財政諮問会議）
　「日本21世紀ビジョン」（経済財政諮問会議「日本21世紀ビジョン」に関する専門調査会）
(3)　マーシャルのk（＝マネーサプライ（M_2＋CD）/名目GDP）
　①2003年度：「マネーサプライ統計」（日本銀行）
　　　　　　「国民経済計算確報」（内閣府）
　②2017年度：過去15年間のトレンドで延長
(4)　民間預金残高
　①2003年度：「マネーサプライ統計」（日本銀行）
　②2017年度：名目GDP及びマーシャルのkにより推計
(5)　財政投融資残高
(6)　郵貯・簡保の運用
　①2003年度：「郵便貯金資金の運用状況」「簡易保険資金運用状況」（日本郵政公社）
　②2017年度：骨格経営試算
2　各年度末ストック残高の出所等（2003年度末，2001年度末，1990年度末）
(1)　家計
　①家計→民間金融機関（預金）
　　（出所）「資金循環統計」（日本銀行）家計の金融機関別預金残高
　　（計算方法）残高合計から郵便貯金分を控除
　②家計→郵貯・簡保（貯金保険）
　　（出所）郵貯：「資金循環統計」（日本銀行）家計の金融機関別預金残高の郵

便貯金

簡保:「簡易生命保険業務の区分に係る貸借対照表の内訳」(日本郵政公社)の保険契約準備金

(2) 民間金融機関

①民間金融機関→企業 (貸出し (ネット))

(出所)「資金循環統計」(日本銀行) 民間非金融法人企業

(計算方法)「民間金融機関貸出 (負債)」−「現金・預金 (資産)」+「現金 (資産)」

②民間金融機関→中央・地方政府 (国債・地方債等)

国債・地方債

(出所)「資金循環統計」(日本銀行) 金融機関 (資産) 政府短期証券, 国債・財融債, 地方債

(計算方法) (a)「民間金融機関」=「金融機関」−「中央銀行」−「郵便貯金」−「生命保険」+「うち民間生命保険会社」+「うち民間損害保険会社」−「公的金融機関」とする

(b)政府短期証券, 国債・財融債, 地方債を合計

(c)民間金融機関が保有する財投債 (25兆円) を控除

「等」=借入れ

(出所)「資金循環統計」(日本銀行) 中央政府, 地方公共団体 (負債) 民間金融機関貸出しの企業・政府等向け貸出し

③民間金融機関→政策金融 (機関債・保証債)

(出所)「財政投融資改革の総点検について」(財政制度等審議会財政投融資分科会)

④民間金融機関→特殊法人 (機関債・保証債)

(出所)「財政投融資改革の総点検について」(財政制度等審議会財政投融資分科会)

⑤民間金融機関→財政融資資金 (財投債)

(出所)「財政投融資改革の総点検について」(財政制度等審議会財政投融資分科会)

(3) 財政融資資金

①財政融資資金→中央・地方政府 (国債・地方債等)

(出所)「財政融資資金特別会計貸借対照表」「資金運用部貸借対照表」

(計算方法) 資産のうち, 長期国債, 短期国債, 一般会計及び特別会計貸付金, 地方公共団体貸付金の合計

②財政融資資金→政策金融（貸出し・債券）
　　（出所）「財政融資資金特別会計貸借対照表」「資金運用部貸借対照表」
　　（計算方法）　政府関係機関貸付金
　③財政融資資金→特殊法人（貸出し・債券）
　　（出所）「財政融資資金特別会計貸借対照表」「資金運用部貸借対照表」
　　（計算方法）　特別法人貸付金
(4)　郵貯・簡保
　①郵貯・簡保→中央・地方政府（国債・地方債等）
　　（出所）「郵便貯金資金の運用状況」「簡易保険資金運用状況」（日本郵政公社）
　　（計算方法）　国債，地方債，地方公共団体への貸付けの合計から，財投債（43兆円）を控除．
　②郵貯・簡保→財政融資資金（預託等）
　　（出所）「財政融資資金特別会計貸借対照表」「資金運用部貸借対照表」
(5)　年金
　①年金→財政融資資金（預託等）
　　（出所）「財政融資資金特別会計貸借対照表」「資金運用部貸借対照表」
(6)　政策金融
　①政策金融→企業
　　（出所）　住宅金融公庫，国際協力銀行，公営企業金融公庫，商工組合中央金庫を除く，5政策金融機関の貸借対照表
　　（計算方法）　貸出残高合計
　②政策金融→家計
　　（出所）　住宅金融公庫の貸借対照表
　　（計算方法）　貸出残高

参考2　政府 B/S の日米比較

日本政府の B/S は大きい．資産側に金融商品が多い．

(1) 日本（2003年3月末）

(単位　兆円)

資産		負債	
現金・預金	37.97	未払金	11.78
有価証券	119.38	借入金	17.52
未収金	20.24	政府短期証券	46.20
貸付金	286.04	公債	348.01
寄託金	60.11	郵便貯金	233.24
貸倒引当金	2.36	公的年金預り金	161.64
有形固定資産	191.00	前受金	19.13
無形固定資産	0.40	退職給付引当金	23.62
出資金	47.97	賞与引当金	0.40
その他	4.50	保険準備金	112.02
		その他	19.10
		資産・負債差額	△227.40
資産合計	765.31	負債及び資産・負債差額合計	765.31

(2) 米国（2004年9月末）

(単位　兆円，1ドル＝105円)

資産		負債	
現金・その他貨幣資産	10.1	未払金	6.3
未収金	3.6	民間保有連邦債	454.6
貸付金	23.2	連邦職員・退役軍人未払給付金	426.5
未収税等	2.2	環境債務	26.2
在庫品及び関連資産	27.5	確定未払給付金	10.8
固定資産	68.5	貸付保証債務	4.5
他の資産	11.4	他の債務	27.3
		資産・負債差額	△809.5
資産合計	146.7	負債及び資産・負債差額合計	146.7

(出所)　日本：「国の貸借対照表（試案）」平成14年度版．米国：*Financial Report of the United States Government*, 2004.

第3章　郵貯の経済分析

1．郵貯・資金運用部の歴史

　現在の先進国の経済は，民間部門と政府部門の経済活動によって支えられていることから，「混合経済」といわれている．その中心的役割は，市場メカニズムを通じて経済活動を行う民間部門が担っているが，政府部門が民間部門を補完し市場をうまく機能させるためには，政府の果たすべき役割もある．

　こうした政府の行う経済活動を財政という．そのための財源は，主に税や国債であるが，それらもその時代，時代によってさまざまな姿となっている．

　わが国の税に関する最も古い記録は，3世紀頃の中国の歴史書「魏志倭人伝」にあるが，税が全国統一的な制度となるのは，大化の改新の後，8世紀初めの大宝律令からで，「租・庸・調」の制度が定められた．「租」は，口分田が割り当てられる男女の農民に課税され，税率は収穫の約3％，また，「庸」と「調」は男子に課税され，「庸」は年間10日間の労働か布で納める税，「調」は布や絹などの特産物を納める税である．その後，年貢等の封建貢租を経て，19世紀半ばの明治時代になると，明治維新による近代国家の創設とともに，「地租改正」や所得税の創設など近代的な租税制度が整備されることとなった．

　また，明治時代に入り，近代産業育成のための「殖産興業」政策など近代国家のための諸政策に要する財政支出は増大した．このため，租税収入だけでは賄いきれず，貨幣経済の進展とともに，公債の発行も行われるようになった．

　財政活動の原資は租税が基本であるが，公債を発行して投融資活動を行うという広い意味での財政活動であり，財政投融資も財政活動の1つである．[1] 財

---

1) 財政投融資は必ずしも日本固有のものではなく，諸外国に類似した制度がある．

表3-1 預金部預金残高の推移

(単位 100万円)

	預金残高	うち郵便貯金
1885 (明治18) 年6月末	7	6
1885 (明治18) 年度末	18	10
1887 (明治20) 年	25	17
1892 (明治25) 年	23	21
1897 (明治30) 年	28	24
1902 (明治35) 年	90	29
1907 (明治40) 年	144	96
1911 (明治44) 年	248	194
1916 (大正5) 年	382	333
1921 (大正10) 年	1,129	943
1924 (大正13) 年	1,417	1,137

(出所) 財務省資料.

　政投融資という名称は，1951（昭和26）年の資金運用部資金法の制定頃から，郵貯を原資の大宗とする資金運用部資金[2]等の公的資金をまとめて運用する計画を表すために使われていたが，財政投融資の中核の財源である「郵便貯金－資金運用部」というシステムの歴史は明治時代にさかのぼることができる．

　1871（明治4）年，前島密の建議で郵便制度が発足し，1875（明治8）年，郵便局で貯金業務が開始された．1878（明治11）年から郵便貯金は大蔵省国債局に預けられ運用されることとなり，1885（明治18）年には，大蔵省預金局が設置され，国庫勘定中に「預金部」が設けられた．1900年頃，預金部の運用はほとんど公債であった．これは，当時は公債の公募が困難な状況にあったが，「郵便貯金－預金部」というシステムが公債の公募に代替して，財政需要を賄ったといえよう．

　その後，1910年頃以降，日本経済の発展に伴い，各種の政策が要請されるようになり，預金部の運用は，公債のほか，特殊銀行債等へと広がった．これは，財政に求められる分野が拡大し，そのための支出が租税や公債では不十分とな

---

2) 「資金運用部」といっても，そうした名称の行政組織があるわけではなく，国庫内における経理上「資金運用部」と称しているにすぎないが，これは「預金部」の発足当時から同じである．なお，2000年「資金運用部資金法等の一部を改正する法律」により，「資金運用部」という名称はなくなり，「資金運用部資金」は「財政融資資金」と改称された．

ったとともに,「郵便貯金－預金部」というシステムが公債の代替手段にとどまらず, 新たな財政支出のための財源となったことを示すものである.

こうして, 郵便貯金と預金部（財投の前身）が密接に関係しながら発展してきたが, それぞれの歴史は以下の通りである.

1868年に新政府が発足し, 封建社会から近代国家へ踏み出したが, 当時, 個人の利用できる金融機関としては小規模な両替商くらいしか育っておらず, 個人の資金吸収が期待できない状況だった. そのため, 国がこの分野に直接事業を行うことにより, 貯蓄思想を早期に普及するという国家目標があった.

その際, 英国の郵便貯金事業をモデルとしたが, それは, いち早く創設された郵便事業が, すでに全国網を整備するなど確固たる基盤を築いており, その同じ施設で貯金業務を併せて取り扱うことで, 利用者の信頼を得やすく, また利用者の利便性も高まると考えられたからである. こうして, 新政府の樹立からわずか8年後に, 郵便貯金制度が創設されることとなった. 国立銀行条例に基づく民間銀行が貯蓄預金の取扱いを開始するのは, この2年後であった.

創業当時, 自由に預入れと払戻しのできる通常郵便貯金には, 3.0％の金利がつけられていたが, 当時はそもそも貯蓄の習慣が国民の間になく, また貯蓄機関を利用するということもなかったため, しばらくは預金が皆無という状態であった. そのため, 郵便局職員に対してはその月給に応じた貯蓄が義務付けられ, 自ら新制度を率先して利用し, 貯金の普及に努めることとなった. 郵便貯金の取扱局は東京市内18カ所と隣接する港湾都市の横浜市内1カ所の合計19局から始まり, 創業初年において, 預入者は約1800人, 預入金額は約1万5000円（約150ドル）の残高であったという記録が残っている.

郵便貯金の取扱局は19局からスタートし, 3年後には292局へと増加するとともに, 都市部から地方へと展開していった. この頃, 郵便事業の創始者である前島密は先進国の事例を紹介しながら貯金の重要性をパンフレットにまとめ, 広く一般に配布し周知宣伝に努めた. その中では, 郵便貯金による資金の集中が殖産興業のために極めて重要であるという経済的観点と, 国民が貯蓄を持つことは社会生活の向上のために大いに有効であるという社会的観点が強調されていた.

面白いことに, 1875年の創業時, 郵便貯金として受け入れた資金は, 銀行券を発行する民間の第一国立銀行[3]に預託されていた. その後, 郵便貯金が増加

傾向にあったため，その資金を限られた銀行に預託しておくことは適当ではないと考えられ，3年後には大蔵省へも預託されることが始まった．郵便局を通じて集められた資金が大蔵省へ全額預託されるようになるのは，郵便貯金の創業から8年目であった．

資金運用部の沿革については，①草創時代（1885（明治18）年まで），②預金規則時代（1885（明治18）年から1925（大正14）年まで），③預金部預金法時代（1925（大正14）年から1951（昭和26）年まで），④資金運用部資金法時代（1951（昭和26）年）から2000（平成12）年まで）に分けて考える．

1.1 草創時代（1885（明治18）年まで）

預金部は準備金制度の中から誕生した．1869（明治2）年，大蔵省において，紙幣及び公債証書の回収準備のために，不用品売却代金その他雑収入による一種の積立金が創設された．1872（明治5）年，「準備金規則」を定め，準備金と改称され，1876（明治9）年，大蔵省国債局は官庁その他からの受入れ現金を，預金として整理した．

前述したように，郵便貯金は当初民間銀行に預託されていたが，郵便貯金が預金部の中心的な資金であった．1878（明治11）年から郵便貯金は大蔵省国債局に預けられ運用されることなり，これによって預金部が事実上創設された．

駅逓局貯金の他，社寺積立金，印刷局積立金，米国政府返還下関償金，シーボルト恩賜金の特殊預金もあったが，いずれも特別の根拠法規はなかった．

預金利率については，駅逓局貯金では貯金利率より低い利率だった．その他の預金では個別に規定された．一方，運用については，当初は公債，金銀銅地金，官庁銀行などへの貸付けなどであったが，1882（明治15）年以降原則として公債のみであった．

1.2 預金規則時代（1885（明治18）年から1925（大正14）年まで）

1885（明治18）年，預金規則の制定[4]により，預金の根拠を与え範囲を明確

---

3) 国立銀行条例に基づく民間銀行であり，のちの第一銀行，現在のみずほ銀行．
4) 第1条「大蔵省中ニ預金局ヲ置キ，左ノ貯金積立金ヲ預リコレヲ保管利殖セシム／第1　駅逓局貯金／第2　各官庁ノ成規ニ従ヒタル積立金／第三　社寺教会会社其他人民ノ共有ニ係ル積立金ニシテ其請願ニ拠ルモノ」．

化し，駅逓局貯金，特別会計の余裕金，積立金を預金部に集中させた．

預金部の原資について，郵便貯金が低調であった1890年頃を除き，6～8割は郵便貯金であった．1890年頃，郵便貯金金利4.80%であるのに対し，民間預金金利6.05～7.40%であった．日露戦争時には，貯蓄債券も原資となった．

預金利率については，預金規則第3条「預リ金ノ利子割合ハ大蔵卿之ヲ定ム」とされた．郵便貯金では，貯金利率と同じ水準だった．その他の預金では個別に規定された．

預金部の運用について，預金規則第6条「預リ金ノ運用ハ日本銀行ヲシテ取扱ハシムルモノトス」以外に具体的な規定はなく，大蔵大臣の専決権限の下で弾力的な運用が可能であった．実態として，1890年頃は国債に対する運用がほとんどであった．その後，わが国経済の発展や各種の国家施策を支えるための運用が要請され，運用範囲が特殊銀行会社債，地方債，外国債などへと拡大した．

さらに，1910年頃から国内事業資金の供給や対外投資に充てるため，特殊銀行会社債の引受けなどが増加した．これらの中には，いわゆる西原借款といわれる1917, 18（大正6, 7）年頃行われた対中国借款があり，このうち一部は預金部資金をもって行われたが，回収不能となり，国による元利金の肩代わりなどの整理が行われた．在外資金も増加した．

預金部の融通金利については，大蔵大臣の専決事項であり，預金金利に連動して預金金利より高いが，民間金融機関の貸出金利より低く設定された（特に，地方資金の融通金利は低利）．

1.3 預金部預金法時代（1925（大正14）年から1951（昭和26）年まで）

1925（大正14）年，預金部預金法制定により，預金は法律・勅令により預金部に預入れすべき根拠をもった現金及び郵便貯金で構成され（預金部預金法第1条及び第2条），預金部預金に預金部特別会計の積立金と余裕金を加えたものを「預金部資金」と称した（同法第4条）．大蔵省預金部は1942（昭和17）年に資金局となり，翌43（昭和18）年には理財局に吸収された．

1926（大正15）年に簡易保険事業が開始され，その積立金については，預金部預金とは別に逓信大臣において運用されることとなった．ただし，1943（昭和18）年以降，契約者貸付と地方公共団体貸付を除き，大蔵省預金部に預け入

表3-2 預金部資金残高の推移

(単位 100万円)

	1925年 (大14)	1930年 (昭5)	1935年 (昭10)	1940年 (昭15)	1945年 (昭20)
預金	1,495	2,796	3,775	10,269	62,650
郵便貯金	1,159	2,482	3,247	7,978	54,156
貯蓄債券	53	79	75	693	2,615
簡易保険	67	143	159	371	3,065
厚生保険					1,257
船員保険				4	46
その他	217	92	294	1,223	1,511
積立金等	212	304	582	1,057	3,108
計	1,708	3,102	4,357	11,326	65,758

(注) 各年度末.
(出所) 財務省資料.

れられることとなった.

　預金部の原資について，安定して7～8割は郵便貯金であった.

　預託利率については，「預金部預金ノ種類，利子及取扱ニ関シテハ大蔵大臣之ヲ定ム」とされた．郵便貯金の預託金利については，貯金利率と同じ水準だった．その他の預金では預入れされる資金の性格に従い，それぞれの資金の必要とする度合いに応じて利子が付された．

　預金部の運用にあたっては，預金部資金は，「有利確実ナル方法ヲ以テ」，「国家公共ノ利益ノ為ニ」運用すべきものとされ，預金部資金運用委員会に諮問しなければならない（同法第4条）．運用の範囲については，預金部預金法に基づき預金部資金運用規則が制定され，国債，地方債，国の会計に対する貸付け，特殊銀行会社債，外国債などが規定された（同規則第1条）．

　国債の運用は年々増加していき，特に日華事変以降は国防行政遂行のために顕著であった．地方資金は公共事業，保健衛生施設，灌漑排水施設のほか，学校，公園，電気・ガスなど広範な分野で資金供給が行われ，徐々に増加していったが，日華事変以降は国債消化に傾注した結果，比率は低下した．特殊銀行会社は整理が行われ，比率は低下した．在外資金も著しく減少した．

　預金部の融通金利については，預金部資金運用委員会に諮問した上で大蔵大臣が決定することとされた．預金金利に連動して預金金利より高いが，民間金融機関の貸出金利より低く設定された．

第2次大戦後，預金部の運用資産について，1946（昭和21）年，大蔵省預金部等損失特別処理法が制定され，特殊会社，銀行などの債券，貸付金にかなりの損失が生じ，預金部の資産及び負債が整理された．[5] 占領時代における預金部資金の運用先は，連合軍司令部の方針として，原則として国及び地方公共団体に限定され，実際にはほとんど地方債に限られていた．1950（昭和25）年から，金融債に対する運用が行われた．

1.4 資金運用部資金法時代（1951（昭和26）年から2000（平成12）年まで）

1951（昭和26）年，資金運用部資金法が制定され，資金運用部資金法の目的は，「郵便貯金，政府の特別会計の積立金及び余裕金その他の資金で法律又は政令の規定により資金運用部に預託されたもの並びに資金運用部特別会計の積立金及び余裕金を資金運用部資金として統合管理し，その資金を確実且つ有利な方法で運用することにより，公共の利益の増進に寄与せしめること」となった（資金運用部資金法第1条）．

1953（昭和28）年，簡易保険積立金は資金運用部に統合されていたが，分離独立して運用されることとなった．1961（昭和36）年，資金運用部資金法が一部改正され，使途別分類表の作成，長期預託金に対する特別利子の付加，資金運用審議会の改組などが行われた．1973（昭和48）年，「資金運用部資金並びに簡易生命保険及び郵便年金の積立金の長期運用に関する特別措置に関する法律」が制定され，長期運用予定額の国会における議決，長期運用実績の報告などが定められた．1987（昭和62）年，資金運用部資金法が一部改正され，預託金利の法定制が撤廃され，金融自由化に対応がなされ，郵便貯金・年金での一部自主運用が開始された．

資金運用部への預託では，資金運用部資金法で一括して強制預託等の規定を設け，政府資金を資金運用部に統合し一元的な運用を図ることを明確にしている（資金運用部資金法第2条，第3条）．

資金運用部資金の原資については，厚生年金・国民年金のウエイトが3割程度まで増加し，郵便貯金は6割弱となっている．

---

[5] 損失額は63億1450万円であった．確定益2億5961万円があり，積立金22億6774万円であったので，第二封鎖預金切捨1億6951万円と一般会計補償金36億1764万円とされた．

表3-3 預託金利 (%)

1951年 (昭26)	約定期間	3月～1年	3.5
		1～3年	4.5
		3～5年	5.0
		5年～	5.5
1955年 (昭30)	約定期間	1～3月	2.0
		3月～1年	3.5
		1～3年	4.5
		3～5年	5.0
		5～7年	5.5
		7年～	6.0

　預託利率については，当初（1951（昭和26）～60（昭和35）年）の基本的な枠組みとして利率は法定され，資金の種類のいかんにかかわらず，同一期限のものに対しては同一の利率を適用することとした．なお，郵便貯金の約定期間5年以上の預託金については，1.0％の範囲内で特別の利子を上乗せしていた．

　次に（1961（昭和36）～86（昭和61）年），約定期間7年以上の預託金については，法律上保証された6.0％の利率に特別の利子を上乗せすることとし，その利率は大蔵大臣が資金運用審議会の意見を聞いて定めることとされた．なお，郵便貯金の預託金に対する特別の利子は廃止された（1961（昭和36）年度から国民年金制度が発足した）．

　1987（昭和62）年以降，預託金利は「国債の金利その他市場金利を考慮するとともに，郵便貯金事業の健全な経営の確保，厚生年金保険事業及び国民年金事業の財政の安定並びに積立金その他の資金を資金運用部に預託するその他の事業の健全かつ適正な運営に配慮し」つつ，資金運用審議会の意見を聴いた上で，政令で規定することとされている．具体的には，この趣旨に従い，約定期間7年以上の預託金利については，長期金利の代表的指標である10年利付国債のクーポンを基準とした機動的・弾力的な金利設定を行っている．

　資金運用部資金の運用対象については，法定し，国，地方公共団体，政府関係機関，公団，事業団等に限定し，民間に対する資金供給は，公庫などの公的機関を介在して行われるものの他は，金融債の取得に限られている．運用先と

しては，財政再建時には国債の比率が高かった．地方公共団体や政府関係機関のウエイトは低下傾向であるが，特別法人は比率を高めている．

融通金利については，1961（昭和36）年までは長期預託金利より高く，また財投機関の間で同一でなかったが，1961年度以降，すべての財投機関に対して同一でしかも長期預託金利と同一水準となっている．

財投計画は，1953（昭和28）年度から作成されている．当初の原資は，「一般会計」，「見返資金」，「産投会計」，「資金運用部資金」，「簡保資金」，「公募債借入金」の6つであった．

「見返資金」は「産投会計」発足までの経過的に残ったものであり，翌年度からはない．また，「一般会計」は，現在の産投出資に近いものが挙げられていたが，1957（昭和32）年度から外された．1955（昭和30）年度，1956（昭和31）年度には，「余剰農産物資金」が原資に計上された．1956（昭和31）年度から「外貨債等」が加わったが，1965（昭和40）年度から「公募債借入金」と合わせて「公募債借入金等」となって，4つの原資になった．原資のシェアの変化では，資金運用部資金の上昇と産投会計の低下が目立つ．

運用を使途別分類で見れば，政策の重点が産業基盤の充実から生活基盤の充実へと移行している．昭和30年代前半まで「産業・経済の基本整備」で，国土保全・災害復旧，産業・技術，昭和40年代前半まで「経済の均衡ある発展と国民生活の充実」で，生活環境整備，道路，中小企業，昭和50年代前半まで「国民福祉の向上と景気調整」で，住宅，生活環境整備，中小企業，昭和50年代前半以降「経済課題への積極的対応」で，融資対象の見直し，それぞれが重点として政策が行われてきた．

2．郵貯シフトはなぜ起きたか

郵政3事業のうち郵貯については，これまで銀行と郵貯は100年戦争といわれるように，金融界は郵貯を批判し続けてきた．郵貯と銀行は個人からの資金吸収においてライバルであり，資金がどちらに流れるかで競い合ってきた．

郵貯シェア（郵貯残高/（郵貯残高＋銀行預金残高））の長期的な推移を見ると，郵貯の発足当初は30％近いシェアであったが，その後低下し，再び第2次

表3-4 郵貯・資金運用部の歴史

年	出来事
1868（明元）	駅逓司を会計官の下に置く．
1869（明2）	大蔵省で積立金創設．
1871（明4）	新貨条例を制定（1両が1円）．
1872（明5）	国立銀行条例公布． 大蔵省準備金規則制定．
1873（明6）	第一国立銀行開業．
1874（明7）	駅逓寮官員貯金預り規則を制定：俸給の一定額を貯金． 貯金預り規則を制定． 郵便為替規則を布告．
1875（明8）	郵便為替創業． 郵便貯金創業． 貯金預渡通帳の様式制定．
1876（明9）	貯金預り規則施行． 大蔵省準備金取扱規則制定．大蔵省預金制度創設． 東京・大阪両府内の郵便局，郵便受取所，伏見局，堺局で貯金事務開始（貯金預所）． 三井銀行開業． 国立銀行条約を改正．
1877（明10）	第十五国立銀行開業．
1878（明11）	貯金預り規則を改正． 駅逓局貯金を大蔵省預金に預入．
1879（明12）	京都第百五十三国立銀行設立免許．
1880（明13）	貯金を駅逓局貯金と改称． 東京貯蔵銀行開業（貯蓄専業銀行の初め）．
1881（明14）	貯金は1カ月10銭以上30円以下，ただし総額の限度廃止．
1882（明15）	日本銀行開業．
1883（明16）	貯金通帳の売買・質入れ・譲渡を禁止． 国立銀行条例改正．
1884（明17）	兌換銀行券条例公布． 駅逓局貯金の利子1000円以上を4分8厘とする．
1885（明18）	大蔵省預金規則制定（国庫勘定中に預金部創設）． 日本銀行・兌換銀行券発行． 郵便為替条約に調印． すべての郵便局で貯金事務を取り扱うと布達． 電信為替・郵便小為替を創設． 12月22日逓信省創設．初代逓信大臣榎本武揚（～1889（明治22）年3月22日）．
1886（明19）	造幣局・印刷局・会計検査院の各官制を公布． 貯金利率を1000円まで4分2厘，1000円以上3分と改正．
1887（明20）	駅逓局貯金預所を郵便貯金預所に改称．
1890（明23）	為替貯金局官制公布． 郵便貯金条例公布（1891（明治24）年1月1日施行）． 銀行条例・貯蓄銀行条例公布．

年	出来事
1895（明28）	内国郵便為替取扱局において一般に外国郵便為替の受払業務を開始． 住友銀行設立許可．
1896（明29）	銀行合併法・日本勧業銀行法・農工銀行法公布． 第一国立銀行営業満期となり㈱第一銀行として開業．
1897（明30）	㈱鴻池銀行設立（三和銀行の前身）． 日本勧業銀行開業．
1899（明32）	台湾銀行開業． 国立銀行紙幣通用禁止．
1900（明33）	郵便為替法公布：郵便貯金預所貯金を「郵便貯金」と改称． 日本興業銀行法公布．
1901（明34）	証券郵便貯金規則を制定． 海外貯金制度の創設．
1902（明35）	㈱日本興業銀行開業． 郵便貯金取扱規程を制定．
1903（明36）	郵便貯金，規約貯金特別取扱規則を制定．
1904（明37）	軍事郵便為替貯金規則を制定． 非常特別税法・煙草専売法・貯蓄債券法公布． 郵便貯金利子，年5分4毛に改正． 郵便局国庫債券取扱規則制定． 3～10年据置規約貯金取扱開始． 貯蓄債券購買媒介郵便規則制定．
1905（明38）	郵便貯金法公布． 国債証券・貯蓄債権の利子所得税に関する法律公布． 日本興業銀行法改正公布． 郵便貯金法施行期日公布，郵便貯金規則を制定．
1906（明39）	郵便振替貯金規則を制定． 郵便振替貯金利子，年3分6厘と定める．
1907（明40）	勧業債券購買媒介郵便規則を制定． 外国郵便為替規則を制定．
1908（明41）	郵便振替貯金規則を全面改正．
1909（明42）	郵便貯金局を逓信省の外局とし，大阪・下関に支局を設置．
1910（明43）	郵便貯金利子，年4分2厘に引下げ． 郵便貯金規則を改正． 郵便振替貯金小切手払込規則を制定． 郵便集金規則を改正．
1911（明44）	郵便集金規則を廃止し，集金郵便振替貯金払込規則を制定．
1913（大2）	逓信省に為替貯金局を設置：郵便貯金局を廃止．
1916（大5）	郵便為替法を改正． 為替貯金局に保険部，各地方逓信局に保険課を新設．
1918（大7）	郵便官署国債募集取扱規則を制定．
1919（大8）	国債募集，売出し及び元利金支払い． 三菱銀行開業．
1921（大10）	貯蓄銀行法公布． 日本勧業銀行と農工銀行の合併に関する件公布．

表3-4 つづき

年	出来事
1922（大11）	信託法・信託業法公布.
1923（大12）	郵便貯金,震災後の非常確認払い（無通帳無印章）を開始.
1924（大13）	復興貯蓄債券公布.
1925（大14）	農商務省を廃止し,農林省・商工省を設置,大蔵省に預金部設置.
1926（大15）（昭元）	郵便年金法公布. 郵便年金創設.
1927（昭2）	銀行取付騒動の発生（金融恐慌の始まり）. 金銭債務の支払延期及手形等の権利保存行為期間延長に関する勅令を公布,施行（3週間のモラトリアム）. 郵便貯金,月掛貯金制度創設.
1928（昭3）	銀行の土曜半休実施.
1930（昭5）	郵便貯金利率引下げ年4.8％を4.2％に.
1931（昭6）	銀行券の金貨兌換停止.
1932（昭7）	郵便貯金の利息引下げ：普通貯金年3分.
1933（昭8）	外国為替管理法公布. 三和銀行設立.
1936（昭11）	日満郵便為替規則を制定.
1937（昭12）	郵便取扱所で通常・電信為替・振替貯金払込等の取扱い開始. 郵便官署で国債募集・売出等の事務取扱い開始.
1938（昭13）	国民貯蓄運動開始. 郵便貯金の局所外預入制度復活,集金貯金制度を創設.
1939（昭14）	郵便年金,保証期間付終身年金を創設.
1941（昭16）	郵便貯金の一度の預入金額50銭以上,貯金総額3000円以下,切手,貯金の取扱い再開. 郵便貯金,定期貯金創設. 郵便貯金利率令公布. 郵便貯金,積立貯金創設：月掛貯金と集金貯金を統合.
1942（昭17）	郵便貯金の最高制限額を5000円に引上げ,貯金切手発行. 戦時郵便貯金切手（弾丸切手）第1回を発行.
1943（昭18）	帝国銀行設立. 郵便年金最高制限額3600円に引上げ. 郵便貯金,郵便切手・証券による預入れの取扱いを当分の間停止,集団貯金・海外貯金制度廃止. 戦時・事変又は非常災害時における郵便為替貯金等の取扱方の特例に関する件制定.
1944（昭19）	郵便貯金,積立貯金制度を改正.
1946（昭21）	金融緊急措置令：新円を発行・旧円貯金封鎖. 封鎖預金制度実施. 郵便貯金制限額1円～1万円.
1947（昭22）	貯金保険局を貯金局・簡易保険局に分割設置.
1948（昭23）	郵便振替貯金法公布：振替貯金関係が郵便貯金法から独立・小切手払創設. 郵政省設置法・電気通信省設置法公布.
1949（昭24）	1ドル＝360円の単一為替レート実施.

年	出来事
1950（昭25）	日本勧業銀行・日本興業銀行などが普通銀行に． 郵便貯金75周年記念．
1951（昭26）	資金運用部資金法・郵便貯金特別会計法公布． 投資信託法公布． 相互銀行法公布． 信用金庫法公布． 全国郵便専用自動車協会設立．
1953（昭28）	郵便貯金，定額貯金の局外預入れの開始． 簡易保険積立金運用を分離独立
1955（昭30）	郵便振替貯金規則の改正．
1956（昭31）	郵便貯金利子計算方法改正・為替証書を横書式に改正． 郵便貯金元利金即時払い，居宅払いを開始．
1958（昭33）	郵便貯金，貯蓄控除制度創設． 定額貯金の団体預入取扱い開始． 郵便貯金，定額貯金利子分割払い開始．
1961（昭36）	郵便貯金，定期貯金制度創設． 郵便年金の積立金運用範囲を資金運用部資金と同一に拡張． 資金運用部資金法の一部改正． 拠出制国民年金発足．
1962（昭37）	為替管理法に基づき外貨準備制実施．
1963（昭38）	郵便貯金の利率を政令で定める．
1965（昭40）	郵便貯金の総額制限100万円に． 郵便貯金，定期継続振替制度の創設．
1966（昭41）	赤字国債発行． 郵便振替貯金を「郵便振替」と改称：利子を廃止．
1969（昭44）	住友銀行，日本で最初の現金自動支払機を設置．
1970（昭45）	定額貯金・定期貯金の利率引上げ，利子分割払・定額貯金の利子算出法を制定．
1971（昭46）	為替貯金窓口会計機の全国配備完了：2万3113台．
1972（昭47）	郵貯，住宅積立貯金を創設．
1973（昭48）	郵便貯金，預金者貸付制度を創設． 郵便貯金，老齢福祉年金の受給者等が預入れする6カ月特別定期貯金を創設． 郵便貯金の最高制限額を300万円に引上げ． 資金運用部資金並びに簡易生命保険及び郵便年金の積立金の長期運用に関する特別措置に関する法律制定．
1974（昭49）	郵便貯金現在高15兆円を突破． 郵便貯金，貸付総額制限を20万円に引上げ． 郵便貯金，割前金付定額貯金の取扱い開始． 郵便貯金現在高20兆円を突破．
1975（昭50）	郵便貯金創業100年． 郵便貯金，貸付限度額を30万円に．
1977（昭52）	郵便貯金現在高30兆円突破． 郵便貯金利率，郵便貯金を担保とする貸付利率引下げ． 老齢福祉年金等の受給者が預入れする定期貯金の取扱い開始． 財形定額貯金の総額制限を450万円に引上げ． 郵便貯金利率・郵便貯金を担保とする貸付金利率引下げ．

表3-4 つづき

年	出来事
1978（昭53）	預入期間6カ月定期貯金新設． 簡易郵便局において，6カ月定期貯金の取扱い開始． 貯金の貸付制限額を50万円に引上げ． 郵便貯金現在高40兆円突破．
1979（昭54）	郵便貯金，貸付金総額の制限50万円を70万円に改正． 郵便貯金高50兆244億円となる．
1980（昭55）	都市銀行6行，現金自動支払機のオンライン提携開始． 貯金利率・貸付金利率引上げ，この利率は過去最高となる．
1981（昭56）	郵便貯金の利率・貸付金利率引下げ． 新銀行法公布． 都市・地方銀行，期日告知定期預金開始． 定期貯金を担保とする貸付けの取扱い開始． 郵便貯金の総合口座を神奈川県下の郵便局で実施． 預貯金金利の一元的決定・郵便貯金のシェア増大抑制など答申．
1982（昭57）	郵便貯金，利率引下げ実施． 郵便貯金，愛育定額貯金開設． 郵便貯金，貸付金額制限を70万円から100万円に引上げ． 郵便貯金，勤労者財産形成年金貯蓄制度開始．
1983（昭58）	郵便局，銀行など金融機関の第2土曜日休日制を一斉実施．
1984（昭59）	郵便貯金，キャッシュカードに「郵貯共用カード」を新設． 郵政省の組織を全面改正，貯金，簡易保険．
1985（昭60）	郵便貯金残高，100兆円を突破．
1986（昭61）	郵便貯金利率及び貸付金利率を再引下げ．
1987（昭62）	郵便貯金，1年・3年の積立貯金創設． 郵便貯金資金の自主運用開始． 資金運用部資金法の一部改正．
1988（昭63）	郵便貯金，総額500万円まで，一部を除き非課税制度廃止． 郵便貯金，国債定額貯金の取扱い開始． 郵便局で中期利付国債の販売開始． 大蔵省・郵政省，小口市場金利連動型預貯金（小口MMC）導入で合意．
1989（昭64） （平元）	相互銀行が普通銀行に転換． 郵便局で小口市場金利連動型貯金（MMC貯金ポスト）の販売開始．
1990（平2）	郵便貯金総額制限700万円に引上げ．
1991（平3）	四大証券の損失補填が巨額に上ることが発覚，問題化． 架空預金証書を使った不正融資（富士銀行）発覚．協和埼玉・東海銀行でも． 全国100郵便局で外貨両替業務の実施． 郵便貯金，自由金利定額郵便貯金「ニュー定期」発売．

（出所）　郵政公社資料，財務省資料より作成．

大戦にかけて上昇し30％近くに達した後低下し，その後1970年代から上昇し1980年代に30％を突破し，バブル期にいったん低下したものの，1990年代の信用不安を背景に上昇したが，2000年代に入ると低下傾向になっている（図3-1）．

近年においても，2001年9月，経済同友会から「郵貯改革についての提言」

第3章 郵貯の経済分析 41

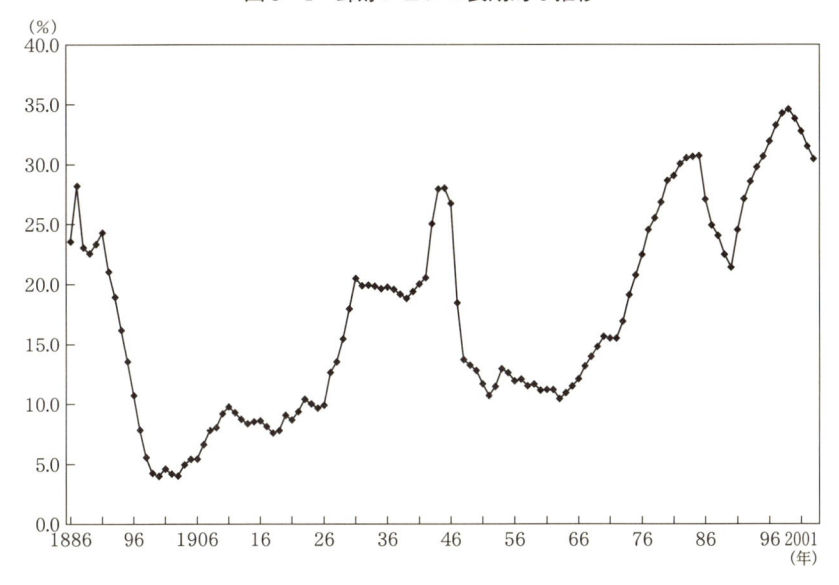

図3-1 郵貯シェアの長期的な推移

が出され,その中で「国が『定額郵貯』という安全,高利かつ高い流動性という民間の個別金融機関では供給不可能な貯蓄手段を殆ど無制限に供給してきたため,日本の金融構造が特異なものとなった」と指摘している.さらに2002年11月,全国銀行協会は「郵便貯金事業の抜本的改革を求める私どもの考え方」を公表し,「これまで,郵便貯金事業は,約1400兆円の個人金融資産の2割弱を占める巨額の資金を市場原理の埒外に置くことで,我が国の金融資本市場における資金需給構造を歪め,効率的な金融資本市場の形成や,我が国の経済構造改革を進める上での,大きな障害となってきた」と郵貯を批判している.

こうした状況の中,2002年9月,小泉総理の私的懇談会「郵政三事業の在り方を考える懇談会」は
(1) 政府が一定(例えば100%)の株式を持つ特殊会社
(2) 郵政3事業(郵便,郵貯と簡保)を維持する完全民営化
(3) 郵貯・簡保を廃止し郵便局ネットワークに特化する完全民営化

という民営化の3類型を示した.金融界も郵政3事業の公社化では問題が残されるので郵貯の廃止か完全民営化を求めている.ただ,残念なことに,この報告書には金利の分析がない.

ここでは，最近に至るまでの郵貯シフトの要因を考えたい．各種のアンケート調査では，（i）利便性，（ii）金融機関の安全性，（iii）店舗が全国ネットであるかどうか，という要因で金融機関が選択されている．郵貯が好まれる理由として，近くに店舗があるかどうかという利便性（店舗の数）が大きな説明要因であるとされる．[6]

金融理論から見ると，最も重要なポイントは，郵貯金利が銀行預金金利より有利になることが多いことだ．金融界の人は，この郵貯金利の有利性について，郵貯は法人税等の納税義務がなく，預金保険の保険料も免除されているなど，官民の競争条件の差に基づくものであると主張するが，郵貯の大宗を占める定額郵貯の金利ルールと民間銀行預金金利という金融要因だけでも，これまでの郵貯シフトはかなりの程度説明できる．

まず，定額郵貯の金利がどうなっていたのかを整理したい．1992年12月，定期預貯金金利及び定額郵便貯金の金利自由化について，大蔵省と郵政省の間で合意が見られて，定額郵貯の金利ルールが大幅に変わったので，1992年12月以前と以後に分けてみよう．

1992年12月以前，規制金利体系の下で，定額貯金の利率（預入後3年経過時の利率）は民間の2年規制定期預金利率と同一水準としていた．そのため，高金利時に，多くの場合長期金利が短期金利を下回る状況（いわゆる逆イールド）となるにもかかわらず，定額貯金については短期金利が複利運用される結果，定額貯金の有利性が一層高まることとなっていた．

1992年12月以降，定額郵貯の利率（預入後3年経過時の利率）については，

〈定額郵便貯金の利率水準が通常の場合〉

　　　（クーポンの利率）－（0.5％程度）

　　　（市場において形成される3年の固定金利定期預貯金の利率）×（0.95程度）

〈定額郵便貯金の利率水準が高水準の場合〉

　　　（クーポンの利率）－（0.5～1.0％程度）

　　　（市場において形成される3年の固定金利定期預貯金の利率）×（0.90～0.95程度）

---

6) 吉野・和田［2000］参照．ただし，金利効果も示されている．

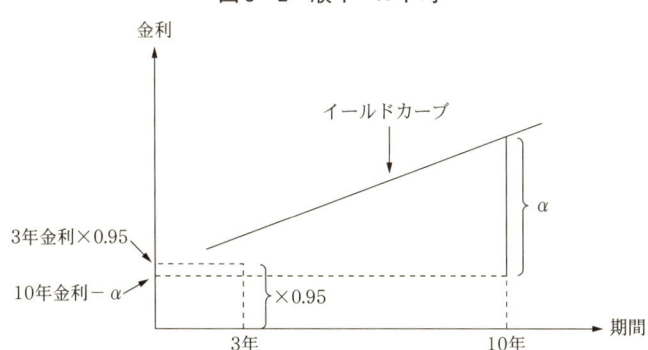

図3-2 順イールド時

とされた.[7]

　なお，高金利時の場合とは，当面，定額貯金の利率（預入後3年経過時の利率）が6％程度以上の場合としたが，金融商品全体の今後の金利動向等から見て実際的でない状況に至ったと判断される場合には，両省間で変更についての協議が行われることとなる.

　ただし，実際の金利ルールの運用は，「3年定期金利×(0.90～0.95)」または「10年国債金利−0.5％」の低いほうである.

　これらを理論的に検討しよう．定額郵貯は10年まで預けられる一方，半年経つとペナルティなしで解約できるという，流動性も兼ね備えている．貯金者が解約できるということは，貯金者は金利水準にかかわらず額面金額で郵貯に定額郵貯証書を売って額面金額（にそれまでの利子を含む）を受け取れるという権利を持つことである．つまり，定額郵貯の貯金者は貯金とともにプット・オプションを保有していることになる．ということは，理論的に，定額郵貯の金利＝「10年国債の金利からこの解約（プット・オプション）料を金利換算した値を差し引いたもの」になる．

　なお，このオプションの価値は，金利が上昇していく（つまり順イールド）ほど高くなり，下降していく（逆イールド）ほど低くなる.

　つまり，

　　　　定額郵貯の金利＝10年国債の金利−α

---

7)　「定期預貯金金利及び定額郵便貯金の金利自由化について」1992年12月25日．

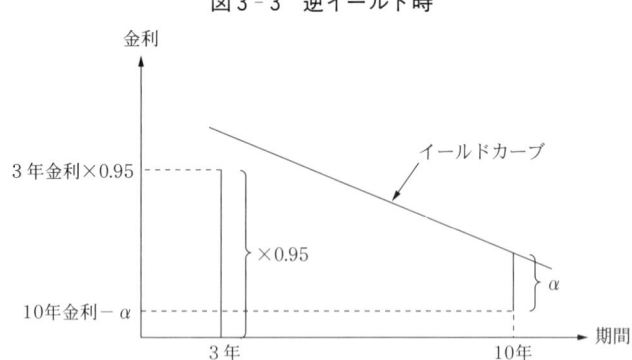

図3-3 逆イールド時

ただし、α＝大きい（順イールド時）、小さい（逆イールド時）である（図3-2、図3-3）。

定額郵貯の金利ルールが合理性を持つためには、順イールド時に、「10年国債金利－α」が「民間預金金利」×0.95、逆イールド時に、「10年国債金利－α」が「10年国債金利－0.5％」に、それぞれ同じ程度になることが必要である。必ずしも、同じであるとはいえないが、それでも、以前の定額郵貯ルールに比較すれば、格段に合理性が増しているといえるだろう。[8]

ここでは、郵貯シフトを、郵貯残高の対前年伸び率から銀行預金残高の対前年伸び率を引くことによって、見ることとしたい。順イールドか逆イールドについては、長短金利差として短期金利（コール翌日物）から長期金利（10年国債金利）を引くことで見る。これがプラスであれば逆イールド、マイナスであれば順イールドである。1972年からの郵貯シフトと長短金利差を見ると、1991年までは逆イールドでも郵貯シフトが発生していることがわかる（図3-4）。

郵貯シフトは、単に資金がシフトしただけでなく、郵貯経営も不安定にしてきた（図3-5）。1991年以前、逆イールド時に集まった郵貯は、3年間は段階金利なので適用金利が低いが、3年を超えると高金利になって経営を圧迫して

---

[8] 1993年以降、金利は低下し続け、1999年2月ゼロ金利政策になり、10年国債も2％になった。2000年8月にゼロ金利は解除されたが、2001年3月量的緩和に至り、事実上ゼロ金利になった。10年国債の金利は、2003年5月に0.5％まで低下し、その後は徐々に上昇している。

第3章 郵貯の経済分析 45

図3-4 長短金利差と郵貯シフト

郵貯シフト
(郵貯伸率−預金
伸率, 左目盛)

長短金利差
(短−長, 右目盛)

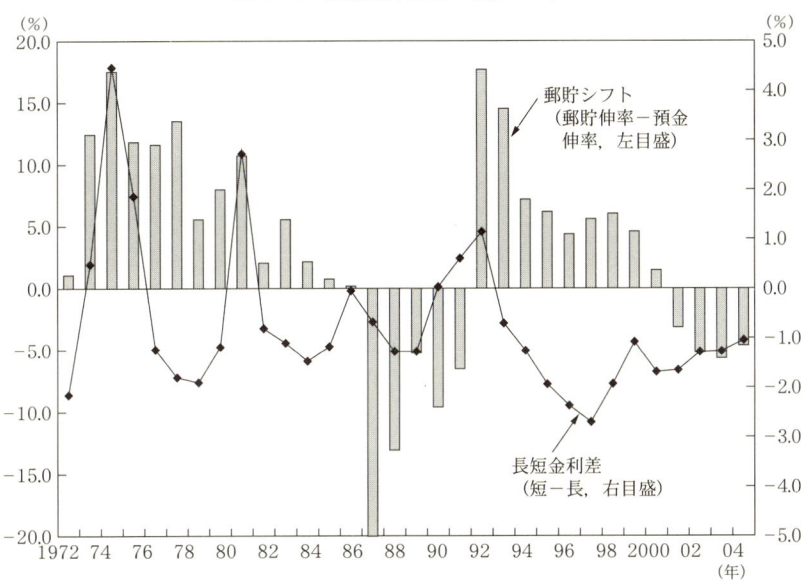

図3-5 郵貯収支率（郵貯収支/郵貯残高）の動向

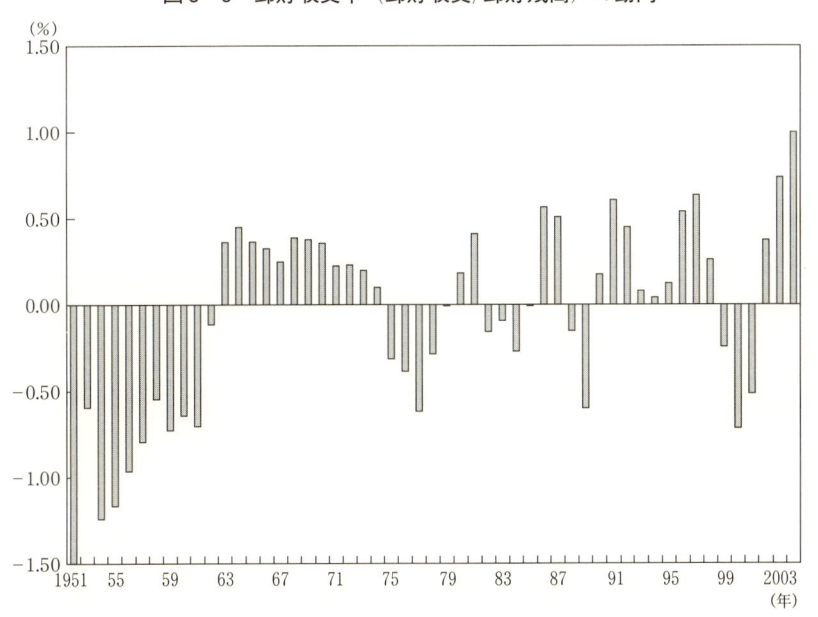

きた．その結果，郵貯シフト後に収益悪化になっていた．

第4章　財投・郵貯・政策金融改革の経緯・現状

　日本では，バブル崩壊以降，短期的で緊急避難的に伝統的な財政金融政策が発動されてきた．しかし，結果として，民間のチャレンジ・スピリットの喪失，公的債務の累増を招き，日本経済には「民の萎縮，官の拡大」という構図が常態化してしまっていた．

　この「民の萎縮，官の拡大」という構図は，裏を返せば大きい公的部門である．公的部門が大きいと長期的な経済成長を損なうといわれる．2003年度年次経済財政報告によれば，「財政赤字を考慮した潜在的国民負担率は負担面から見た公的部門の大きさを示す指標となるが，一般的に民間部門に比べて非効率になりやすい公的部門のウエイトが過度に拡大すれば，経済全体の生産性が低下する可能性がある」とされ，OECD諸国間における潜在的国民負担率と経済成長率の間には緩やかな負の相関が認められ，潜在的国民負担率が高い国ほど経済成長率も低くなる傾向があるとされていた．2003年度末で，国と地方を合わせた長期債務は692兆円に上り，GDP比にして138％と，1999年度以降連続して先進7カ国で最悪の水準にあった．日本の財政は，今後ますます制度の持続可能性が脅かされる危険な水準に達するおそれがある．

　日本経済が自律的な成長軌道に回帰するためには，民間部門が経済の牽引役となり，自らリスクを冒してでも，新たな価値の創造に邁進していく以外に道はない．そのためには，民間がチャレンジ・スピリットを発揮して，創意工夫を生み出しやすい環境をつくることが必須である．

　そのような環境を整備するためには，資金の流れを官から民へ反転させることで民主導の資金循環を生み出す土壌の形成が必要なのである．そのためには，まず歳入・歳出を見直し，公債依存度を減らす必要がある．それとともに，郵便貯金・簡易保険資金の入口，政策金融機関や特殊法人などの出口，それらをリンクする財政投融資システム全体を改革することが重要である．

2001～06年の小泉内閣では，他の政権と異なり，景気対策として財政政策に依存しなかった．また，資金の流れを「官から民へ」構造改革するとの首尾一貫した考え方の下で，郵政民営化，政策金融改革，特殊法人改革，財投改革を行った．

本章では，公的金融を巡る諸改革の経緯・現状を整理しておく．もちろん，各改革は相互に関係し合っているが，便宜的に，郵政民営化，政策金融改革，特殊法人改革，財投改革と分ける．ここで，歴史的には，郵政の郵便貯金を主たる原資として，政策金融機関や特殊法人に資金を流して，政策融資や公共事業などを行う「財投システム」があり，その重要な主体である郵政，政策金融機関，特殊法人に対する改革を郵政民営化，特殊法人改革・政策金融改革と言い，システム全体にかかわる改革を財投改革と呼ぶこととする．

1. 財 投 改 革

従来の行政改革においては，財投システムに対して問題意識はあまりなく，システムの現状維持を容認するものだった．例えば，1983年3月第2次臨時行政調査会（臨調）最終答申では，「原資所管官庁等から有利運用の要請が強く出されてはいるものの，公共的な性格を有する資金をできるだけ有効かつ整合的に配分するためには，統合運用の現状は維持されるべきである」とされた．1986年6月第1次行政改革審議会（行革審）では，「財政投融資については，社会経済情勢の著しい変化等に即応して，その役割を有効・適切に果たしていくため，当面，統合運用の現状は引き続き維持されるべきであるが，その運用及び対象事業について徹底した見直しを行う」とされた．1990年4月第2次行革審では，「財政投融資の運用に当たっては，情勢やニーズの変化に的確に対応して，対象分野や対象事業について厳しく見直し，統合管理・運用の原則を維持しつつ，資金を重点的，効率的に配分する．この場合において，政策金融は民間金融の補完に徹する」とされた．1993年10月第3次行革審では，「財政投融資の運用に当たっては，その対象となる機関・分野・事業の徹底的な見直しを行うとともに，中長期的視点も踏まえつつ，統合管理・運用の趣旨をいかした資金の重点的・効率的配分に努める」とされた．いずれにおいても，対象

事業等の見直しはあるが,同時に財投資金の旧大蔵省による統合管理・運用の維持が明記されている.

ところが,1990年代の行革の動きとともに,財投システムの問題も注目されるようになった.1996年6月旧大蔵省の私的研究会である「財政投融資の将来研究会」は,統合運用の原則の下であるが,「資金運用部の債券(財投債)発行による資金調達も将来の1つの検討課題となろう.財投機関の一部の資金調達を政府保証等の信用補完付の債券発行によることとして,機関の市場適合性を高めるとともに,資本市場の活性化に資することとしてはどうかとの意見もあった」と注目すべき提言を行った.

その後,行革会議が郵政3事業の民営化を見送るとともに,郵政3事業の公社化,郵貯の自主運用(つまり財投システムの統合管理・運用原則の撤回)の動きと呼応して,1997年11月,旧大蔵省資金運用審議会懇談会は,財政投融資の抜本的改革について,「今後の財政投融資の資金調達のあり方としては,
① 財投機関債(政府保証のない特殊法人債券)
② 政府保証債(政府保証のある特殊法人債券)
③ 財投債(国の信用で市場原理に基づいて一括調達する債券)
が考えられる」と取りまとめた.

さらに,1999年12月旧大蔵省は,「郵便貯金・年金積立金の全額が資金運用部に預託される制度から,特殊法人等の施策に真に必要な資金だけを市場から調達する仕組みへと抜本的な転換を図る.財政投融資の対象分野・事業については,政策コスト分析などの適切な活用を図り,民業補完,償還確実性等の観点から不断の見直しを行う」という財政投融資制度の抜本的改革案(骨子)を打ち出した.2001年度から郵貯は自主運用に移行し,財投システムは原則として必要な資金量だけ財投債の発行により資金調達を行うようになった.この財投改革を一言で言えば,財投債の発行(逆に言えば郵貯・年金の自主運用),財投機関債の導入ということである.

2. 郵政民営化

郵政を巡っては,昔から銀行界と郵貯の間で「郵貯100年戦争」といわれる

ものがあった．それに対応して旧大蔵省と旧郵政省の間でも争いがあった．旧大蔵省は国家財政を預かる立場から郵政資金を他の資金と統合して管理したい（統合管理），旧郵政省はそれを旧大蔵省ではなく自らが運用したい（自主運用）という争いだった．

郵政民営化が政治的な舞台に上ったのは1995年9月の自民党総裁選挙である．圧倒的多数の支持を得た橋本龍太郎の立候補に対して，郵政民営化を持論とする小泉純一郎が挑戦し，長年の持論である郵政3事業民営化，ひいては財投問題が一躍クローズアップされ，興味深い議論が衛星中継などで見られた．小泉は，行財政改革のために財投の見直しが必要であり，そのために郵貯を含む郵政3事業の民営化が不可欠であると主張するのに対し，橋本は，財投は必要であるので民営化は適当でなく，民営化を言うのであれば財投の必要性を吟味しなければならないと反論した．結果として橋本が総裁選挙に勝利し17代自民党総裁に就任し，翌1996年1月村山首相退陣後，総理大臣になった．

そういう流れの中で，1996年にスタートした橋本行革で，郵政事業の民営化議論が大きな山場を迎えた．1997年9月の行革会議で「簡易保険民営化」「郵便貯金は民営化の準備」「郵便はワンストップサービスを前提に当面は国営」という3事業を分割する案が出たが，これに対して約3200の地方自治体のうち約3000の自治体で「反対決議」を採択するなど，全国的な反対運動が展開された．

その結果，1997年12月の最終報告では，「3事業一体，全国ネットワークという国営の公社」「公益性に企業性を取り入れた国営の公社」という基本的な方向が決定された．同時に，郵貯はそれまでの強制的に旧大蔵省へ全額預託する制度を改め，金融資本市場において自主運用することとされた．これらの点は，中央省庁等改革基本法に規定された（第20条第2号，第33条第1号）．なお，後日の郵政民営化で話題になった中央省庁等改革基本法第33条第6号「前各号に掲げる措置により民営化等の見直しは行わないものとすること」に対しては，郵政公社に移行するので民営化を行わないとの趣旨であり，公社化後の民営化までを否定するものではないという政府解釈が示されている．

郵政民営化が本格的な政治課題になったのは，小泉政権になってからである．2001年4月，自民党総裁選挙に勝利した小泉政権がスタートすると，郵政民営化議論は現実味を帯びていった．2001年6月，首相の私的懇談会である「郵政

三事業の在り方について考える懇談会」(郵政懇．座長＝田中直毅) がスタートして，郵政3事業の民営化が期待された．ところが，2001年8月，総務大臣の私的研究会である「郵政事業の公社化に関する研究会」(座長＝南直哉・東京電力社長) が，2003年4月からの郵政公社化を議論し出すと，民営化のスケジュールははるか将来の話となっていった．すでに郵政3事業は公社化の方針が決まっていたし，郵政公社の中期経営計画は4年間であるので，どんなに民営化を急いだとしても2007年4月以降の話だ．こうした状況の中，2002年9月，郵政懇は，①特殊会社，②3事業を維持する完全民営化，③郵貯・簡保廃止による完全民営化という，3つの具体的な民営化類型を例示したにとどまった．そして，2003年4月，すでに予定されていた日本郵政公社が発足し，初代総裁に生田正治 (商船三井会長) が就任した．

2003年9月，小泉首相は第157回国会において所信表明演説を行い，「今後，国民的議論を行い，日本郵政公社の中期計画が終了した後の平成19 (2007) 年から，郵政事業の民営化を実現します．このため，来年秋頃までに民営化案をまとめ，平成17 (2005) 年に改革法案を提出します」と宣言した．所信表明演説は総理だけの判断で行えることを最大限使用した高度な政治判断であった．また，同じ9月26日，第20回経済財政諮問会議の冒頭挨拶で，小泉首相は「(郵政民営化の検討を) この経済財政諮問会議でやっていくが，郵政民営化の取りまとめに関しては，経済財政諮問会議を担当する竹中大臣にお願いしたい」と述べ，小泉首相のお膝元の経済財政諮問会議において，郵政民営化の検討が開始された．

2004年1月，第159回国会における小泉首相の施政方針演説は，「改革の本丸とも言うべき郵政事業の民営化については，現在，経済財政諮問会議において具体的な検討を進めています．本年秋頃までに国民にとってより良いサービスが可能となる民営化案をまとめ，平成17 (2005) 年に改革法案を提出します」と，郵政民営化への意欲を見せた．

その後，自民党においても「郵政事業改革に関する特命委員会」(村井仁委員長) が設置され，検討が行われた．自民党政権公約2003では，小泉改革宣言として，「郵政事業を2007年4月から民営化するとの政府の基本方針を踏まえ，日本郵政公社の経営改革の状況を見つつ，国民的議論を行い，2004年秋頃までに結論を得る」とされた．2004年の自民党参議院選挙公約では郵政事業改革に

ついて，「『郵政事業を2007年4月から民営化するとの政府の基本方針を踏まえ，日本郵政公社の経営改革の状況を見つつ，国民的議論を行い，2004年秋頃までに結論を得る』との昨年の衆議院選挙の政権公約に基づき，党内に新設した『郵政事業改革に関する特命委員会』において関係各界から意見聴取を行うなど，本年秋頃を目途に結論を取りまとめるため，精力的に作業を進めています」とされた．

一方，経済財政諮問会議は着実に議論を進め，2004年4月に「郵政民営化に関する論点整理」，9月に「郵政民営化の基本方針」を決定した．「基本方針」は，2007年4月に4つの機能に応じて分社化して民営化すること，遅くとも2017年までの10年以内の移行期を経て最終的な民営化の姿を実現することなど，民営化の大枠や道筋を明らかにした．その基本方針は直ちに閣議決定され，同時に日本郵政公社の民営化に向けた関連法案の提出及び成立までの準備，日本郵政公社からの円滑な移行及び最終的な民営化実現への取組みを進めるため，内閣に内閣総理大臣を本部長とする「郵政民営化推進本部」が設置された．その後，与党との厳しい折衝を経て，2005年4月に，郵政民営化関連6法案が国会に提出された．

郵政民営化の理由は，「だから，今民営化」の冒頭に小泉首相が自ら書いたとされる次の文章によれば，①資金の流れを変える，②よりよいサービス，③公務員削減，④財政貢献である．改革の位置付けについては，以下のように書かれている．

　郵政民営化が小泉内閣の進める改革の"本丸"であるというのはなぜでしょうか．

　第1に，郵貯や簡保の資金は，これまで特殊法人の事業資金として活用されてきました．かつては重要な役割を果たしていた事業であっても，次第に使われ方が硬直化し，国鉄や道路公団などに見られたように大きな無駄を生じさせ，結局国民の税金で補塡しなければならない例もありました．郵政民営化が実現すれば，350兆円もの膨大な資金が官でなく民間で有効に活用されるようになります．

　第2に，郵政民営化に対して，身近にある郵便局がなくなってしまうのではないかという心配の声をいただきます．かつて国鉄や電々公社が民営化されて，鉄道や電話がなくなったでしょうか．そんなことはありません．

むしろ従来よりサービスの質が向上したり，代替するサービスが工夫されたりしています．全国の津々浦々に存在する郵便局のネットワークは，私たちにとって貴重な資産です．民営化すれば，民間の知恵と工夫で新しい事業を始めることが可能になります．

第3に，郵便，郵貯，簡保は，果たして公務員でなくてはできない事業でしょうか．郵貯は銀行が，簡保は保険会社が同じようなサービスを提供しています．宅配便や信書便ができて，郵便と同様あるいは郵便にないサービスを既に民間企業が提供しています．外務省の職員は世界各国の大使館員も含めて6000人，警察官は全国に24万人です．しかし，郵政公社には40万人の公務員がいます．郵政民営化が実現すれば，国家公務員全体の約3割をも占める郵政職員が民間人になります．

さらに，第4に，郵政公社は，これまで法人税も法人事業税も固定資産税も支払っていませんが，民営化され税金を払うようになれば国や地方の財政に貢献するようになります．また，政府が保有する株式が売却されれば，これも国庫を潤し財政再建にも貢献します．将来増税の必要が生じても，増税の幅は小さなものになるでしょう．

「民間にできることは民間に，行財政改革を断行しろ」「公務員を減らせ」と言いながら郵政民営化に反対というのは，手足をしばって泳げというようなものだと思います．

誰でも現状を変えることには抵抗感があるものですが，国民全体の立場に立って，郵政民営化に向き合っていただきたいと思います．

3．特殊法人改革・政策金融改革

3.1 特殊法人改革

1983年第2臨調第5次答申で，特殊法人改革が取り上げられ，その後断続的な議論は行われてきたが，1995年2月，「特殊法人の整理合理化について」を閣議決定してから議論が本格化した．その中で，14法人の7法人への統合，5法人の廃止・民営化等（原則として3年内に実施）とともに，すべての法人の事業の合理化，効率化，財務内容の積極的公開等管理運営の改善が決定された．

さらに，同年3月，「日本輸出入銀行と海外経済協力基金の統合について」が閣議決定された．また，同年12月，特殊法人の財務内容等の一層の公開を推進し，透明性の確保を図る観点から，「特殊法人のディスクロージャーについて」が閣議決定された．

これらを受けて，1997年6～12月に具体的な特殊法人の整理合理化として「特殊法人等の整理合理化」の第1次～第3次分が決定された．さらに，2000年12月に閣議決定された「行政改革大綱」と2001年6月に成立した特殊法人等改革基本法に基づき，2001年12月に「特殊法人等整理合理化計画」が閣議決定された．「特殊法人等整理合理化計画」では，単に法人の組織形態＝「器」の見直しにとどまるべきではなく，「中身」である法人の事業の見直しが重要であるとの認識の下，全法人の事業の徹底した見直しを行い，組織形態について廃止・民営化等の見直しを行うべきとされている．

その後，各省庁で「特殊法人等整理合理化計画」の具体化が行われ，2005年1月までに全163の特殊法人等のうち135法人の組織形態が見直された．その結果，廃止15法人（石油公団，簡易保険福祉事業団，日本育英会など），民営化等36法人（東京地下鉄㈱，成田国際空港㈱，道路関係4公団など），独立行政法人化39法人（国際協力機構，水資源機構，農畜産業振興機構など），共済組合として整理45法人（日本たばこ産業共済組合など）となっている．

また，個別の事業の見直しの結果，特殊法人等向け財政支出について改革開始後4年間で約1兆5000億円が削減され，役員報酬では特殊法人等の役員の給与は平均で約1割削減，役員退職金は約3分の1に削減，特殊法人等から移行した独立行政法人の役員数は約4割削減された．

3.2 政策金融改革

政策金融については従来あまり見直しが行われてこなかったが，小泉内閣では，財投改革の実施を受け，特殊法人改革とともに2002年度からは政策金融改革にも着手した．

ただし，政策金融機関のうち住宅金融公庫については，2001年12月に閣議決定された「特殊法人等整理合理化計画」に基づき2006年度末までに廃止し，新たな独立行政法人を設置するとされた．その際，住宅金融公庫の役割を，従来の直接融資から民間金融機関による融資の支援・補完へと転換することを基本

とすべきとされた．要するに，民間金融機関の長期固定金利型住宅ローンが安定供給されるよう，住宅金融公庫が住宅ローン債権の証券化支援（新型住宅ローン）を中心業務とするわけである．住宅金融公庫の後継独立行政法人（住宅金融支援機構）による住宅購入者への住宅ローンについては，原則として直接融資は行わないこととされた．

他方，経済財政諮問会議では，2002年10月に政策金融改革の基本方針を提示し，12月には改革達成への道筋やあるべき姿の実現をとりまとめた．基本方針では，民間部門の自由かつ自発的な活動を最大限に引き出す方向で改革を行い，金融資本市場の効率化を図るとされ，この方針に沿って政策金融のあるべき姿が示された．そこでは，政策金融が必要な場合の条件として，政策的助成により「高度な公益性」が発生し，しかも金融機能面における「リスク評価等の困難性」が生ずる場合とされた．

この基本方針を受けて，2002年末に改革案（「政策金融改革について（案）」）がまとめられた．しかし，民間の金融機能が正常化していないことや経済情勢も厳しい状況にあったので，改革は3段階で進めることになった．第1段階である不良債権集中処理期間（2004年度末まで）では，セーフティネット面での対応として，金融円滑化のためにむしろ政策金融を活用するとした．2005年度から2007年度までの第2段階は，あるべき姿に移行するための準備期間と位置付け，基本方針に沿って政策金融の対象分野の厳選を進めるとした．そして，2008年度以降の第3段階では，速やかに新体制に移行するものとした．

また，この改革案ではすでに政策金融の規模と組織のあり方についても言及された．規模については，現行政策金融8機関の貸出残高を将来的には対GDP比で半減することを目指すとされた．組織のあり方については，2007年度末までには現行の特殊法人形態は廃止するとされ，必要な政策金融機能を担う後継組織についての制度設計の基準も示された．さらに，移行のための準備期間（2007年度末まで）においても，間接融資や債務保証などへの移行など政策金融の手法の革新やリスクに見合った金利設定の導入等の融資条件の適正化の徹底を図ることが提示された．2005年2月経済財政諮問会議は，政策金融改革議論を再開し，同年秋に向けて基本方針をまとめるとされた．

同年11月，経済財政諮問会議は「政策金融改革の基本方針」をまとめ，同時に政府・与党政策金融改革協議会においても政府・与党合意「政策金融改革に

ついて」がなされた.[1] それらを踏まえて,同年12月,「行政改革の重要方針」の一部として政策金融改革は決定された.

---

1) 郵政民営化のときには,政府側の経済財政諮問会議が議論を先導し,「基本方針」を与党プロセスを経ずに閣議決定するという政治学的に見ても極めて珍しい例であった.政策金融の場合には,経済財政諮問会議の議論と並行して与党内でも議論が行われ,ある部分では与党内議論が先行して,経済財政諮問会議の方針と政府・与党合意は同日(2006年11月29日)に行われた.

第5章 財 投 改 革

1. 米国の参考例

1.1 連邦信用改革法
1.1.1 改革前の状況
　米国の連邦信用計画 (Federal Credit Program) の特徴として保証の割合が比較的大きいことが知られている．債務保証の比率が増大したのは1980年代後半からであるが，債務保証の政策コストが見かけ以上に高いことが指摘され，1990年に米国の連邦信用計画の改革が行われている．これは，日本の財政投融資の改革にも大きな参考となると思われるので，以下に紹介したい．[1]

　米国の連邦信用計画の改革は，主として連邦信用改革法 (Federal Credit Reform Act of 1990) によって行われた．それ以前，連邦政府のすべての金融取引は，現金の支払いベースで計上されており，連邦政府が行う直接融資は初年度多額の支出とされ，その後の回収金は収入とされた．債務保証はデフォルトが発生するまでは何も計上されず，初年度に保証料が入ると収入とされるという仕組みであった．

　「連邦政府は米国最大の金融機関である」とされているが，この方式の下では，連邦政府が直接融資や債務保証を行う際に，将来の資金の動きやコストが

---

[1] 最近，日本で財政投融資改革がよく議論されるようになったが，米国における連邦信用改革の紹介は驚くほど少なく，1997年7月の資金運用審議会懇談会が公表した「財政投融資の改革に向けて」が言及するまでほとんど注目されてこなかった（富田［1997］は，数少ない書物の1つであり，詳しい）．筆者の個人的な体験であるが，職務上，米国政府の連邦信用計画の担当者と意見交換する機会があり，日本の現状を説明すると，連邦信用改革やそれ以降の動きを参考にするとよいと言われ続けてきた．

金融的に正しく把握されていなかったことは否定できない．つまり，政策決定の際には，直接融資や債務保証の将来コストは認識されず，当該年度の財政支出のみが考慮されているので，直接融資と債務保証の事前のコスト比較に歪みが生じたという批判がなされていた．というのは，直接融資は新規の融資額が初年度の財政支出となるのに対して，債務保証は保証する初年度にはまったく支出と認識されないからである．

直接融資と融資保証との間にこのような予算管理上の大きな違いがあったので，予算編成上は直接融資より債務保証の拡大が容易であり，債務保証が著しく拡大してきた．もっとも，これまで指摘してきたように，米国の連邦信用計画では，郵便貯金という原資もなく，公的年金は原資となっているものの，その積立金はそれほどでもないという事情もあって，債務保証の比率が相対的に高くなってきたという側面もあるのではないかと思われる．

このように初年度のみのキャッシュ・フロー・ベースでの予算管理という方式の下では，真の国民負担を見えにくくする．このことが直接融資と債務保証の比率に影響を与えるとともに，連邦予算の健全性を阻害する方向に作用し，将来コストを考えない債務保証プログラムの安易な拡大は将来の政府支出増につながり，結局は国民負担を増加させることになった．また，こうしたコストの把握方法が連邦信用計画に関係する政府機関の金融的な業務データの蓄積を促進せずに，それがディスクロージャーの不足の一因になっていた．

1.1.2 信用改革法

このような背景から，信用改革法（Federal Credit Reform Act）が1990年成立，92年施行されたが，その中で中心的な概念は将来コストを推計するサブシディ・コスト（subsidy cost）である．その具体的な計算方法は次の通りである．

第1に，直接融資や債務保証が行われる全期間についてのキャッシュ・フローの現在価値を連邦政府のコストと定義している．つまり，政府の補助（サブシディ）の大きさは，利子補給などの補助金や債務不履行にかかわる将来の政府支出などの現在価値と，政府への収入として想定される金額などの現在価値との差額として認識される．第2に，このコストを連邦信用計画が実施される初年度にすべて把握するとしたことである．

直接融資の場合は，融資額と将来返済されるキャッシュ・フローの現在価値との差額がコストと見なされる．政府からのキャッシュ・アウト・フローである融資額から，元利金の返済と手数料収入に，デフォルト，期限前償還，延滞などへの課徴金，不良債権の回収などを加味したキャッシュ・イン・フローの現在価値を控除した金額がサブシディ・コストと認識されるのである．他方，債務保証の場合のキャッシュ・アウト・フローは利子補給とデフォルトの際の政府支出額であり，キャッシュ・イン・フローは保証手数料，課徴金，不良債権の回収額である．現在価値を計算する際には金利が必要であるが，それぞれの連邦信用計画と同じ残存期間の財務省証券の金利が用いられる．なお，このサブシディ・コストという表現は，借り手の受ける便益，つまり補助金相当部分が連邦政府の支出になるという意味でコストになると考えられているからである．

しかし，当然のことながら，サブシディ・コストの把握には多くの困難がある．連邦信用計画でのデフォルトは将来の経済情勢に依存するので，その予測は容易ではない．こうしたデフォルトの予測いかんで，サブシディ・コストは大きく変化する．将来のデフォルトが少なくなれば，直接融資についても債務保証についてもコストは減少する．

また，そのときどきの金利水準がわかればコストの計算はできるのだが，逆に言えば計算されるコストの大きさは金利水準によっても変わりうる．例えば，金利が低下すると，直接融資の場合，すでに行った直接融資の将来の回収金の現在価値が増大するのでそのコストは減少するが，債務保証の場合には，その将来のデフォルトの現在価値が増大するのでコストは増加する．

さらに，政府が債務保証を行う場合には，最終的な借り手は民間金融機関との間で貸借契約を締結しており，政府と最終的な借り手との関係は表面上ないが，民間金融機関のリスクは政府に転嫁されている．このため，最終的なリスクを負わない民間金融機関が最終的な借り手のモニタリングをどの程度行うかという，いわゆるモラルハザード問題がある．したがって，政府のコストには最終的な借り手への補助のみならず，モラルハザードによるコストも入るおそれがある．

これに加えて，そもそも連邦信用計画の過去データ，例えば返済の延滞率やデフォルトの確率などのデータの蓄積が不足しており，実際の予測作業はかな

り困難である．また，対外融資の場合には相手国の政治情勢などを反映したカントリー・リスクの変動によって，サブシディ・コストが変化する．また，連邦信用計画そのものが制度改正で制度が変更された場合にもサブシディ・コストは変化する．

これらを考慮すると，いかなる方法で予測したとしても実際のコストは予測と食い違うことが多いが，それは当然のことと理解されている．このため，推計値が異なったかどうかが議論されるより，毎年の予算編成時に，サブシディ・コストの再推計を行い，修正を加えることによって推計精度の向上を図っている．

なお，各連邦政府機関は，サブシディ・コストにかかるデータ等を個別プログラムごとに計算し，直接融資と債務保証ごとにそれらを集計し，OMB（行政管理予算局）に提出する．OMBはこれらを精査する．一方，CBO（議会予算局）やGAO（会計検査院）も各機関からデータを入手し，チェックを行うという形で，各機関が役割分担している．

いずれにせよ，連邦信用改革はすでに実行されているが，それが完全に浸透し定着を見るまでには相当の期間が必要であったが，連邦信用計画は，政策が決定される段階で将来コストが把握されるようになったので，何をなすべきかについても議論されるようになった．つまり，政策を実施する際には，補助金，減税，信用プログラムをどのような組合せで投入することが最も効率的かという政策論議がポイントになったようである（表5-1）．

以下では，信用改革法の前後でどう変わったかを米国の連邦信用計画での教育ローンの実状を具体例として説明したい．

教育分野での例

信用改革法の実施により，プログラム別に直接融資と債務保証のコストの比較が行われるようになった．

教育省の学生ローンについて述べる前に，連邦信用計画における教育分野を簡単に述べておきたい．連邦政府は，連邦家族融資制度（FFEL）と，連邦直接学生融資制度（FDSL）という2つの制度を有している．対象は公立私立の2年制あるいは4年制学校と専門学校のうち，高等教育機関として認定された学校に通う学生あるいはその両親である．

FFEL制度では，銀行が学生や親に貸付けを行い，その貸付けを保証機関

表 5-1 サブシディ・コスト

政府から民間部門へのキャッシュ・フロー（アウト・フロー）の現在価値
－）民間部門から政府へのキャッシュ・フロー（イン・フロー）の現在価値

サブシディ・コスト（subsidy cost）
（割引率は期間別の財務省証券の金利）

アウト・フローとイン・フロー
○直接融資の場合
　アウト・フロー：融資の元本
　イン・フロー　：①元本の返済，金利，手数料
　　　　　　　　　②デフォルト，期限前返済，課徴金，不良債権の回収等を加味
○債務保証の場合
　アウト・フロー：①デフォルトの際の支払額
　　　　　　　　　②利子補助
　イン・フロー　：手数料，課徴金，不良債権の回収額

が保証し，さらに連邦政府が再保証し，デフォルトが発生した場合には弁済するとともに，銀行と保険会社に金利と補助金を支払うという仕組みである．しかし，この制度は学生の資金計画についての選択肢が乏しく，運営組織も複雑で，政府支出もかさむため，1994年からFDSL制度の拡充が進められた．それは連邦政府が借り手に直接融資し，融資事務と回収業務を競争入札で選んだ業者に委託するという仕組みである．さらに，教育省は，学生の債務不履行に対して所得税還付金で相殺したり，賃金を差押えの対象にするなどの罰則規定を設けた．また，債務不履行の比率が高い学校を融資制度の対象から外した．

　これらの制度により，連邦政府は，教育ローンのいわゆるモラルハザード・リスク（学生の将来所得という貸し手が自由に処分できない資産を担保とすることや，融資の返済要求に多額の経費がかかること）について民間の保険機関より実効的な抑止力を行使できると考えられている．

　国民の負担するサブシディ・コストは，表5-2（1998年度・債務保証における補助率，予算及び融資額の見通し）に見るように債務保証＝連邦家族融資制度（FFEL）の場合が学生の借入額の9.03％であるのに対して，直接融資＝連邦直接学生融資制度（FDSL）の場合はわずか4.44％である．サブシディ・コスト率は，デフォルト率，利子補給率，諸手数料などの要因に分解して考え

表 5-2 1998年度における補助率，予算及び融資額の見通し

(単位　100万ドル)

省庁・計画	加重平均補助率(%)	予算	融資額の見通し
直接融資			
教育省			
連邦直接学生融資制度（FDSL）	4.44	751	16,929
債務保証			
教育省			
連邦家族融資制度（FFEL）	9.03	2,078	22,995

(出所)　*Analytical Perspectives*（Budget of United States Government Fiscal Year 1998）より抜粋．

ることができる．じつは教育におけるサブシディ・コスト率の差は，主として利息の差によるものである．いずれも期間16年で調達金利は7.2%であるが，FDSLの場合には融資額の1.3%相当の利息を政府が受け取るが，FFELの場合には4.8%の支払いとなっている．これは，FFELの場合には，政府が銀行や保険機関に対して金利と補助金を支払うからである．また，手数料についても，FFELの場合には政府支援機関（GSEs）であるサリー・メイ（Sallie Mae, 学生金融公庫）への支払いがあるので，その分FDSLよりも高くなっている．

連邦信用改革法が適用される前には，プログラム実行時の政府からのキャッシュ・フローのみに注目が集まり，長期間にわたって政府の負担となるサブシディ・コスト率が考慮されなかったため，FFELによる教育ローンの残高が著しく拡大した．しかし，連邦信用改革法の施行の結果，国民負担の比較が明示的に行えるようになった．この結果，1994年に従来のFFELから政府によるFDSLへの切替えが始められ，1997年7月にその移行が完了した．

表5-3でFFELの推移を見ると，横這いまたは微増となっている．つまり，今後はFDSLを増やし，相対的なシェアを高めて政策コストを軽減しつつ，学生にはFDSLとFFELという2つのメニューを与えて，多様な選択を可能にするということだ．

特筆すべきことは，これに伴ってGSEの見直しも行われたことである．政府保証のついた教育ローンの2次流通のためのGSEであるサリー・メイは必要性を失い民営化されることになった．前述したように，サリー・メイは1972年に議会が認定したGSEで，FFELに参加する貸付機関に流動性を付与する

表5-3 連邦政府の取引残高見込み (単位 100万ドル)

	1996実績	1997見込み	1998	1999	2000	2001	2002
直接融資 連邦直接学生融資制度(FDSL)	11,565	23,153	36,829	52,879	70,430	88,240	105,781
債務保証 連邦家族融資制度(FFEL)	71,548	84,217	94,565	101,245	104,919	106,989	108,253

(出所) *Analytical Perspectives* (Budget of United States Government Fiscal Year 1998) より抜粋.

ことによって，教育ローンに向かう資金を多くすることを目的としている．しかし，相対的にFFELからFDSLへと移行するに伴い，教育ローンの2次市場の重要性は低下し，GSEの関与は必要ないと判断されたのである．もっとも，連邦政府は，教育ローンを公的に支援するというスタンスは変わらず，連邦政府による直接融資は今後急速に拡大していくものと思われる．

米国では，このようにサブシディ・コストが推計され，それに基づく政策論議により政策・政府機関の見直しが行われている．

1.2 連邦政府業績結果法

1990年信用改革法の後に行われた試みは，連邦政府業績結果法（Government Performance and Result Act: GPRA）である．

その基本的な考え方は，政府の施策を段階分けし，各段階のコスト，成果等をできる限り数量化し，予算編成に活用するとともに政府のアカウンタビリティーを確保しようとするものである．もともと英国，ニュージーランドで始まった動きであるが，米国も1993年に法律を成立させており，アングロサクソン諸国では標準的な考え方になりつつある．

当然のことながら，このような法律の実施については，コスト分析手法の確立や公会計制度の充実が前提である．比較的公会計が遅れているといわれていた米国では，相当の困難があった模様であり，法律は1993年に成立したものの，法律に基づく計画策定の期限は1997年9月末となっている．

連邦政府業績結果法の背景としては，連邦財政赤字及び政府活動の効率性・有効性に対する不信感が挙げられる．このために，連邦政府部内の各省庁のコスト意識を高め，国民に対するアカウンタビリティーが求められるようになっ

た．また，連邦予算プロセスを改善し政策の質を高めることにより，政府は「顧客としての国民」の満足が得られるようにするという考え方が広がってきた．同法は連邦政府の各省庁に対し，業務目標の設定，目標に対応した業績内容の数量化を義務付け予算編成に活用することを定めている．

同法の重要な部分は，業績評価の枠組みである．ここで，重要な概念は，①投入（Inputs），②算出（Outputs），③成果（Outcomes），④社会に対する影響（Net Impacts）である．

①投入（Inputs）

政策目的（Program Objectives）として5カ年の戦略計画（Strategic Plan）がある．そこでは，総合的目標，目的（機関の任務），達成方法，業績目標との関連性などに関する記述がなされている．

また，業績目標（Performance Goals）としては毎年の業績計画（Performance Plan）があり，プログラム活動によって達成されるべき業績の水準が記述されている．なお，これは，事後的な評価を可能にするために，客観的，数量的，測定可能な形態で表現されなければならないとされている．

さらに，サブシディ・コストや行政費用（Administrative Cost）も必要な記載事項である．

②算出（Outputs）

政府活動の指標になるが，政府の財・サービスの生産ともいえる．例えば，信用供与活動の場合，件数，金額，民間金融との関係，供与先の業績改善・満足度などであるが，さらに，

・民間金融にアクセスできない借り手への融資，保証の比率
・特定のグループや特定政策目的への融資，保証の比率
・延滞状況になっていない債権の比率
・審査，カウンセリング，融資条件の工夫などによって改善した融資，保証の比率
・担保物件売却等により回収した金額の不良債権額に対する比率
・信用供与サービスに関し，タイミングや質的な面で満足している借り手の比率
・サブシディ・コスト推計の正確さ，修正の妥当性

などがある．

③成果（Outcomes）

算出（Outputs）によりもたらされる直接的・間接的な効果である。例えば、
・低所得者やマイノリティの教育達成度、住宅保有比率、新規事業比率
・新たに農業者、新規事業者、輸出業者、住宅購入者となった人の数
・民間金融の誘導効果
・人的資本、設備投資、輸出、低所得者住宅投資や地域インフラ整備などの経済効果
・雇用水準、所得水準、地域インフラ水準などの持続的な改善効果

などである。

また、マイナス効果も考慮されなければならない。例えば、過度の負債・格付低下、育成不能・低収益先への与信、民間クラウドアウトなどが考えられる。なお、プログラムによっては成果が出るまでに長期間かかることもあるが、その場合、暫定的指標が用いられる。

④社会に対する影響（Net Impacts）

社会に対する影響は、プログラムがない場合と比較した場合のNet Effect（Outcomesのプラス効果からマイナス効果を控除したもの）として測定される。ただし、この推定は技術的にかなり難しく、プログラム評価（Program Evaluation）や経済学的研究を必要とする。

連邦政府業績結果法の実施については、実務上の困難があった。そこで、これまで、各省庁におけるパイロット・プロジェクトを実施し、各省庁、OMB、財務省からなるワーキング・グループにおいて調査・研究を行ってきている。そこでの作業スケジュールは、1997年9月末までに、各省庁の戦略計画（Strategic Plan）や各省庁の業績計画（Performance Plan）が作成され、予算の一部として政府全体の業績計画がつくられる。その後、2000年3月までに政府全体の業績報告が行われることとされた。

2. 諸外国の財投類似制度[2]

2.1 米 国

まず、米国では、政府関連機関（連邦政府機関、政府支援企業）が国庫、民

間からの資金を原資として,住宅,農業,貿易,教育及び中小企業支援等の分野に対して,融資,債務保証等を行っている.こうした融資,債務保証等については,行政管理予算局(OMB)が予算の一部である連邦信用計画(Federal Credit Program)としてとりまとめている.[3] なお,金融市場において連邦信用計画は13~19%のシェアを有している.

米国においては,政府による金融活動全般について連邦信用計画という形でまとめられており,連邦信用計画のうち日本の財政投融資に相当するものは,次の3形態により,民間・地方公共団体・外国政府等に対しての信用供与を行っている.いずれも,ほとんど20年超の超長期金融になっている.[4]

(ア) 連邦政府機関(Federal Entity)による直接貸付け
・原資は税収,借入金,回収金など.[5]
・具体的な実施機関は政府の一部局(農家更生局(FmHA),連邦住宅局(FHA),中小企業局(SBA)等)政府出資で政府の監督下にある独立機関(米輸銀(Eximbank),連邦預金保険公社(FDIC),テネシー渓谷開

---

2) 各国の制度は1990年代半ばのものである.各国とも常に制度が見直されており,必ずしも最新の情報ではないが,基本的な特徴は備えている.なお,EU諸国においては,1990年代半ばから,汎欧州の競争政策が強化され,政策金融に関する各国の関与が見直されて,大きく変化している.これについては,第8章を参照.

3) 各年度の予算分析書(Analytical Perspectives)において連邦信用計画を取り扱った章では,「連邦政府は引き続き米国における最大の金融機関である」との記述が見られる.ただし,連邦信用計画は,日本の財政投融資に相当する部分のみならず,預金保険などもカバーしている.

4) よく,米国では直接融資の割合が低く債務保証の割合が高いが,一方,日本では直接融資の割合が高く債務保証の割合が低いといわれる.このことは正しいが,日本の場合,政府系金融機関の融資残高のうち代理貸し制度分を考慮する必要がある.例えば,旧住宅金融公庫のほとんどは代理貸し制度によるものである.

この代理貸し制度は,経済効果としては民間金融機関の融資を直ちに政府系金融機関が買い取ることと同じである.米国では,S&L(貯蓄貸付組合)などの住宅ローンを政府支援機関(GSEs)が買い取り,S&Lなどの金利リスクを軽減しているが,日本の代理貸し制度はこれと同じような経済効果を持っている.

5) 米国では,日本の郵便貯金に相当するものはないが,その代替商品と思われる貯蓄国債の一部は連邦信用計画の原資となっている.また,財務省内の Federal Finance Bank の発行する FFB 債や国債も原資である.さらに,公的年金は非市場性国債で運用されているが,これは日本の預託と同等な制度である.

図5-1 米国の財投類似制度
連邦信用計画 (Federal Credit Program)

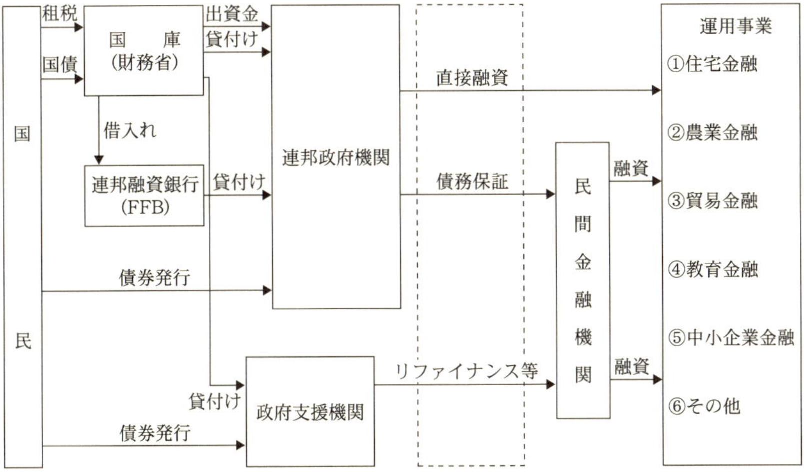

発公社（TVA）等）．
(ｲ)　連邦政府機関（Federal Entity）による保証
・財政資金等を背景にし，民間金融機関の貸付けに関する保証を実施．
・保証のカバレッジは，元本・利子の全額保証から一部保証まで，スキームによりさまざま．
・具体的な実施機関は上記(ｱ)と同一．
(ｳ)　政府支援機関（GSEs: Government Sponsored Enterprise）による与信
・主な原資は当該企業の債券発行による資金．
・重点分野は農業・住宅・教育．
・政府支援企業は主として政府出資により設立され認可を受けた企業で，後民間保有となったもの．

具体的には，現在GSEsとしては，連邦農業信用制度（FCS），連邦農業抵当公社（Farmer Mac），学生金融公庫（Sallie Mae），大学建設融資保険協会（Connie Lee），連邦抵当金庫（Fannie Mae），連邦住宅貸付抵当公社（Freddie Mac）及び連邦住宅貸付銀行（FHLBanks）の7機関がある．ただし，学生金融公庫と大学建設融資保険協会は見直しの予定である．つまり，GSEsは民間保有の金融機関であり，その意志決定は取締役会においてなされているが，

表5-4 信用市場における連邦政府シェア

(単位 10億ドル)

	実績											見通し	
	1965	1970	1975	1980	1985	1990	1991	1992	1993	1994	1995	1996	1997	1998
信用市場ネット借入計	66.7	88.0	169.2	336.9	819.2	722.5	504.7	539.7	576.2	624.7	733.5	706.0	……	……
連邦の一般からの借入れ	3.9	3.5	51.0	69.5	199.4	220.8	277.4	310.7	247.4	184.7	171.3	129.6	142.8	145.6
債務保証	5.0	7.8	8.6	31.6	21.6	40.7	22.1	19.7	−2.0	38.7	26.2	89.9	55.4	49.2
政府支援企業借入れ	1.2	4.9	5.3	21.4	57.9	115.4	124.6	150.8	169.3	121.3	133.9	117.6	178.2	186.0
連邦/連邦支援借入計	10.1	16.2	65.0	122.5	278.9	376.9	424.1	481.2	414.7	344.7	331.4	337.1	376.4	380.8
連邦政府借入シェア(%)	15.1	18.4	38.2	36.4	34.0	52.2	84.0	89.2	72.0	55.2	45.2	47.8	……	……
信用市場ネット貸付計	66.7	88.0	169.2	336.9	819.2	722.5	504.7	539.7	576.2	624.7	733.5	706.0	……	……
直接融資	2.0	3.0	12.7	24.2	28.0	2.8	−7.5	7.0	−1.7	−0.8	1.6	4.0	18.0	15.7
債務保証	5.0	7.8	8.6	31.6	21.6	40.7	22.1	19.7	−2.0	38.7	26.2	89.9	55.4	49.2
政府支援企業貸付	1.4	5.2	5.5	24.1	60.7	90.0	90.7	145.2	162.3	125.3	68.2	135.8	160.5	187.8
連邦/連邦支援貸付計	8.3	15.9	26.9	79.9	110.3	133.5	105.3	171.9	158.6	163.2	96.0	229.7	233.9	252.7
連邦政府シェア(%)	12.4	18.1	15.9	23.7	13.3	18.5	20.9	31.9	27.5	26.1	13.1	32.5	……	……

(出所) *Analytical Perspectives* (Budget of the United States Government Fiscal Year 1998) p.228.

表5-5 米国の連邦信用計画 (単位 10億ドル)

	1995年9月	1996年9月
連邦信用計画		
(1)直接融資	161	165
農業サービス局（商品信用公社を除く）	43	47
農村電化局及び農村電信銀行	43	35
国際開発庁	14	13
公共法480	12	12
災害支援（SAB & FEMA）	9	9
海外軍事関係支出	8	8
輸出入銀行	8	8
連邦学生直接融資プログラム	3	12
中小企業融資	2	2
その他	19	19
(2)債務保証	727	805
連邦住宅局シングルファミリー	318	364
退役軍人局抵当	154	155
連邦住宅局マルチファミリー	83	91
連邦家族教育融資プログラム	86	102
中小企業局	26	31
輸出入銀行	18	18
農業サービス機関	8	11
商品信用公社輸出信用	5	5
その他	27	28
(3)政府支援機関（GSEs）	1,514	1,740
連邦抵当金庫	787	929
連邦住宅貸付抵当公社	552	601
連邦住宅貸付銀行	122	153
学生金融公庫	—	—
農業信用制度	53	56
(4)=(1)+(3)	1,675	1,905
(5)=(1)+(2)+(3)	2,402	2,710
(6)金融部門資産残高	13,575	14,635
(7)国内非金融部門負債残高	13,687	14,407
(4)/(6)金融部門資産残高に対する比率	12.3%	13.0%
(4)/(7)国内非金融部門負債残高に対する比率	12.2%	13.2%
(5)/(6)金融部門資産残高に対する比率	17.7%	18.5%
(5)/(7)国内非金融部門負債残高に対する比率	17.5%	18.8%

（出所）　*Analytical Perspectives*（Budget of the United States Government Fiscal Year 1997, 1998）及び *Federal Reserve Bulletin* より作成．資金運用審議会懇談会第3回会合（'97年4月22日）資料．

取締役の過半数は民間の株主により選出されている．しかし，同機関は，連邦政府により農業部門，高等教育，住宅部門への資金供給を円滑化する役割を付与されており，各機関は，純粋な民間金融機関では適切なときにすべての地域で必要な資金を供給することはできないとの判断の下に設立されたものである．GSEsは，連邦政府を後ろ盾に持つことで，調達コストの面で恩恵を受けており，これにより民間金融機関よりも低コストの信用供与が可能になっている．また大半の機関は連邦法により特権を享受している．同機関の特権としては，

①財務省から同省の判断で40億ドルまで借り入れることが可能，
②同機関が発行した債券は証券取引委員会（SEC）の規制の対象外となる，
③州・地方税が免除される，
④発行債券は国民の預金の担保とすることができ，大半の銀行，貯蓄金融機関により無制限に保有されることが可能，

等が挙げられる．

なお，連邦政府によるGSEsへの支援や活動の公益性，各機関が特別な法的地位を付与されていること，そして債券発行高が巨額に達していることから，投資家はGSEsの発行する債券には政府の非明示的な保証（暗黙の政府保証）がなされていると見なしている．

こうした政府の金融活動の経済全体における影響を見るために，米国政府は，連邦信用計画の与信額が資金循環に占めるシェアをフローベースで算出している（表5-4）．これによれば，1965年から1996年まで12.4%から32.5%とほぼ上昇傾向になっている．これをストックベースに換算したものは，表5-5であり，これによれば，1996年9月末で18.8%である．当然のことながら，この数字は預金保険等を除くものであり，日本の財政投融資にほぼ相当するものと考えてよいであろう．

2.2 フランス

フランスでは，預金供託公庫（CDC）がわが国の郵便貯金に相当する国民貯蓄公庫等からの預託や，市中での債券発行，借入れ等による資金を統合管理して，民間，国有企業，地方公共団体等への貸付けを行っており，日本の制度とかなりの類似点が見られる．なお，スペイン，ポルトガルなどの南欧諸国では，フランスによく似た金融システムとなっており，フランスのCDCに類似

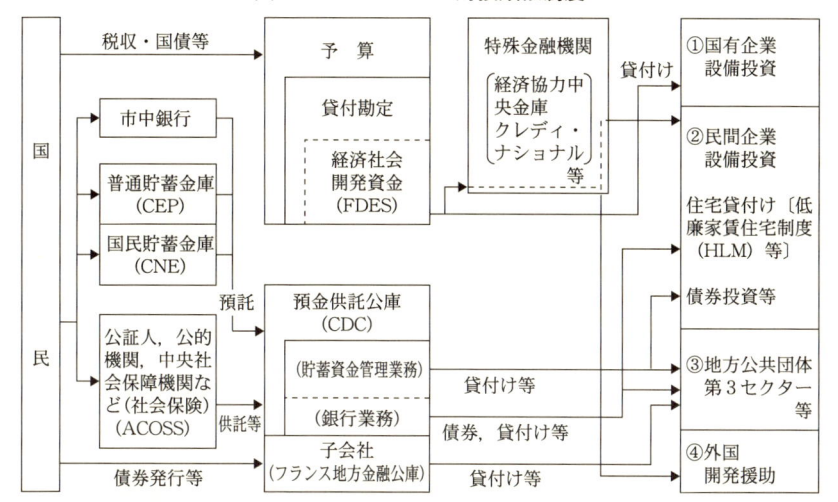

図5-2 フランスの財投類似制度

（図）
国：税収・国債等 → 予算（貸付勘定／経済社会開発資金（FDES））
市中銀行
普通貯蓄金庫（CEP）
国民貯蓄金庫（CNE）
公証人，公的機関，中央社会保障機関など（社会保険）（ACOSS）
民：債券発行等
預託／供託等 → 預金供託公庫（CDC）（貯蓄資金管理業務／銀行業務）
子会社（フランス地方金融公庫）
特殊金融機関（経済協力中央金庫 クレディ・ナショナル 等）
貸付け → ①国有企業設備投資
②民間企業設備投資
住宅貸付け〔低廉家賃住宅制度（HLM）等〕
債券投資等
貸付け等／債券，貸付け等／貸付け等 → ③地方公共団体 第3セクター 等
④外国開発援助

した組織が存在している．

金融市場においてCDCは17％のシェアを有しており，他の特殊金融機関を含めると，シェアは23％に達する．[6]

もっとも，フランスでは，これらのCDCなどの特殊金融機関のほかにも，国の予算の一部である「貸付勘定」などの金融活動も公的金融とする考え方がある．「貸付勘定」は，政府が投入する資金・回収金を主な原資として4年以上の投融資活動を行うものであるが，現在は，国からの直接の貸付けは行っておらず，特殊金融機関等を経由したいわゆる代理貸しのみが行われている．

ここで，「特殊金融機関」は，銀行法第18条において，次のように定義されている．「特殊金融機関は，国により付与された公的利益の実現を図る業務を行う金融機関である．同機関は付随的業務を除き，公的利益の実現を図る業務

---

[6] フランス銀行（中央銀行）の統計における分類では，フランス銀行，銀行（一般の民間商業銀行等），ノンバンク・証券会社（民間のノンバンク及び証券会社），郵便（郵便振替事業）や投資信託（民間の投資信託業務を行う事業会社）のほか，CDCグループ（CDCのほかその系列会社であり，一大グループを形成し，銀行業務・貯蓄資金管理業務・生保・不動産・地方開発など多岐にわたる業務を行っている）や特殊金融機関（CDC以外の特殊な機能を持つ政府系金融機関）とされている．

表 5-6　フランスの財投類似制度の規模　(単位　100万フラン)

		1994年12月	1995年12月
(1) Banque de France	フランス銀行	1,021.5	915.2
(2) Banques	銀行	10,397.5	10,962.6
(3) Groupe CDC et Caisses d'Epargne	CDCグループ	3,222.5	3,562.3
うち Fonds d'Epargne et Financement du Logement Social	うち公共住宅貯蓄基金	986.8[1]	1,069.6
(4) Stes Financieres & Maisons de Titres	ノンバンク・証券会社	1,508.1	1,658.3
(5) Instit Financieres Specialisees	特殊金融機関	1,332.1	1,355.6
(6) La Poste	郵便	181.5	194.7
(7) OPCVM	投資信託	2,676.9	2,554.2
(8) Fonds Communs de Creances	市町村信用金庫	45.3	50.8
(9) Total (BILAN DES ETABLISSEMENTS DE CREDIT)	金融部門資産残高[2]	20,385.4	21,253.7
(10) DETTES DE NON FINANCIERES	国内非金融部門負債残高	29,708.0	—
(3)/(9)　　　金融部門資産残高に対する比率		15.8%	16.8%
((3)+(5))/(9)　　　〃		22.3%	23.1%
(3)/(10)　　　国内非金融部門負債残高に対する比率		10.8%	—
((3)+(5))/(10)　　　〃		15.3%	—

(注)　1.　個人金融資産残高に対する比率は7.9%（1994年12月末）．
　　　2.　(1)~(8)の合計で，生命保険会社は含まない．
(出所)　国内非金融部門負債残高は Banque de France, *Bulletin de la Banque de France*, Tableau 1.2.2.2.
　　　それ以外の数字は同資料の Tableau 1.1.4.4~1.1.4.23 より作成．資金運用審議会懇談会第3回会合
　　　（1997年4月22日）資料．

に関連した銀行業務しか行うことはできない」．なお公法・私法上の区別は次の通りである．

　特殊金融機関：全32機関

　公法上の機関：2機関

　混合会社（国・地方と民間の共同出資，私法上の法人扱い）：2機関

　私法上の株式会社：28機関

　具体的には，

(ｱ)　日本の郵便貯金に相当する国民貯蓄金庫等の資金を一元管理している預金供託公庫（CDC），

(ｲ)　日本開発銀行に類似している中長期産業金融を行うクレディ・ナショナル，

(ｳ)　長期の土地担保貸付けや建設事業への貸付けを行うフランス不動産銀行，

(ｴ)　中小企業向け貸付けを行う中小企業設備金融公庫，

等である.

2.3 ドイツ

ドイツでは，復興金融公庫（KfW）等の特別銀行グループが市中での債券発行，欧州復興計画（ERP）特別財産等からの借入れ等による資金を原資とし，地方公共団体，民間企業，外国への貸付けを行っている．特別銀行グループの特徴は，長期（4年以上）の金融活動を行うことである．また，国庫資金等を原資とする連邦予算資本勘定等が旧東ドイツ支援等を行っているほか，公営の貯蓄銀行（Sparkassen），州立銀行が発達しており，住宅，都市開発等に融資を行っている．連邦予算資本勘定等を除いても，金融市場において特別銀行グループは4～7％のシェアを有しており，貯蓄銀行等を含めると，シェアは27～44％となる．

このように，公的金融の経済活動に占めるウエイトを考えると，ドイツの事情は多少複雑である．というのは，ドイツにおいては，「公的金融機関」の活動を中心として政府等の金融活動をとらえる考え方があるからである．

ドイツにおける公的金融機関は，連邦，州または自治体によって設立・運営される金融機関であり，大部分は公法上の法人格を有するが，私法上の形態（株式会社等）をとるものであっても，国または自治体が持分の全部あるいは大部分を所有するものは含まれる．このように所有に着目した概念であるため，業務としては民間商業銀行と同様のユニバーサル・バンキングを営む金融機関も含まれる．この中でも，公営の貯蓄銀行の存在はドイツ（及び周辺国）独特であって，これをどう考えるかにより判断は分かれざるをえない．

具体的には，公的金融機関は，最も広く考えると

(ア) 自治体が設立した貯蓄金庫,
(イ) 貯蓄金庫の州及び連邦レベルの中央組織である中央振替銀行,
(ウ) 公法上の不動産金融機関,
(エ) 公法上の特別銀行,
(オ) 公法上の建築貯蓄金庫,

等であると思われる．なお，普通は，(ア)，(イ)，(エ)を公的金融機関と理解することが多いようである．ただし，この場合でも，貯蓄銀行は，通常の民間金融機関と同様な業務を営んでいることに注意する必要がある．

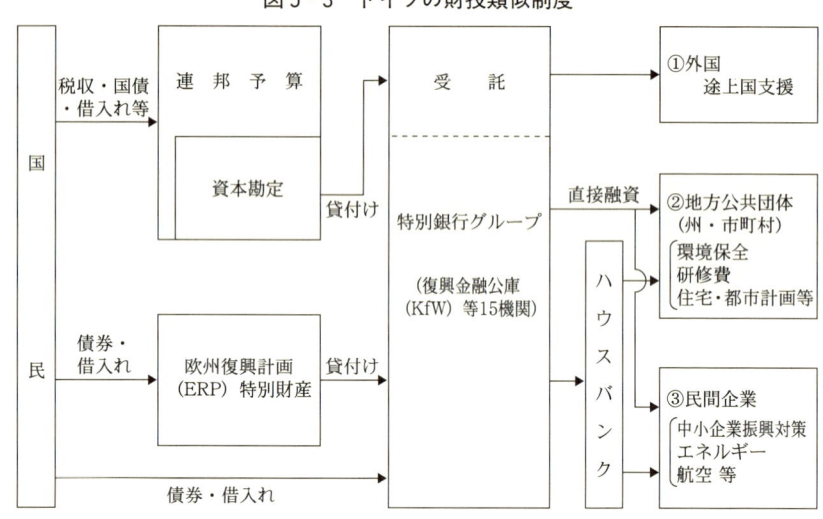

図5-3 ドイツの財投類似制度

なお，ドイツにおける貯蓄銀行は，町中いたるところに見られる．あえてたとえれば，日本の郵便貯金は貯金の受入れのみしているが，これに一般の商業融資や自治体向け融資を加えたようなものであろう．このために，民間銀行との間に種々の対立があり，EU委員会において争われている案件もあるようだ．

特に，各州に1つずつ計16あり，貯蓄銀行の中央銀行的な地位にある州立銀行については，州の経済振興策としての融資を行ったり，外国取引，株の取引等の貯蓄銀行のできない業務を行ったりしているが，民間銀行との競合との関係で，民営化すべきとの議論がある．これに対する反論として，例えば，かりに株式会社にするのであれば誰が株主になるのかというドイツ固有の問題がある．というのは，ドイツでは個人の株所有が非常に少なく，主たる株の所有は，①保険会社，②金融機関，③投資会社によってなされている．かりに，州立銀行が保険や民間銀行に所有された場合，競争がなくなる，高収益を得るために地方の小さな支店がなくなる等の弊害が考えられる．[7]

2.4 英　　国

英国には，日本の一般会計にほぼ相当する統合国庫資金勘定の剰余金や，国債の発行収入金，年金資金等を統合管理する国家貸付資金勘定（NLF）があ

表 5-7 ドイツの財投類似制度の規模 (単位 10億マルク)

		1994年12月	1995年12月
(1) Commercial banks	商業銀行	1,098.7	1,188.4
Big banks	3大銀行	409.4	452.6
Regional banks and other commercial banks	地方銀行・その他の商業銀行	617.8	664.2
Branches of foreign banks	外国銀行支店	30.7	38.2
Private bankers	個人銀行家	40.9	33.4
(2) Regional giro institutions (including Deutsche Girozentrale)	中央振替銀行	655.5	709.1
(3) Savings banks	貯蓄金庫	1,002.6	1,059.8
(4) Regional institutions of credit cooperatives (including Deutsche Genossenschaftsbank)	信用協同組合中央銀行	71.0	81.6
(5) Credit cooperatives	信用協同組合	590.2	620.4
(6) Mortgage banks	不動産金融機関	646.2	758.6
(7) Credit institutions with special functions	特殊課題金融機関	330.4	308.3
うち KfW	うち復興金融公庫	232.2	225.4
(8) Total (LENDING TO NON-BANKS)	非金融部門向け貸付残高	4,394.6	4,726.2
(9) Total Volume of Business	金融部門資産残高	6,953.0	7,538.9
(10) Liabilities (Domestic Non-Financial Sectors)	国内非金融部門負債残高	6,856.8	7,691.4
(7)/(8)	非金融部門向け貸付残高に対する比率	7.5%	6.5%
((2)+(3)+(7))/(8)	〃	45.2%	44.0%
(7)/(9)	金融部門資産残高に対する比率(注)	10.1%	9.2%
((2)+(3)+(7))/(9)	〃	46.5%	45.4%
(7)/(10)	国内非金融部門負債残高に対する比率	4.8%	4.0%
((2)+(3)+(7))/(10)	〃	29.0%	27.0

(注) 各金融機関の他金融機関向け貸付けを含んだ計数.
(出所) 国内非金融部門負債残高は *Deutsche Bundesbank Monthly Report* の "Overall financial flows in Germany" より, それ以外の数字は同資料IV3 (Principal assets and liabilities, by category of banks) より作成. 資金運用審議会懇談会第3回会合 (1997年4月22日) 資料.

り,この NLF から国有企業,地方公共団体等への貸付けが行われている.[8)]

英国においては,従来から金融市場が発達し,いわゆる建築組合による住宅融資が広く利用されており,また,税制の活用によって住宅政策が推進されて

---

7) 郵便貯金 (Postbank) については,現在民営化され,株式会社の形態になっている.これは,貯蓄銀行等がドイツ全土をカバーしており,郵便貯金が地域をカバーする意義がなくなったと判断されたのだと思われる.郵便貯金は,同じ公的所有の貯蓄銀行と比べると,全国でのシェアも少ないといった事情もあり,このため,貯蓄銀行や州立銀行の民営化は困難であるが,郵便貯金では容易であった模様である.

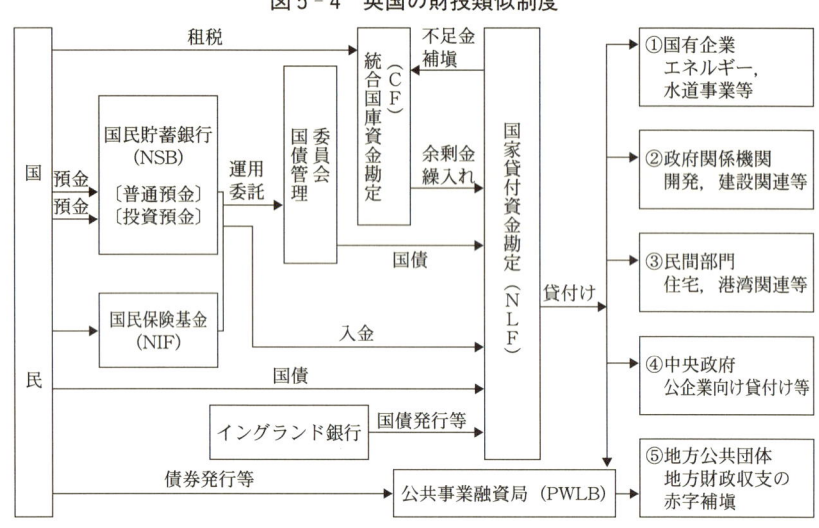

図 5-4 英国の財投類似制度

いることもあり，公的な貸付けが金融市場に占めるシェアは 2％程度と小さい．

なお，公的金融に関する厳密な定義はないと思われ，また，民間部門への与信を行う公的金融機関もほとんど存在していないようである．ただし，公的部門から民間部門への与信は，特例法による直接融資や輸出保険等の輸出金融支援が限定的ながら存在している．

2.5　日　　本

最後に，改革前の日本について，2.1項から2.4項に相当する図表を参考までに掲げておく（図 5-5，表 5-9）．国際比較はそれぞれの制度の違いもあって容易ではないが，日本の公的金融システムは比較的大きな規模であることがわかる．

---

8) 日本の財政投融資制度に類似している国家貸付資金勘定（NLF: National Loans Fund）からの新規の貸付けは，現在，国営企業，公営企業，地方公共団体，中央政府に対するもののみ実施されている．かつて行われていた NLF から民間部門への貸付けは，現在行われていない．

表5-8 英国の財投類似制度の規模　　　（単位 10億ポンド）

		1995年3月	1996年3月
Financial assets of public sector	公的部門資産残高	179.1	183.8
Central government	中央政府	146.2	148.8
Local authorities	地方自治体	15.3	15.8
Public corporations	公的企業	17.6	19.2
(1) CF (loans from votes)	CF議決融資	13.6	13.0
(2) NLF	NLF融資	47.5	46.6
(3) Financial assets of financial companies and institutions	金融部門資産残高	3,261.4	3,739.2
Banks	銀行	1,570.9	1,783.7
うち Domestic sector	うち国内部門向け	566.2	662.3
Building societies	住宅金融組合	300.9	294.4
Life assurance & pension funds	生保・年金基金	769.4	919.3
Remaining financial institutions	その他金融機関	620.2	741.8
(4) Financial liablities of non-financial sectors	国内非金融部門負債残高	2,290.4	2,538.4
((1)+(2))/(3)　金融部門資産残高に対する比率		1.9%	1.6%
((1)+(2))/(3)　国内非金融部門負債残高に対する比率		2.7%	2.3%

(出所)　(1)及び(2)はNLF, CF資料．それ以外の数字はOffice for National Statistics, *Financial Statistics*, Table9.1A-9.1Hより作成．銀行の国内部門向け融資残高は同資料（Table4.2A）より作成．資金運用審議会懇談会第3回会合（1997年4月22日）資料．

図5-5　日本の財政投融資制度（改革前）

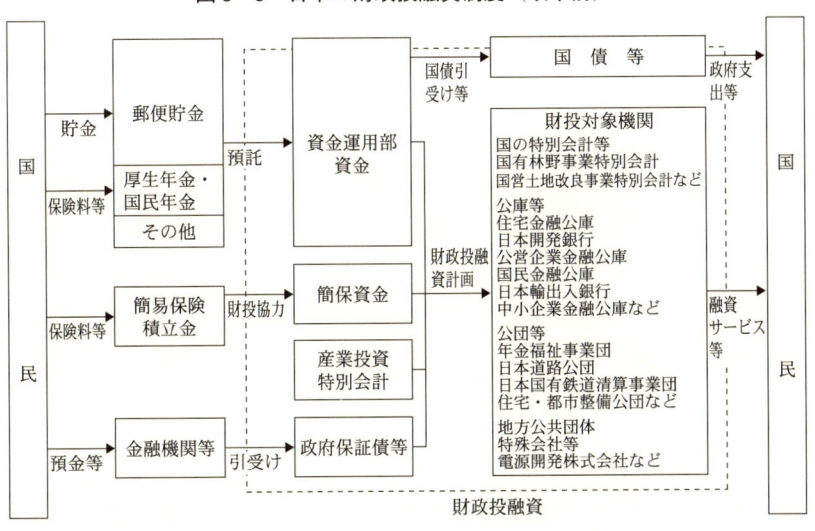

表 5-9 財投の規模（改革前）

(単位 億円)

	1995年3月	1996年3月
(1)公的金融資産残高	4,449,825	4,797,085
うち郵便貯金・簡保	N.A.	3,314,026
資金運用部	N.A.	3,709,209
政府金融機関	N.A.	1,446,479
うち国債残高	707,840	830,247
(2)財政投融資計画残高	3,396,382	3,561,996
(3)金融部門資産残高	17,465,081	18,548,202
(4)国内非金融部門負債残高	19,743,798	21,047,216
(5)　〃　（株式を除く）	17,313,990	17,941,473
(参考)		
(6)法人企業　　　　　　　　①+②	5,629,220	5,611,590
民間金融貸出金　　　　①	4,675,934	4,647,630
公的金融貸出金　　　　②	953,286	963,960
(7)個人　　　　　　　　　　③+④	3,061,238	3,145,696
民間金融貸出金　　　　③	2,315,953	2,406,893
公的金融貸出金　　　　④	745,285	738,803
(1)/(3)金融部門資産残高に対する公的金融資産残高	25.5%	25.9%
(2)/(3)　　　〃　　　　　財政投融資計画残高	19.4%	19.2%
(1)/(4)国内非金融部門負債残高に対する公的金融資産残高	22.5%	22.8%
(2)/(4)　　　〃　　　　　財政投融資計画残高	17.2%	16.9%
(1)/(5)国内非金融部門負債残高（株式除く）に対する公的金融資産残高	25.7%	26.7%
(2)/(5)　　　〃　　　　　財政投融資計画	19.6%	19.9%
②/①+②　法人企業向け貸出金残高合計に対する公的金融貸出金	16.9%	17.2%
④/③+④　個人向け貸出金残高合計　　　〃	24.3%	23.5%

(注) 1. 公的金融資産残高は，貸出金と資金運用部預託金をネットで計上しているため内訳の合計と一致しない．
2. 1997年4〜6月期より資金循環勘定の一部計数の算出方法を変更．1995年3月末の公的金融機関の内訳は公表されていない．

(出所) 日本銀行『経済統計月報』1996年11月（資金循環勘定・金融資産負債残高表）より作成．資金運用審議会懇談会第3回会合（1997年4月22日）資料．

3. 将来の財政投融資の姿

3.1 財投機関債か財投債か

財投改革の手段として，財投機関債が有効であるとする主張は多い．しかし，

その意図が,「市場の洗礼を受けることによって無駄な機関を淘汰させるために,財政投融資対象機関が債券(財投機関債)を発行しなければならない」(市場洗礼淘汰論)というものであれば,ほとんど期待できない.

一方,財投機関債ではなく,財投債で改革を図るという案もある.財投債は,資金調達コストが低くなるというメリットがあるが,財投機関のガバナンスにはあまり有効ではないといわれている.[9]

いずれにしても,両案ともに,それぞれ得失があり,改革の決定打とは言い切れない.これらは,財政投融資システムにおいては単なる資金調達手段というインプットにすぎず,政策効果であるアウトプットをコントロールすることはできない.このため,財投問題のすべてを解決する期待をかけるのは無理であろう.どちらの方法を改革案の中心と考えるとしても,財政投融資の問題点の把握が十分とは必ずしもいえないと思われる.

ただし,財政投融資対象機関が発行する債券であっても,アセット・ベースのものは,暗黙の政府保証などの問題はなく,資本市場の発展を促し高度な金融技術を引き出す可能性があるので,財政投融資の改革という観点にかかわらず,積極的に取り組むべき課題である.

3.2 財政投融資の改革
3.2.1 財政投融資の問題点

ここで,改めて財政投融資の問題点を整理すると,財政投融資のガバナンスの問題と財政投融資の金利の問題とに大別できる.これは,財政投融資の運用面と調達面ということもできる.あるいは,前者は財政投融資の財政面で民主主義の問題,後者は金融面で財政投融資の市場原理の問題というとらえ方もできる.

財政投融資のガバナンスの問題としては,財政投融資は,金融的手法による財政政策であるが,長期にわたる融資などの場合,通算された政策コストが明示されていなかった.[10] さらに,この手法が財政負担の先送りに用いられ,政

---

9) 財投債は,返済を将来の租税収入からではなく,基本的には投融資先事業の資金回収によって行う点で,通常の国債とは異なっているが,法的側面として国の債務という意味において,第2国債という見方がある.

策コストを不透明にしてきたこともあった．特に，財政投融資対象機関は政策の実施機関という性格があるが，その活動が政策コストに見合っているかどうか検証する手段がなかった．このため，これらについて，本来であれば民主主義プロセスによるチェックを行うべきであったが，それがこれまでうまく機能してきたかどうか疑問なしとはしない．民主主義プロセスを働かせるためには，適切なディスクロージャーと政府活動の評価を定期的に検証する仕組みが必要であるが，それらが十分に整備されていたとは言い難い．

　財政投融資の金利の問題としては，7年以上の預託について，10年利付国債の表面利率を基準に金利が付されてきたが，この7年と10年との格差が預託金の流動性の対価といえるかどうか．さらに，最近では，預託金利は預託者，特に年金財政に配慮して，10年利付国債の表面利率に一定の上乗せをした設定となっている．このため，預託金利と同一水準に設定されている財投金利は，その分だけ割高となり，各機関における調達コストが引き上げられ，場合によっては，各機関に対する一般会計からの補給金等が増加することにもなっているという指摘がある．いずれにしても，現在の仕組みにおいては，預託金利及び財投金利の水準を完全に市場と連動させることができず，変更のタイミングについても政令改正という手続きが必要なため，市場のような瞬時に対応する機動性を欠くこととなっている．さらに，融通金利について，期間にかかわらず同一水準の金利になっている点も活動評価の際には問題となろう．

3.2.2　改革の方向

　最後に，財政投融資の改革の方向を整理したい．

　経済システムにおいて，市場原理が優先することはもちろんであるが，資源配分上の市場の失敗と見られる分野が一部にはある．こうした分野において，限定的ではあるが，民間活動では代替できないことや政府活動のガバナンスを確保した上で，政府の失敗をも考慮しながら，政府の活動は容認されるであろ

10）　財政投融資は，政府組織内金利体系により市場擬似メカニズムと考えられる．また，各財政投融資機関は同じ財投金利により主な資金調達を行っており，その事業活動について各年の補助金等の予算措置が施されていたので，各年（単年度）の政策コストは予算書などで一応把握可能になっていた（表5-10）．ここで指摘したいことは通年の政策コストが必ずしも十分に把握されずに，政策決定が行われていたという点である．

表5-10 財政投融資対象機関に対する一般会計及び特別会計からの繰入状況

(単位 100万円)

	一般会計からの繰入れ			特別会計からの繰入れ		
	出資金	貸付金	補給金等	出資金	貸付金	補給金等
1993年度	377,438	79,603	1,266,846	485,515	158,374	655,424
1994年度	372,367	82,379	1,340,274	380,565	161,962	799,365
1995年度	394,993	84,247	1,325,188	377,825	889,501	813,766
1996年度	439,866	89,896	1,317,059	416,307	174,237	862,135
1997年度	498,449	90,398	1,329,309	489,341	162,948	889,976

(注) 予算委員会提出資料より作成.

う．諸外国の例に見られるように，財政投融資のような政府の機能にも，それを取り巻く金融環境などにより，形態や規模はさまざまであるものの，一定の存在理由があると思われる．

もっとも，財政投融資に限らずいかなる制度についても，不断の見直しが重要なのは言うまでもない．財政投融資でも，的外れな批判は見られるものの，上記のような問題点があることは否定できない．

そこで，グローバルスタンダードの観点から財政投融資の改革を考えるとすれば，財政投融資のガバナンスの確保と財政投融資金利の市場化が検討されるべきである．

まず，財政投融資のガバナンスについては，特に出口の財政投融資対象機関がポイントである．ここで，参考になるのは，1990年代米国における信用改革法による連邦信用計画の改革やそれに続く一連の政府活動に関する評価の流れである．一般に提言されている財投機関債の導入による淘汰論はあまり意味がないと思われる．

要するに，民主主義プロセスを機能させ，厳格なコスト分析による国民負担や徹底したディスクロージャーの導入などにより政府活動を定期的に評価することが有効であると思われる．その第一歩は，米国において導入されたコスト分析を行い，財政投融資に伴う政策コストを明らかにすることである．特に，財政投融資のような長期融資であれば，単年度の財政支出は少なく見えても，多年度で通算すれば巨額になりうる．また，いわゆる財政投融資が財政赤字を繰り延べ，その実態を見えにくくしているという批判にも明快に答えることになる．

コスト分析の導入の後には，政府活動の目標・業績についての評価がポイントとなる．その際，評価は可能な限り客観的かつ科学的な観点から，恣意性を排除して行われなければならず，さらに数量的指標があれば，事後的な検証も容易になる．例えば，政策的な事業採択にあたり，定性的なものは当然として，可能な限り定量的な費用便益分析を義務付け，それらを公開しながら議論を進めるといった透明性の高い政策決定が検討されるべきであろう．その際，政府活動をどこまで認めるかは，政府活動自体のコストとともに，政府活動を行った結果として民間活動がクラウディングアウトされれば，民間活動を抑制したコストも発生することは留意しなければいけない．

　また，政府活動の評価は一定期間で見直し，その結果政策はスクラップアンドビルドされなければならない．これらを円滑に実施するためには，民間活動との比較可能性も考慮して，従来の公会計制度に加えて，民間で採用されている企業会計的な視点も加味できるような制度の拡充・整備を検討する必要がある．

　さらに，現行の予算制度では民主主義的なガバナンスの観点から比較的コントロールしやすく，わかりやすい単年度のフローの数字を中心とするものになっている．財政投融資の1つの特色としては，長期にわたる活動であるから，ストック的な視点から見ていく必要がある．コスト分析は，いわば各対象事業で資産と負債を時価評価し，その差額を計測していることと同じであるが，これを財政投融資全体に拡充し，連結ベースでの財務諸表を作成することも，有効な方法である．これらが徹底されれば，財政学者コルナイのいうところの「ほとんどハードな予算制約」となる．

　また，こうしたガバナンスは，単一の行政機関で担当するのは実際問題としてやや無理があり，幅広く民間を含む専門的な複数の視点・機関で行われてもよいであろう．さらに，可能な限りコスト・ベネフィット分析などを活用し，オープンな政策議論が必要であろう．その上で，例えば，ロスカット・ルールのような補助金等の上限や機械的な引当・償却ルールを設定するなど，だれの監視もないまま際限なくコストを増大させないように，民主主義プロセスをよく機能させる仕組みづくりが肝心である．[11]

　次に，財政投融資の金利の問題については，欧米では市場金利体系をそのまま政府内金利にしているので，あえて改革は必要ないとの意見もありうる．所

証金融自由化がさらに進行すれば,金融機能を発揮するためにはおのずと市場金利体系になるはずであり,今はそれへの過渡期と判断できるかもしれない.現在の財政投融資関係の金利は,本来市場金利に適応できる仕組みであるが,政治によって歪められているという意見もある.[12]

しかし,金融環境は,いわゆるビッグバン構想の実現などにより,大きく激変している.実際問題としても,政府内金利の市場金利体系の採用が政治的な理由などにより困難であれば,事態を放置することもできない.また,この際,進んで金融資本市場の発展に貢献する姿勢も必要であろう.

財政投融資金利の市場化の観点からもいえば,財政投融資の金利体系では,一層の市場原理が機能するように財政投融資取引の証券化は有力な選択肢として検討されるべきである.具体的には,預託に変えて債券発行[13]が検討されるべきであるし,財政投融資対象機関でも資金調達の多様化から債券発行や証券化などの市場と調和した方法が検討されるべきである.[14]特に,財政投融資システム内の各主体の独立性が高められていくならば,財政投融資取引の証券化は整合的である.

この関連で,郵便貯金(または公的年金)の民営化と財政投融資の改革の関

---

11) 機械的な引当・償却ルールについては,髙橋[1994]参照.また,仕組みづくりでは,財政投融資に限らず政府活動一般について書かれている行政改革委員会官民活動分担小委員会[1997]が参考になる.

なお,補助金等の上限を決めるものとしては,国際機関などで行われている授権資本の考え方も参考になる.国際機関の授権資本は,加盟国にとって払込予約の拘束力を持ち(CALLABLE),現状の払込資本金が何らかの状況により不足が生じた場合に,加盟国に上限をもって払込義務が発生するものであるが,これは部分的な政府保証や補給金の上限設定と同じ効果がある.ただし,これらの施策は財投機関債を前提としていないことに留意する必要がある.

12) 富田[1997]参照.

13) 財投債や財投機関債である.財投機関債について,市場淘汰手段としての意味は乏しいが,証券化のための手段としては一定の効果がある.

14) 財政投融資では,郵便貯金や公的年金の積立金など国の制度・信用に基づいて集められた資金は,これまで資金運用部へ全額預託義務が課され,資金運用部において統合的に管理・運用されてきた.財政投融資の資金が豊富にあれば,財政投融資の対象となっている特殊法人等は安易な資金調達を要求し,審査も甘くなるおそれがあるという指摘がある.コスト分析が徹底して行われれば,こうした問題はなくなるとも思われるが,財政投融資取引の証券化もこれへの対応策としても一定の役割があろう.

係を述べておきたい．形式的にいえば，両者には直接的論理的な関係はない．というのは，各国の財政投融資に類似した制度を見ても，米国のように必ずしも郵便貯金を前提としない制度も見られる．確かに，日本の財政投融資では，1878年に郵便貯金が大蔵省国債局に預けられて以来，郵便貯金は財政投融資の主要な原資であり，その意味ではおおいに関係があった．しかし，財政投融資の財政政策という機能面から考えると，資金調達手段の1つである．例えば，日本でも米国のように貯蓄国債があれば，財政投融資の資金調達という観点から見れば，郵便貯金の代替は可能である．

要するに，郵便貯金を民営化すべきかどうかは，それが提供しているサービス（全国ネットを含む）を民間でも提供可能かどうか，かりに国民がそのサービスや水準を望むのであれば，官民問わずそれに要するコストを明示した上で選択すべき問題であろう．もっとも，黒猫・白猫でもネズミをとる猫がよいのであって，初めから官や民とかいう組織論は，政治的にはいざ知らず，経済学的にはあまり有益な議論とはいえないであろう．

しかしながら，郵便貯金が国営のままであれば，その性格から資産運用に制限がかかる．つまり，国営であると，運用の結果責任がとりにくいので，運用は国債などの安全資産に限定される．これは，財政投融資金利の市場化が進展すれば，郵便貯金には原理的に利ざやが生じないことを意味する．

というのは，これまで，郵便貯金が財投システム内にあったので，預託金利について市場金利へ0.2%上乗せした金利水準にしていた．これは財投システム内において財投機関から預託者への資金移転になり，財政投融資金利が市場金利化された場合に比べて預託者への利益補塡になっていた．

その他にも，郵貯は当然政府内金利である預託金利の変更時期を知っており，いわば金利の動きがわかっていて資金運用しているようなもので，預託のleads and lagsにより利益を上げられる立場であった．さらに，郵貯は国庫内にあることによる各種メリット（例えば預託金利子の概算払いを受けること．これにより0.1%弱の運用利回りアップになる）を受けていた．

この点から言えば，財政投融資金利の市場化という形での財投改革により，郵政民営化への圧力は避けられなくなった．もし，郵政民営化をしないのであれば，国民からのガバナンスの観点から，明示的な形で郵貯の維持コストが示され，国民が納得する必要が出てくる．その場合，郵貯が国民に対して提供し

ているサービスとその維持コストが比較されるが，維持コストが容認される可能性はあまりないだろう．[15)]

なお，郵便貯金や公的年金を民営化しないが，自主運用すれば，財政投融資の改革になるという議論もあった．1997年9月に発表された行政改革会議の中間報告や厚生省の自主運用検討会では，郵便貯金や公的年金の自主運用が提言されている．民営化すれば当然のこととして「自主運用」になる．民営化しないで自主運用と言っても，郵便貯金や公的年金が政府部内組織（広い意味も含む）であれば，これは政府部内で運用を担当する部門をどこにするかという問題である．筆者の指摘する財政投融資の問題点のうちガバナンスの問題とは直接の関係はなく，かえって政府部内の資金フローが複雑化し，民主主義的なガバナンスのためには予算統制が必要になろうが，それを確実に実行することが事実上困難になることさえ考えられる．

また，自主運用で想定されている市場運用は，最も民間にふさわしい業務であるので，リスク管理することは当然として，責任体制などの点において民営化並みの条件が必要であろう．

これまでの歴史を見ると，郵便貯金や公的年金の自主運用の問題は微妙に揺れ動いてきている．これまで，政府資金が最も統合されていたのは，戦時中の1943年から戦後の1953年まである．特に，1949年からのドッジ・ライン当時，司令部は政府資金の統合運用を強く指示していた．[16)]その期間の前後，1916年から1943年までと1953年以後は簡易保険が例外的な扱いを受けている．さらに，1987年からは簡易保険とは異なる仕組みであるが，郵便貯金や公的年金の資金運用事業が行われている．

なお，行政改革委員会官民活動分担小委員会が示した公的政府活動の基準「行政関与の在り方に関する基準」（1996年12月11日）によれば，本来の政府または公的機関の活動は民間ではできないがコスト以上の社会的なベネフィットがあるものであるから，少なくとも郵便貯金（及び公的年金）が国営または公的機関である限り，その自主運用（市場運用）がこの基準に当てはまるとは言い難いのは客観的な事実であろう．

さらに，本質的なことは，自主運用というのは0.2％の預託金利の上乗せの

---

15) 経済財政諮問会議「郵政事業をめぐる動向」（郵政民営化準備室，2004年7月27日）．

利益補塡や,その他国庫内にあったために得られた運用上のメリットはすべて断たれることとなり,特に郵便貯金については,さらなる改革を促すことになることだった.

また,郵便貯金や公的年金が自主運用されれば,結果として財政投融資金利の市場化は達成できる.このため,財投システムの機能は向上する可能性が高い.一方で,市場金利に直面し,運用利回りが低下する郵便貯金や公的年金において,経営問題が発生するだろう.公的年金については,国民が強制加入している公的年金という性格から国費投入が容易であるが,郵便貯金については国費投入が困難であるので,問題は深刻であろう.

---

16) 1949年からのドッジ・ライン当時では,いわゆる「財政と金融の分離」という考え方の下に総合予算均衡が目指され,復興金融公庫債の日銀引受禁止などが行われた.この間の資金運用部の活動については,次の通りである(大蔵省財政史室編［1980］参照).

　ドッジ・ラインの下での資金運用部は,その運用対象は当初国債などに限定されていたがその後金融債にまで広がった.特に,司令部は,政府機関は市中から金融を受けるべきではないと大蔵省へ指示しており,政府機関に対して運用制限はなく,むしろ民間の金融債より望ましいとされていた.また,調達面では,政府資金の統合運用はドッジにより強く指示されており,郵貯が全額預託であることは当然として,簡易保険の分離運用も認められていなかった.簡易保険は,1916(大正5)年から分離運用されていたが1943(昭和18)年からは他の政府資金と統合して管理されるようになった.その後再び分離運用されるようになったのは,占領軍政策が終了した1953(昭和28)年以降である.さらに,地方についても,地方債起債は全額運用部引受けとされ,銀行借入れは認められていなかった.なお,地方債についてのこうした方針は英国などでは今でも当然の考え方である.

　いずれにしても,ドッジ・ライン当時はその後の財政投融資より,郵貯─運用部─公団・地方債という広義の政府部内での資金の流れは,民間金融と分離する考え方が明確であった.

第6章 郵政民営化

1. なぜ民営化なのか

　郵政民営化は財政投融資改革に始まった一連の流れの中での必然的な結果であった．

　政治的には，郵政民営化を政治信条とする小泉政権が誕生したことが郵政民営化の最大の原動力であったことは疑問の余地がない．郵政法案は，2005年の通常国会の参議院で一度は否決された．それを，その後の衆議院解散を政治決断し，衆議院選挙で自民党を圧勝させたのは，小泉前首相の功績である．この意味では，「小泉首相なくして，郵政民営化なし」であった．政治的議論は極めて興味深いが，それらは郵政民営化の国会議論に集約されている．それらは郵政民営化法の成立までの経緯とともに，巻末補論「郵政法案について」にまとめてある．

　経済的には，財投改革によって，公社化した郵便貯金は従来の財投システムからの「ミルク補給」を受けられなくなったので，運用対象を国債とする以上，いずれ経営破綻したはずだ．国営公社のまま運用対象を民間金融機関並みに広げるのは，責任体制の観点から難しいので，遅かれ早かれ民営化は避けられなかった．

　初めに，郵政民営化に向けてのスケジュールを整理しておくが，郵政民営化は，①準備期間，②郵政公社の解散及び新会社等への業務・資産等の引継ぎ，③最終的な姿への移行期間を経て完了することとなる．

　第1段階の民営化に先立つ2007年9月末までの準備期間に，持株会社を設立し，持株会社には経営委員会が設けられ，将来の経営の在り方や郵政公社の業務・資産等の切り分け方を検討するなど民営化に向けた準備が進められること

となる．

　次に，2007年10月1日に郵政公社が解散し，持株会社及び各事業会社（郵便，郵便局，郵便貯金，保険）が郵政公社の業務・資産等を引き継ぎ，事業を開始する．そして，2017年9月末までの移行期間中に，持株会社は郵便貯金銀行，郵便保険会社の全株式を処分する．また，これらの期間内に，新会社は他の民間企業との競争条件のバランスをとりつつ，自由な経営へ移行していく．

　こうした長い準備期間や移行期間を通じて，民営化のメリット・デメリットが表れてくるわけであり，トータルとして見れば，民営化による国民経済へのメリットが大きくなるだろう．

　経済学の教科書的な意見であるが，大方の経済学者は，民営化は望ましいと考えている．これは，国際貿易において自由貿易体制を支持することと同じくらいである．つまり，経済学的な議論では，民営化の理由が必要なのではなく，市場の失敗などで民営化すべきでない場合に理由が必要なのであって，正当な理由で民営化すべきでない場合に限って民営化しないことが認められるべきである．つまり，民営化すべき理由がなくても，民営化すべきでない積極的な理由がなければ，民営化すべきということになる．スローガン的な言い方であるが，「民にできることは民で」，「民にできることは官でやってはいけない」，「官は民でできないことだけをやる」ということになる．

　郵政についていえば，郵便，貯金，保険いずれも民間事業として可能であるので，経済学的な議論では，民営化すべきでない積極的な理由は見出しにくい．したがって，まず民営化が志向されるべきであろう．

　もっとも，これは経済学という机上の議論である．現実問題としては，現に郵政事業が官営である以上，民営化すべきという主張をするほうが民営化に伴う不安を解消し，民営化のメリットを説得できなければならない．

　その前に民営化せずに対応する案はないのか．対症療法的であるが，郵政のうち問題が多いとされる貯金・保険を廃止したり，限度額を引き下げるという案も現実的には考えられる．

　結論からいえば，郵政事業の雇用を無視すれば，現実的な一応の解にはなりうる．例えば，郵貯の限度額を700万円に引き下げた場合，どうなるであろうか．この手法は，規制により郵貯資金の規模縮小を図る手法である．資産運用の困難さやALM（資産負債総合管理）の観点から見れば，明らかに現在の郵

貯規模は大きすぎるので，民営化すれば，おのずと市場メカニズムにより郵貯資金の規模は縮小し，最適規模を目指すであろう．こうした規制の力では，長期的にうまくいかないであろう．

さらに，後に述べるシミュレーションの結果を先取りすれば，限度額を引き下げる場合とそうでない場合を比較すれば，引き下げた場合，貯金残高が30兆～40兆円ほど少なくなる．このため，5000億～6000億円の収支悪化になるはずだ．この結果，じり貧傾向に拍車をかけ，経営は一層困難になる．特に，金利環境が低金利から標準になったら，5年以内に赤字転落するだろう．5000億円の収支回復のためには，郵政職員の2割以上，5万人以上の雇用カットが必要になる．したがって，郵政公社の雇用をある程度意識するならば，単なる規模縮小や廃止は現実的な解にはなりえない．

民営化に伴う不安として，まず，郵政事業が民営化されれば民間企業として当然利益を追求するが，儲からない過疎地の郵便局が切り捨てられるのではないか，という素朴な不安があった．

まず，どのような時間のスパンで考えるかであるが，長期的には誰も確かなことをいえない．現在の国営であっても，郵便局ネットワークの見直しが行われているので，おそらく，国営のままであっても，見直しは超長期的にも行われるはずであるし，その中で郵便局ネットワークの拠点の見直し，郵便局の再配置や統廃合は行われるはずだ．民営と官営の差異は，見直しの頻度などであろう．ということであれば，民営化の趣旨に反しないようにどのような不安解消の措置ができるかということになる．このため郵政民営化にあたっては，郵便局のネットワークを維持するよう配慮がなされている．

具体的には，郵便局株式会社に対して，あまねく全国において利用されることを旨として郵便局を設置することを法律上義務付け，さらに省令における具体的な郵便局の設置基準として，特に過疎地について，法施行の際，現に存する郵便局ネットワークの水準を維持することを旨とすることを定めている．さらに，このような措置に加え，貯金・保険について，少なくとも10年の移行期間中がカバーされる代理店契約の義務付けや社会・地域貢献基金の設置などの措置が行われた．

一方，このような措置が民営化の効果を損なわないか，という問題があるが，具体的な郵便局の設置基準は省令になっているので，適切かつ弾力的な対応が

可能になっている．また，移行期間をカバーする貯金・保険の代理店契約は，実際問題を考えれば郵貯・保険にとって競争力を損なうというよりも，これまでのブランド力維持の観点から当然の戦略であろうし，社会・地域貢献基金もグループ戦略から足かせというより合理的であるので，問題にはならないだろう．

　民営化に伴う不安として，次に，郵便事業は赤字体質にあるので民営化することにより郵便料金が上がる，というものがあった．

　郵便事業は，民営化されるといっても，郵便料金は国民生活に影響があるので，一定の規制がかかるという仕組みだ．郵便料金は，現在，日本郵政公社が定め，総務大臣の認可を受けることになっている．民営化後は，郵便料金は郵便事業株式会社が定め，総務大臣に事前に届け出ることになるが，25グラムまでの定形郵便物の上限料金（80円）などの要件は維持される．また，必要があれば，総務大臣が変更命令をすることもできる．なお，郵便事業は，日本郵政公社になってから毎年二百数十億円程度の黒字を計上しているが，近年，電子メールの普及などによって手紙の利用が減っていく傾向があり，手紙・葉書などの郵便物は，毎年2％以上のペースで減少している．郵便物数の減少はそのまま収入の減少につながるため，民営化しなければ郵便事業の経営の先行きは心もとないのが実状だ．

　だからこそ，今回の民営化により郵便事業を実施する郵便事業株式会社は，民間企業として経営の自由度を高め，自由な事業展開や弾力的な経営を実施することができるようにすべきだ．民営化により，民間の創意工夫を生かして効率的な経営が可能になるほか，これまでの郵便事業で培ってきたノウハウを生かして，新しいサービスの提供を行っていくことが期待される．これによって，会社全体の経営の健全性が確保され，郵便料金を値上げすることなく，郵便サービスを提供していくことができるようになると考えられる．

　民営化に伴う不安として3番目は，郵便局に預けてある郵便貯金や簡易保険は郵政民営化によってどうなるのか，国の保証はなくなるのか，というものがあった．

　当然のことであるが，これまでの約束（政府保証）は維持され，顧客に迷惑がかかることはない．民営化前に預け入れられた定期性の郵便貯金・民営化前に締結された簡易生命保険契約は，民営化後も政府保証は継続され，独立行政

法人郵便貯金・簡易生命保険管理機構が承継して適切に管理される．ただし，この仕組みは預金者・保険加入者には無関係であり，預金者・保険加入者のこれまでの契約は基本的には保護される．

なお，既契約の貯金の払戻しや保険金の支払い等の業務は，機構から郵便貯金銀行・郵便保険会社を通じて郵便局株式会社に委託することとしており，預金者・保険加入者は従来通り，郵便局で払戻しや支払い等のサービスを受けられる．

民営化に伴うメリットには，具体的にどのようなものがあるのか．

郵政事業について，国の関与をできるだけ控え，民間企業と同一の条件で自由な経営を可能とすることにより，質の高い多様なサービスが提供されるようになり，国民生活にメリットをもたらすことになる．具体的には，これまでの単品販売的な金融サービスがもっと多様化し，物品販売（コンビニエンスストア）のような非金融サービスも可能になる．

さらに，郵政民営化を実現し，その他の政策金融改革や財政再建と組み合わせることにより，①約340兆円の郵貯・簡保の資金が民間向け資金として有効活用され，経済の活性化につながる，②約26万人の郵政公社の常勤職員が民間人になるとともに，これまでは免除されていた税金が支払われること，民営化による上場益等により財政再建にも貢献するなど，「小さな政府」の実現になる，等のメリットがもたらされるだろう．

郵政民営化は，金融分野と非金融分野の両方にとって競争を促進するので，長期的に見て国民経済にマイナスにはならないはずである．

また，官から民へ資金が流れるというメリットがあるというが，これは地域経済の発展に貢献する．現在の官営体制では，郵便貯金や簡易生命保険の約340兆円の資金を，資金の足りない企業や個人に自由に貸し付けることなどはできない．その理由は，①貸出先が倒産して資金がこげついたりしてしまった場合には国民の負担につながること，②企業や個人に資金を貸し付けている民間の金融機関の仕事を圧迫するおそれがあること，である．このため，郵政公社が集めた資金は，原則として国や地方公共団体など倒産の心配がなく，民間を圧迫するおそれが少ない相手にしか貸し付けられない．

郵政を民営化して，郵便貯金や簡易生命保険の仕事を民間の金融機関が行う仕事に変えれば，このような問題はなくなり，企業や個人に直接，自由に資金

を貸し付けることができるようになる．郵政民営化は政策金融改革・財政再建と同時並行的に行われるので，第2章で述べたように，民営化された会社が企業や個人に直接，資金を貸し付けることは，マクロ的に見ても，資金の流れが変わることになる．

　資金は事業とコインの裏表の関係になるので，事業を官から民に移すことと資金の流れを官から民に移すことは，経済全体を効率化することにつながる．民営化された会社は，今までは資金を貸し付けることができなかった民間の企業・個人に，さまざまな形で資金を提供することができるようになる．もちろん，他の民間の金融機関との競争もあるので，それぞれが創意・工夫を行うことになるだろう．この結果，企業や個人はその経済活動がやりやすくなり，地域経済の活性化につながる．

　民営化の最大のメリットは，郵政事業全体の屋台骨を支える郵貯の経営不安を解消できるという点である．財投改革後郵貯が全面自主運用になったが，これは，郵貯が財投システムという国庫内から市場経済の中で運用されることとなり，国営のままでは経営がじり貧になり将来的には存続できなくなることを意味していた．郵貯は市場でも全面的自主運用になったために，それまでの預託では0.2％の金利上乗せがあったが，それがなくなった．その他にも国庫内にあることのメリットもなくなった．一方で，郵貯は国営であったので，基本的には国債運用に限定されるという運用制限もあった．

　金融理論からいえば，運用利回りが国債と同水準であれば，利ざやを生むことはできない．一般に金融サービスは信用リスクを引き受ける代わりに利ざやを受け取って経営が成立している．利ざやなしで決済サービスなどの別の金融付加価値によるビジネスモデル（ナローバンク）もあるが，現実には小規模金融しか成立していない．郵貯の経費が0.4～0.5％であるので，このような巨額な資金をナローバンク経営で維持することは事実上不可能である．この点から，信用リスクを許容しつつ，できるだけスリム化しつつ別の金融付加価値を目指す民営化を行い，運用利回りを高めなければ，将来的な郵貯経営は困難である．

　財投改革と同時期に中央省庁再編は行われ，その中に財投改革の成果も取り入れられたが，中央省庁等改革基本法第33条第6号では「民営化等の見直しは行わないものとすること」と規定された．この規定について，公社化後の民営化までを否定するものでないという政府解釈は，郵貯は国営のままでは持続的

な経営が困難であることから見れば，経済理論的にも妥当である．むしろ，経済理論的には，小泉内閣以外のどんな内閣でも，いつかは民営化などの抜本的な改革をせざるをえない．一連の公的金融改革において，郵政民営化は不可避な課題であった．

2．将来の郵貯の姿

2.1 市場金利で調達・運用はできない郵貯

　郵政公社の貯金業務（郵貯）の将来像について金融理論を使って考えたい．まず，貸出部門を持たない金融機関が市場で有価証券を運用するならば，市場原理が貫徹した世界では，十分な資金量・利ざやを確保できなくなるだろう．要するに，資産負債を持ち種々のリスクを抱えながら，市場金利で資金を調達し市場金利で運用することは難しいからだ．こうした場合には，資産負債がオンバランスの金融機関ではなく，資産負債をオフバランスさせリスクを軽減させ，証券投資信託等の有価証券を代理人として販売する証券仲介のような形で手数料収益を上げるというのが従来のビジネスモデルである．

　こうした金融理論から導かれる将来像を考えると，郵貯が貸出部門を短期間に容易に整備できないことを前提とすれば，郵貯の民営化にあたり，残高をかなり縮小させ郵便局ネットワークを生かした，オフバランス・ビジネスを行う金融機関を考えるのが自然である．つまり，オンバランスの資産負債は必要最小限度のものとなり，多くの金融商品はオフバランスで取り扱うというイメージである．[1] となれば，現在の郵貯商品と似た金融商品を代替させれば，そのイメージを実現できるだろう．現在の郵貯商品はその元利支払いについて政府保証が付されており，個人向け国債と極めて類似しているので，個人国債は郵貯の有力な代替商品である．さらに，金融機関が主な購入者になっていた従来

---

[1] 定型的な消費者ローンや住宅ローンは比較的簡単な業務であり，短期間に営業体制を整えることはできるだろう．ただし，これらの定型・単純ローンはすでに民間金融機関が行っており，現在の郵貯資産200兆円の大半をこれらの定型ローンで代替することは不可能であろう．

の市場性国債に換えて個人向け国債を発行することは，市場原理を浸透させ金利機能を発揮させ，金利の適正化（銀行預金金利の引上げ）をもたらし，金融資本市場の発展に寄与するだろう．

2.2 資産は国債，負債も国債が郵貯の基本構造

こうした事情を将来の郵貯を考察しながら考えたい．結論を先取りすれば，郵貯経営は，資産負債も現状のまま維持した（つまりオンバランスタイプの金融機関）場合，金利環境がノーマルになるとかなり経営が困難になることを示すこととしたい．そのため，まず『郵便貯金2003』より郵貯の貸借対照表（B/S）を見てみよう（表6-1）．ただし，負債のうち借入金48兆円は2000年度までに金融自由化対策資金として財政融資資金から借り入れたものであるので，資産のうち財政融資資金177兆円のうちの48兆円と相殺し，貸借対照表から落としている．

このB/Sによれば，郵貯には民間の自己資本に相当する持分が少ないことがわかる．負債235兆円の8割程度を定額郵貯（182兆円）が，資産238兆円の9割程度を国・地方等公的部門への資金供給（213兆円）が占めている．郵政公社の資産運用の範囲は，従来の郵貯のものと同じとされた（日本郵政公社法第40条）ので，公社のままであれば，基本的には，この資産負債構造はかなりの期間継続されるだろう．

2.3 これまでの十分な利ざやは低い民間金利のおかげ

次に，郵貯の資産負債構造と経営収支との関係を見てみよう．そのためには，資産負債にどのような期間・金利がつけられているかを見ればよい．

資産サイドの主要部分である預託金について，期間は原則7年，金利は10年国債金利＋0.2％程度である．有価証券は，国債，地方債が多く，その他に社債などもある．指定単を経由して株式の運用も行っている．なお，預託金利の0.2％の国債金利への上乗せは，経済合理的な理由はなく，従来からの経緯に基づく政府内調整（旧大蔵省と旧厚生省・旧郵政省など）における妥協の産物である．

一方，負債サイドの主要部分である定額郵貯の平均的な預入期間は4～5年程度，金利は3年目で，①順イールド時：3年定期預金金利×(0.9～0.95) 程

表6-1 郵貯のB/S (2002年度末)
(単位 兆円)

資産		負債・持分	
預託金	129	郵貯	235
有価証券	90	うち定額貯金	182
うち国債	72	通常貯金等	53
地方債等	12	持分	3
社債等	6		
指定単等	11		
その他	8		
資産計	238	負債持分計	238

(出所)『郵便貯金2003』.

度,②逆イールド時:10年国債金利－(0.5~1.0%)程度となっている.ただし,預入当初の3年間は段階金利となっており,上記算出方法に基づき計算された金利より低い水準に設定されている.

この段階金利を別に考えれば,資産負債の主要部分の限界的な利ざやは,①順イールド時:[10年国債金利＋0.2%]－[3年定期預金金利×(0.9~0.95)],②逆イールド時:[10年国債金利＋0.2%]－[10年国債金利－(0.5~1.0%)]程度になる.

一方,郵貯の経費率はおよそ0.5%といわれている.逆イールドの場合の利ざや②は0.7~1.2%であり,これなら経費を賄うことは可能であろう.

問題は順イールドの場合である.民間3年定期預金金利＝3年金利＋流動性プレミアムとなるが,理論的には3年金利＝10年国債金利－(3~10年のイールド格差)＋官民信用力格差と考えられるので,民間3年定期預金金利＝10年国債金利－(3~10年のイールド格差)＋官民信用力格差＋流動性プレミアムとなる.そうであれば,利ざや①は,0.2%＋(3~10年のイールド格差)－(信用力格差＋流動性プレミアム)＋(掛け目相当分)となる.

ここで3~10年のイールド格差は0.3~2.0%,信用力格差＋流動性プレミアムは0.5~0.6%,掛け目相当分は0.2~0.4%であるから,これをもとに利ざやは0.1~2.1%の範囲となる.したがって,理論上,郵貯の経費を賄えない場合もあることがわかる.

しかしながら,前述したように,現実の日本の金融市場において民間預金金利は同条件の国債金利より低い.上の式でいえば,官民信用力格差＋流動性プ

レミアムがマイナスなのである．このために，例えば現在のように信用力格差＋流動性プレミアムを▲0.1％とすれば，順イールドの場合（このほうが逆イールドより一般的に多い）にも，利ざやは0.8～2.7％となり，結果として経費率を賄うに十分な利ざやが確保できていることになる．

　なお，負債の大宗を占める定額貯金の満期は10年であるが，預入後6カ月以降は自由に解約できるので，金利上昇時には，解約行使・再預入れが増加し，結果として定額貯金の金利は高いものへと置き換えられる．しかし，この場合，再預入当初は低い段階金利が適用になるために調達コストはそれほど高まらない．実際の郵貯収支の推移動向は，資産負債の期間ギャップから金利上昇期に収益低下傾向になるものの，この再預入後のコスト軽減が相殺するというメカニズムに大きく影響されてきた．

　いずれにしても，ここで重要なのは民間預金金利が同条件の国債金利より低かったという事実は，預入当初の低い段階金利とあいまって，これまでの郵貯経営に大きく貢献したと考えられるという点である．

2.4　郵貯は預金金利が国債金利を上回ると経営困難か

　それでは，郵貯の経営はどうなるのか．当面，郵政公社の資産運用の範囲は従来の郵貯のものと同じである．つまり，資金のかなりの部分を定額貯金で調達し，国債で運用するというものだ．とすれば，当面の郵貯経営は，金利環境によって変化が生じるかもしれない．

　まず確実にいえるのは，全額自主運用への移行に伴い運用面における0.2％の国債金利への上乗せがなくなることだ．次に調達面における定額郵貯の金利決定方式に変更があるかどうかが問題になる．

　定額貯金は定期預金と解約オプションを組み合わせた金融商品であり，前述したように，理論上の定額貯金金利は「10年国債金利＋流動性プレミアム－解約オプション料」として求められる．もちろん解約オプション料は金利水準や金利動向によって変わる．

　ところが，実際の金利決定方式は従来，順イールド時には，民間3年定期預金×(0.9～0.95) 程度であり，これは10年国債金利－(3～10年のイールド格差)＋信用力格差＋流動性プレミアム＋掛け目相当分となる．同様に逆イールド時には，10年国債金利－(0.5～1.0％) 程度となる．これまで，この金利決

定値と理論値との間に大差はないと思われる．ちなみに，新郵便貯金法においては，郵貯金利の考え方は旧法と実質的に変わっていない．これまでの金利決定方式が維持されれば，[2]利ざやは，①順イールド時：(3～10年のイールド格差)－(信用力格差＋流動性プレミアム)－(掛け目相当分)，②逆イールド時：0.5～1.0%程度となる．

そこで，今後の民間預金金利の動向を考えてみよう．1つのシナリオは，従前のように，民間預金金利が国債金利を下回る状況が継続するケースだ（シナリオ1）．この場合には，運用面における0.2%の国債金利への上乗せがなくなるので，利ざやは，①順イールド時：0.6～2.5%，②逆イールド時：0.5～1.0%となろう．

別のシナリオは，民間預金金利が国債金利を上回る状況だ（シナリオ2）．これまで民間預金金利が国債金利を下回ってきた理由の1つに，個人が国債の金利情報にアクセスしにくいことがあった．例えば，新聞の金利情報欄でも国債金利はあまり掲載されていない．それは，海外ではよく見られる個人向け国債が日本では存在しなかったことも背景になっている．この場合には，利ざやは，①順イールド時：▲0.1～1.9%，②逆イールド時：0.5～1.0%となる．

要するに，郵政公社の郵貯業務は，預金金利が国債金利を上回るという理論的に想定されるノーマルな状態になると，経営困難になる可能性が高いのである．なお，預金金利がノーマルな状態になると郵貯経営上から従来の金利決定方式は維持できなくなるので，その見直しは避けられないだろう（表6-2）．

貸出部門を持たない郵貯が市場において有価証券で運用するならば，市場原理が貫徹した世界では十分な資金量・利ざやを確保できなくなることがポイントである．要するに，資産負債を持ち種々のリスクを抱えながら，市場金利で資金を調達し市場金利で運用することは難しいというわけだ．こうしたタイプの場合には，資産負債がオンバランスの金融機関ではなく，資産負債をオフバランスさせリスクを軽減させた証券投資信託のような形で手数料収益を上げるというのが従来のビジネスモデルである．

---

2) ここでの分析によれば，民間預金金利が正常化すると郵貯経営を健全にするために従来の金利決定方式は維持できなくなる．実際，金利決定方式はすでに見直されているようだ．

表6-2 郵貯の利ざやのシミュレーション (%)

	公社化以前	公社後，シナリオ1	公社後，シナリオ2
順イールド時	0.8～2.7	0.6～2.5	▲0.1～1.9
逆イールド時	0.7～1.2	0.5～1.0	0.5～1.0

(注) シナリオ1：民間預金金利＜国債金利，シナリオ2：民間預金金利＞国債金利．

　こうした金融理論から導かれる将来像を考えると，貸出部門が容易に整備できないことを前提とすれば，郵貯の民営化にあたり，残高をかなり縮小させ郵便局ネットワークを生かしたオフバランス型の金融仲介機関を考えるのが自然である．つまり，オンバランスの資産負債は必要最小限度のものとなり，多くの金融商品はオフバランスで取り扱うというイメージである．となれば，現在の郵貯商品と似た金融商品を代替させれば，そのイメージを実現できるだろう．現在の郵貯商品はその元利支払いについて政府保証が付されており，現在の郵貯商品は個人向け国債と極めて類似しているので，郵貯の有力な代替商品である．さらに，金融機関が主な購入者になっていた従来の市場性国債に換えて個人向け国債を発行することは，市場原理を浸透させ金利の適正化（銀行預金金利の引上げ）をもたらし，金融資本市場の発展に寄与するだろう．

3．将来の簡保・郵便の姿

　次に，郵政3事業のうち簡易保険（簡保）と郵便の将来像を考えてみたい．
　初めに生命保険の仕組みを整理しておこう．生命保険会社は支払われた保険料を運用し，保険数理を使って保険金や満期金を支払っている．保険金部分の大きい商品は保障性が高く，満期金が大きい商品は貯蓄性が高いという．また，保障期間という観点で生命保険を大別すると，保険金を支払う保険期間（10年とか20年）が決まっている定期保険と一生涯保障する終身保険の2種類がある．
　定期保険の仕組みは，基本的には保険料は掛捨てであり，貯蓄性はほとんどない．一方，貯蓄性がない分，安い掛け金で大きな保障となっている．もっとも，保障期間が終了すると，それまでの保険期間と同じ期間・保障を自動更新できるが，更新時にはそのときの年齢の保険料になってしまい保険料は引き上

げられる.

　終身保険は一生涯死亡保障がある保険であり，これも保障性の高い保険である．また，養老保険の仕組みであるが，これは定期保険と積立預金を合わせたもので，保険期間中は保険金，無事に満期がくると満期金が受け取れる．満期金は死亡保険金に等しいのが特徴である．このため，養老保険は保障性と貯蓄性を併せ持つ商品といわれるが，正確に言えば，期間とともに保障性が低減する仕組みになっている．

　養老保険のような貯蓄性商品は証券投資信託のような金融商品に近い．

　次に簡保の現状を金融理論面から整理しておきたい．簡保は貯蓄性の高い10年程度の養老保険を主力としているが，民間生保ではそれより長期の保障性保険を提供している．簡保は民間生保が扱う団体保険を扱っていないことからも，保険市場でのこれまでの官民競合はそれほどでもなく，一見棲み分けが行われてきたように見える．

　先進国においても日本の財投のような公的金融システムは存在し，それらはいずれも長期金融であるが，その理由は金融資本市場の特徴が関係している．一般に，日本を含む先進国の金融資本市場において，ほとんどの10年超の長期金融商品は，一部のモーゲージ関連を除いて国や国際機関などの公的セクターが発行したものである．これは，公的機関のほうが長期の負債を持ちやすいからだ．民間会社の寿命が20年くらいであれば，その会社は30年社債を発行しにくいだろう．ところが，公的セクターは民間企業より長く存在するだろう．このことが長期金融を公的セクターが行う1つの理由である．

　この観点から見ると，簡保が民間生保より短満期の貯蓄性商品（10年の養老保険）を扱っていることは興味深い．もっとも，先進国の公的金融が長期の分野になっているのは，民間主体が長期の負債を出しにくい（資本市場の不完全性）からである．生命保険市場においては，生保保障額の対国民所得比で見ると，欧米は1～2倍であるが日本は5倍強であるなど，日本人は世界に類を見ないほど保険好きであり，日本の民間生保は長期・終身保険を現に提供している．このため，日本の生命保険市場において，官業である簡保市場の存在理由は乏しい．

　最近の簡保は低金利下の運用難によって貯蓄型商品である養老保険での新規契約が減っており，その経営は苦境に陥っている．低金利は民間生保に対して

も経営悪化をもたらすが，2001年度からスタートした財投改革後の簡保はより深刻だろう．

　簡保の場合，財投システムに組み込まれている．1987年に財投システム内の金利体系は国債金利に連動するように市場金利連動化されたが，その際，簡保の特殊法人に対する貸出期間はすべて10年以内に短縮された．これは，簡保の負債サイドでは10年養老保険が主力商品であったことから，資産負債のマッチングを図りリスクの回避を目的としたものだろう．この措置は簡保経営に好影響を及ぼした．その理由は次の通りだ．まず，財投システムにおける特殊法人への貸出金利は10年国債金利に0.2％上乗せしたものである．10年前後の金利イールドカーブ（期間と金利との対応関係）が安定的に順イールド（期間が長いものほど金利が高い）であるので，例えば期間7年貸付けで金利を10年金利＋0.2％とすれば，0.2％のみならず7年と10年のイールド格差の利ざやが得られることになる．ところが，2001年度からスタートした財投改革により，特殊法人はイールドに即した市場金利の資金調達になるので，この資産運用面での優位も失われる（結果として簡保から特殊法人への高い貸付金利が是正され，特殊法人を経由して簡保に回っていた補助金などが減少する）．このため，短満期の貯蓄型商品を主力とする簡保は，調達面でも運用面でも運営が困難になるだろう．

　これまでの旺盛な保険需要に支えられ，民間生保はあえて短期の貯蓄性の分野を行わずに長期の保障性商品を扱ってきた．一方，簡保は名前の通り簡易な審査で保険に加入できるのが特徴であるが，簡保は民間生保が主力にする保障性の高い商品への本格参入も難しく，貯蓄性の高い養老保険を主力にしてきた．ところが，このような従来の簡保の経営戦略は今後通用しない公算が強い．

　生命保険は保険数理に基づく保障と有価証券等への資産運用を組み合わせた商品であるが，保険たるゆえんは保障性にある．まして，簡保は財投改革によって資産運用面の優位が失われたので，貯蓄性商品に依存する経営はできないはずだ．簡保はその名前の通り簡易な審査としているために，生保の中でも医療保障分野は困難であろうから，死亡保障分野にならざるをえない．となれば，民間生保がすでに行っている保障性の強い定期保険や終身保険へ進出せざるをえないだろう．こうした分野は，「民でできることは民で」という原則に反し，官業で行うべき理由はなく，この意味で簡保は一刻も早く民営化しなければな

らない．

　冒頭で，単純に市場金利で資金調達し市場金利で資金運用するビジネスモデルはないと述べた．まさしく貯蓄性商品に依存している簡保は財投改革後にそのような状況になっている．保障性商品は調達コストを低下させ収益を生み出せる．簡保は保険ビジネスモデルとして保障性商品を手掛けざるをえないが，このことは「民間のできること」を行うわけであり，官業としての簡保には意味がなく，簡保の民営化は必然的なプロセスにほかならない．

　郵便については，公社化にあたり信書の送達業務は民間に開放され，郵便事業の国家独占が法律上廃止され，郵便事業に市場原理が導入された．国営郵便事業は国家独占でなくなり，その位置付けは変化している．

　最近では，通信手段は大きく変化し，携帯電話やEメールが急速に普及している．日本では，携帯電話でもインターネットへの接続やEメールが容易にできるのは世界的に見ても特徴的である．筆者は数年前に海外から帰国したとき，成田空港で多くの日本人が携帯電話を持って親指をせわしなく動かしメールを書いている光景に驚いたものだ．欧米人は親指を素早く動かしメールするという芸当はできないだろう．郵便事業はこの点から見ても苦しい．それに，欧米では個人でも決済に小切手が使われ，それが郵送されることも多いが，日本ではその需要もない．かろうじて年賀状の習慣はまだ廃れていないが，受け取る手紙は年賀状とダイレクトメールだけという人も珍しくない．また，国内外の宅配事業者との競争が激しさを増す一方であることから，郵便事業の経営は厳しくなっている．

　一方，郵便局ネットワークは130年間以上かけて培われてきた国民の財産である．これを生かして，各種証明書交付のワンストップサービス（1カ所における総合的サービス）や，ひまわりサービス等市町村との連携による公的サービスが提供されている．1999年から郵便局と銀行のATMは徐々に相互接続され，多くの人々に利用されている．郵貯ATMと提携している金融機関などは，証券会社やカード会社を含めると1900社になっている．郵貯への強い対決姿勢で知られている三菱東京UFJ銀行ですら，郵貯ATM提携を公表している．

　これまで郵政事業においては，過疎地における郵政3事業等を都市部との内部相互補助により維持してきた．民営化を考えるとき，ユニバーサルサービス

（全国一律サービス）や郵便局ネットワークの維持についてどう考えるかが重要なポイントである．ユニバーサルサービスの確保のためには，民営化とは別に政策的な対応をすべきとの意見もある．もっとも，必要なユニバーサルサービスとは，もっぱら郵便事業であると考えてもいい．というのは，郵貯や簡保のような金融サービスについては，地域的な差がまったくないわけではないが，基本的には国内であれば，比較的均一なサービスになってくるからだ．特に，金融サービスはネット上などで電子的な取引を行うことがかなり可能であるので，サービスの性格上，ユニバーサルサービスになりやすい．

地方自治体や住民からは郵便局の地域社会における重要性を指摘する意見もあり，郵便局ネットワークを生かした民営化後のビジネスモデルがあれば，それに越したことはない．1つのアイデアは，各種の行政サービスの窓口を郵便局へ地方公共団体が業務委託するものだ．さらに，郵便局自らが郵便貯金のような負債をもって金融商品を提供するのではなく，個人向け国債や地方債の販売に徹した手数料ビジネスを行う．ただし，資金決済手段の提供に必要な程度の郵貯残高は残るであろう．このような行政サービスのコンビニと種々の金融商品を販売する金融スーパーマーケットは，郵政事業民営化後の有力なビジネスモデルになるだろう．これは郵便局の利用者から見ると，従来のサービスを受けつつ民営化のメリットが享受できるモデルである．

なお，道路公団については，道路関係四公団民営化推進委員会の意見を基本的に尊重し，2005年度から民営化された．世界的水準から見ても高い高速通行料金によって，道路公団は潤沢なキャッシュ・フローがあり経営基盤はよい（むしろ高速道路料金を取りすぎている）ので，組織を民営形態にすることは簡単だ．道路族といわれる人たちは，自分たちが地元で約束した高速道路がつくれればいいのであって，道路公団の組織形態には関心がないだろう．高速道路では潤沢なキャッシュ・フローがあるので，一定の高速道路をつくりつつ，高速通行料金の引下げなど道路公団民営化の果実を国民が受け取れる解を見つけられる．

一方，郵政については，ドル箱の金融事業においてもじり貧傾向であり，その民営化は道路公団に比較すれば難しい．

4. 長期シミュレーション(1)

そこで，2004年11月に公表された「骨格経営試算」という政府の長期試算を見ることとしよう．このような試算は，改革の説明責任としては当然であると思うが，実際の改革において数字を出すことは反対派に反論の機会を与えるので，これまでほとんど行われていない．その意味で，郵政民営化において政府の考え方を数量的に示すこの試算は珍しい資料である．

試算結果は，郵政事業の収益は低下傾向にあるということを明らかに示すものだった．しかも，金利環境などが当時の低金利下であり，金融業務においては比較的「楽な」環境にあるにもかかわらず，収益は「じり貧」傾向であり，金利上昇となれば，そのじり貧傾向よりさらに収益状況は悪化するとなっていた．

これは，理論的に推測される結果と整合的である．つまり，郵政事業は郵貯に依存しているが，財投改革後は全面自主運用になったので，それまで享受していた預託金利の上乗せなどの国庫内メリットが喪失される中で，運用は基本的には国債に限定されていたので，本質的には利ざやがほとんどない状態になった．一方で，人件費などのコストが発生するために，収益がじり貧になるわけだ．

4.1 共通前提

「骨格経営試算」は郵政公社の協力を得て政府が行ったものだが，まずその性格について，郵政民営化準備室において，4民営化会社について一定の条件の下で将来収支などを機械的に試算したものである．

税制や委託手数料などを含め，すべての前提条件については，政策意図や経営判断とはいっさい無関係であり，政府として郵政民営化準備室として決定したものではないとされている．前提条件にはさまざまなものが考えられるが，本試算で用いられたものはあくまで1つの条件にすぎず，計上された計数は試算の前提条件等に応じ変化するとされている．また，この試算は，一定の条件の下での将来収支の骨格になるが，さらに新規業務などの要素を付加し肉付け

を行えば，将来の民営化会社の経営戦略を練るための第一歩になり，次のステップの政策シミュレーション，それと経営シミュレーションにつなげられるものである．また，試算結果は4民営化会社の将来を保証し，拘束するものではないと注釈されている．

次に，4会社に共通の前提条件である．第1に，今の郵政公社を4会社に分割するが，その人員・資産の切り分けである．

人員の切り分けについては，基本的に郵便の集配業務を除く対顧客業務にかかわる郵便局員は窓口会社に帰属するという考え方に従って，現在の郵政公社の帰属部局にとらわれず，業務の内容に応じて人員を各社に配分している．

具体的に，①集配局では，原則として，3事業の窓口業務の要員及び貯金・保険の外務員は窓口会社に，郵便の集配要員（郵便外務員）及び集配に密接に関連する業務（区分・差立）は郵便会社に帰属させている．

ただし，集配特定局等の外務員は郵・貯・保の境界が不明確であるために，ケース1として，全員窓口会社へ，ケース2として郵便会社・窓口会社へ按分している．

②無集配局では，全局員を窓口会社に帰属，③貯金・保険事務センターは，事務センターの要員はそれぞれ貯金会社・保険会社へ帰属，④本社・支社・郵便局の総務課の要員は各会社へ按分して帰属させている．その結果，ケース1は，郵便9万人，貯金0.8万人，保険0.4万人，窓口16.6万人であり，ケース2は，郵便12万人，貯金0.8万人，保険0.4万人，窓口13.5万人となる．なお，4社のシミュレーションではケース2を想定して行われている．

資産の切り分けについては，その後の収益に直接関係しないようにしてあるが，当初B/Sをつくる関係上必要になる．それぞれの事業用資産を別としても，現預金を4分割するなどの機械的な前提としている．

4.2　4会社の前提とP/L

その次は，4社のシミュレーションにおけるそれぞれの前提条件である．

第1に，郵便会社については通常郵便，小包，人件費の3つのポイントがある．通常郵便は郵便営業収益の大半を稼いでいるが，直近3年間における各種の引受郵便物数の対前年比の増減率の平均値（例えば第1種で年率2.3％の減少）を外挿することで将来推計している．なお，これは最近の現状実績を織り

込んでおり，2003年に作成された郵政公社の中期経営計画（2003～2007年）よりも直近の経営実態に近い前提となっている．

小包については，郵政公社の市場シェアが2003年度の実績シェアで6％から2005年度に公社アクションプランで期待されている10％に拡大するというケースを想定している．なお，小包全体の市場規模については，小型物品市場，宅配便，それらと一般小包を合わせたものがあるが，直近の傾向で成長した後では横ばいと仮定している．

人件費については，分社化により，一定の人数が窓口会社へ移行するが，その分人件費シェアは減少する．一方で窓口会社への郵便取扱いで一定割合となる窓口貢献分をここでは一応17.5％と置き，それを委託手数料として支払うことになる．郵便会社の人件費は，総引受郵便物数の減少につれて抑制されるという前提に立ち，換言すれば，引受郵便物数が減少しても，生産性が一定という前提である．

この結果，人件費は年間1.1％減少することとなった．なおこの試算期間中（2007年度から2016年度），定年退職者はおよそ7万～8万人と予想されており，このような自然減を前提とすれば，この人件費の減少率は，新規採用ベースでいえば最近の抑制パターン（年間採用数千人）による人件費減少とそれほど変わらない程度である．

次は，固定資産税，印紙税などを払い，郵便取扱いの一定割合となる窓口貢献分の委託手数料17.5％を支払う．ただし，郵政公社を分割して内部取引が外部化されているので，委託手数料に消費税がかかるが，その消費税については，郵便会社が税額控除できるために実質的に郵便会社の負担にならないものと考えられる．

第2に，貯金会社に関する前提であるが，これも金利，預金残高と人件費の3項目が重要だ．

まず，金融業務で重要である金利については，フラットつまり2016年度まで現在の低金利がほぼ継続することを前提としている．具体的には，10年金利は1.44％という形で横ばいである．

預金残高については，通常貯金は毎年1兆円ずつの減少とし，定額郵貯は満期再預入れというのが一定割合になるように調整し，総預金残高を2016年度に160兆円程度にしている．預金残高はB/Sを見るとわかりやすいが，2006年度

の負債で郵便貯金が214兆円であるが，これが2016年度で142兆円まで減少するとしている．大雑把に言えば，郵貯ストックがおよそ3分の2になるという前提である．ついでに，2006年度のB/Sには資産側の預託金52兆円と負債側の借入金28兆円があるが，これらは財投関連のものであり，2016年にはなくなる．なお，貸付金5兆円があるが，ここは地方公共体向け貸付けであり，新規の民間向け貸付業務によるものではない．この貯金残高の減少傾向というのは，郵政公社の中期経営計画を将来に向かって外挿したものである．

一方，将来収支を計算するためには，運用方法に仮定を置かなければいけないが，国債で運用するとする．国債投資の期間構成については，最近の運用傾向を反映して，短期，中期，長期を均一に投資するという形で置いている．

人件費については，2007年度以降，窓口会社に移行する人員が多く，分社化により大きく減少する．人件費は，切り分けた人件費分を除き684億円で横ばいという形にしている．ただし，窓口会社への手数料については，貯金残高に応じた変動的な手数料に固定的な手数料を加えて委託手数料としている．

具体的には，変動的な部分は，貯金残高に0.35％を掛け，固定的な部分はATM 1台当たり300万円としている．この0.35％については，貯金口座当たり年間1500円程度であるが，店舗の効用がどの程度かを推計している．例えばインターネットバンクと普通のバンクの3年ものの金利差が0.3％強あるので，おおよそ店舗効用として0.35％としている．

さらに，委託手数料の他に，固定資産税と印紙税を払い，窓口会社が支払う消費税も負担するという前提である．さらに，預金保険料について，0.08％に預金残高を掛けて計算をしている．

第3に，保険会社に関する前提であるが，企業会計の項目ではなく，三利源分析という保険を分析するのによく使うやり方を採用して経常利益を算出するという簡便なやり方をとっている．保険会社の前提についても，金利，貯金残高に相当する責任準備金残高と人件費の3つが重要である．

まず，金利については，当然ながら，郵便貯金の場合と同じでフラットのシナリオとした．

責任準備金残高については，2016年度に70兆円程度になるように一定の新規保険料額を想定している．この残高の推移は，B/Sを見るとわかるが，負債の責任準備金として2006年度の111兆円が2016年度に72兆円と，おおよそ3分

の2ぐらいに減少するとしている．それに伴い，資産側の有価証券運用や貸付金も減少する．ただし，ここの貸付金は地方公共体等向けであり，新規の企業貸付けではなく，24兆円から10兆円程度に減少するという形になっている．

この残高の減少は，郵便貯金の場合と同様に郵政公社の中期経営計画の最近の動向を外挿したものである．一方，この資金の運用についても，郵便貯金と同様に，国債等貸付金も一定の期間構成を維持するという前提で運用を計算している．

人件費は，これも郵便貯金と同様に2007年度以降，窓口会社に移行する人員が多く，分社化により大きく減少するが，移行しない要員は本試算で横ばいという形で仮定している．物件費も同じく横ばいである．

費用のうち窓口会社への委託手数料は，新規契約分の保険料の一定割合と仮定している．1年分の保険料を支払うとしているが，民間生命保険会社の代理店への委託手数料報酬とほとんど同じである．委託手数料の他に，固定資産税，印紙税などを払い，さらに毎期支払う消費税も保険会社に転化されるので支払うという形で租税を計算している．さらに，保護機構負担金（正式名称は生命保険契約者保護機構負担金）については，現行の算定方式，つまり残高と収益に一定率を掛けて負担金を算定するものを準用して，2007年度以降納付するという形にしている．ただし新規保険はスタート段階ではほとんどないので，当初の負担金はほとんどない．

第4に，窓口会社の前提であるが，3会社からの委託手数料，委託手数料に伴う消費税と人件費の3つがポイントである．3会社の委託手数料では，前に述べたように，郵便会社では売上高の窓口貢献分，貯金会社は残高に応じた変動的なものと固定的なもの，保険会社は新規契約分の保険料の売上げという形で設定している．窓口会社の受け取る委託手数料の総計は，前に述べた郵便会社，貯金会社，保険会社の支払う委託手数料である．

なお，窓口会社と3会社の手数料については上述のような取引高ベースの手数料が将来的には自立のために望ましいといわれているが，分社化当初からこのようなことが可能かどうかについて，実務的には別途検討されるべきものである．また，実際の手数料についてはこの試算のような単純なものではないはずで，さらに複雑なものであるだろう．いずれにしても，この手数料の考え方は試算のために便宜的に選んだものである．

窓口会社の受け取る委託手数料については，2007年度からの10年間平均で，郵便系は3000億円，貯金系は7000億円，保険系は5500億円程度である．委託手数料に伴う消費税については，3会社のときに述べたように，窓口会社が支払うが，3会社に全部転化するという形にしている．郵便会社，貯金会社，保険会社それぞれのP/Lには一部反映されているが，窓口会社には出てこない．

人件費は分社化することによってかなりの人員が窓口会社に帰属するという形だ．試算では，郵便会社と同じように毎年1.1%減少としている．

4.3　4会社のP/L, B/Sと感応度分析

以上の前提の下で，4会社のP/Lを試算すれば，以下の通りである．

第1に，郵便会社の収支試算をすれば，平均経常利益が400億円程度となっている．それから法人税等を差し引いた税引後利益は250億円程度になる（表6-3）．ここで法人税というのは，単純化のために税率40%で計算しているが，郵便会社以外の会社についても，同様な税率で計算されている．

第2に，貯金会社について，将来の10年間では経常利益は平均して4200億円程度であり，法人税等を控除して税引後利益が2500億円程度になる（表6-4）．

第3に，保険会社について，2007年度からの10年間での平均経常利益は2600億円程度である．契約者配当や法人税を控除した税引後利益は平均200億円程度である（表6-5）．

第4に，窓口会社の経常利益は10年間平均で1700億円程度である．法人税などを控除すると，1000億円程度の税引後利益になる（表6-6）．

次に，4会社のB/Sであるが，2006度のB/Sは現在の郵政公社のB/Sを参考として，資産，負債の切り分けを行ったが，資産は帰属が明らかな事業資産は別として，現預金は4分割など機械的に行い，負債も帰属の明らかなものは事業負債として，退職給付引当金は人数割りという形で機械的に分けている．本来，資産等の切り分けは限られたリソースの配分ということなので，経営戦略の基本・根幹である．しかがって，このような機械的な切り分けは政策意図や経営判断とは無関係ということになる．

その上で，2016年度のB/Sは，貯金会社や保険会社では資産負債が一定の割合で減少するという前提であるが，それらを除いた項目はほとんど横置きとして，各会社の最終利益のみを剰余金資本に加えるという形にしている（表6

第6章 郵政民営化

表6-3 郵便会社 P/L の試算 (単位 億円)

	2007	2008	2009	2010	2011	2012	2013	2014	2015	2016
収益合計	18,642	18,483	18,174	17,879	17,597	17,327	17,068	16,821	16,584	16,357
郵便営業収益	18,615	18,456	18,147	17,852	17,570	17,300	17,041	16,794	16,557	16,330
費用合計	17,890	17,701	17,489	17,280	17,075	16,875	16,677	16,484	16,294	16,107
人件費	10,337	10,224	10,111	10,000	9,890	9,781	9,674	9,567	9,462	9,358
物件費	4,251	4,204	4,158	4,112	4,067	4,022	3,978	3,934	3,891	3,848
租税	172	172	172	172	172	172	172	172	172	172
窓口委託料	3,258	3,230	3,176	3,124	3,075	3,027	2,982	2,939	2,897	2,858
経常利益	636	675	586	504	429	363	305	254	210	173
税引前当期利益	636	675	586	504	429	363	305	254	210	173
法人税等	▲255	▲270	▲234	▲202	▲172	▲145	▲122	▲102	▲84	▲69
当期利益	382	405	351	302	258	218	183	152	126	104

表6-4 貯金会社 P/L の試算 (単位 億円)

	2007	2008	2009	2010	2011	2012	2013	2014	2015	2016
収入合計	16,598	17,486	17,310	16,912	16,380	16,191	16,246	15,278	14,373	13,555
運用収益	19,969	18,439	17,097	16,594	16,010	15,797	15,839	14,843	13,912	13,074
調達費用	4,430	2,012	844	739	688	663	652	622	597	577
費用合計	12,783	12,492	12,217	11,899	11,682	11,582	11,520	11,354	11,209	11,084
人件費	684	684	684	684	684	684	684	684	684	684
物件費	1,767	1,767	1,767	1,767	1,767	1,767	1,767	1,767	1,767	1,767
租税	953	936	919	900	887	879	874	864	855	848
預金保険料	618	694	765	843	912	963	1,006	1,056	1,099	1,135
窓口委託料	8,219	7,870	7,541	7,163	6,892	6,747	6,647	6,442	6,263	6,110
経常利益	3,815	4,993	5,094	5,013	4,698	4,610	4,726	3,924	3,164	2,471
税引前当期利益	3,815	4,993	5,094	5,013	4,698	4,610	4,726	3,924	3,164	2,471
法人税等	▲1,526	▲1,997	▲2,037	▲2,005	▲1,879	▲1,844	▲1,890	▲1,570	▲1,266	▲988
当期利益	2,289	2,996	3,056	3,008	2,819	2,766	2,836	2,355	1,898	1,483

-7, 表6-8, 表6-9, 表6-10).

　最後にいわゆる感応度分析である（表6-11）．4会社の将来P/LやB/Sは，ボリュームの切り分け，人員の切り分け，郵便物や郵便貯金・保険のボリューム，金利について一定の前提で計算しているが，これらの前提条件が変化した場合に，10年間の将来収支（経常収支）がどのように変化するかを分析するものである．

　例えば，人員の切り分けでは，ケース1の場合はケース2と比べて各会社の収支がどうなるのかについては，若干軽微な変化になっている．というのは，

表6-5 保険会社P/Lの試算 (単位 億円)

	2007	2008	2009	2010	2011	2012	2013	2014	2015	2016
死差	6,588	6,175	5,805	5,487	5,160	4,876	4,644	4,442	4,253	4,055
利差	▲12,566	▲10,455	▲8,957	▲7,445	▲6,405	▲5,317	▲4,416	▲4,085	▲3,662	▲3,277
費差	2,952	2,713	2,541	2,204	1,607	1,089	663	287	▲59	▲420
人件費	377	377	377	377	377	377	377	377	377	377
物件費	770	770	770	770	770	770	770	770	770	770
租税	470	439	410	393	388	384	380	377	374	371
保護機構負担金	10	14	18	26	37	45	54	67	73	79
窓口委託料	6,489	6,006	5,534	5,303	5,303	5,303	5,303	5,303	5,303	5,303
三利源小計	▲3,026	▲1,566	▲610	246	362	649	891	649	532	358
経常利益	793	1,832	2,444	3,131	3,131	3,326	3,452	3,126	2,972	2,754
税引前当期利益	▲351	116	263	425	451	516	565	567	541	502
法人税等	0	▲46	▲105	▲170	▲180	▲207	▲226	▲227	▲216	▲201
当期利益	▲351	70	158	255	270	310	339	340	325	301

表6-6 窓口会社P/Lの試算 (単位 億円)

	2007	2008	2009	2010	2011	2012	2013	2014	2015	2016
収入合計	18,657	17,798	16,941	16,281	15,960	15,768	15,623	15,374	15,154	14,962
郵便系収益	3,258	3,230	3,176	3,124	3,075	3,027	2,982	2,939	2,897	2,858
貯金系収益	8,219	7,870	7,541	7,163	6,892	6,747	6,647	6,442	6,263	6,110
保険系収益	6,489	6,006	5,534	5,303	5,303	5,303	5,303	5,303	5,303	5,303
費用合計	15,257	15,091	14,926	14,764	14,603	14,444	14,286	14,131	13,977	13,825
人件費	12,024	11,892	11,761	11,631	11,503	11,377	11,252	11,128	11,006	10,885
物件費	3,092	3,058	3,024	2,991	2,958	2,925	2,893	2,861	2,830	2,799
租税	141	141	141	141	141	141	141	141	141	141
経常利益	3,400	2,707	2,015	1,517	1,358	1,324	1,337	1,244	1,177	1,137
税引前当期利益	3,400	2,707	2,015	1,517	1,358	1,324	1,337	1,244	1,177	1,137
法人税等	▲1,360	▲1,083	▲806	▲607	▲543	▲530	▲535	▲497	▲471	▲455
当期利益	2,040	1,624	1,209	910	815	795	802	746	706	682

人員の切り分けで，貯金と保険はケース1とケース2ではまったく同じなので関係ないわけだが，郵便会社のほうが人員は多少増え，その分人件費が増えるが，窓口会社への委託手数料が減るので，それが相殺してあまり経常収支は変化しない．郵便会社は300億円程度，窓口会社は▲300億円程度，それぞれ経常収支が変化する．

次に，郵便物や郵便貯金・保険のボリュームがさらに減少するシナリオについては，まず，郵便会社では第1種が毎年2.3％減少する前提であったが，さ

表6-7 郵便会社B/Sの試算

(単位 兆円)

		2006年度	2016年度
資産	流動負債	2.7	2.9
	有形固定資産	1.3	1.3
	資産計	4.1	4.3
負債	流動負債	1.0	1.0
	固定負債	1.5	1.5
	負債計	2.5	2.5
資本	自己資本計	1.6	1.8
	負債+資本	4.1	4.3

表6-8 貯金会社B/Sの試算

(単位 兆円)

		2006年度	2016年度
資産	現預金	8.0	13.1
	金銭の信託	3.4	3.4
	有価証券	180.2	129.1
	預託金	52.4	―
	貸付金	4.9	5.9
	資産合計	250.1	153.0
負債	郵便貯金	214.0	142.5
	借入金	28.2	―
	負債計	247.6	148.0
資本	自己資本計	2.5	5.0
	負債+資本	250.1	153.0

らに3.5%減少するとし，小包もアクションプランが未達になるなどのドラスティックな変化を想定している．その場合，郵便は，生産性一定という下であれば，ボリューム減少に応じて人件費を減らすので，あまり大きな変化にはならず，郵便会社の経常収支は200億円程度だけ減少する．

貯金会社では，総資産が150兆円程度という前提だが，感応度分析では140兆円程度に，10兆円減少するということで計算をしている．その場合，かなり大きな経常収支の減少になり，郵便貯金の経常収支は1200億円程度減少する．

保険会社では，新規保険料がさらに1割減少するという感応度分析を行っている．その場合，基本ケースと比べると，保険会社の保険収入が減るが，その

表6-9 保険会社B/Sの試算

(単位 兆円)

		2006年度	2016年度
資産	現預金	2.4	2.6
	金銭の信託	8.1	8.1
	有価証券	77.9	53.1
	貸付金	24.0	9.8
	資産合計	113.1	74.3
負債	保険責任準備金	111.4	72.2
	価格変動準備金	0.1	0.3
	負債計	111.7	72.7
資本	自己資本計	1.4	1.6
	負債+資本	113.1	74.3

表6-10 窓口会社B/Sの試算

(単位 兆円)

		2006年度	2016年度
資産	現預金	2.3	3.5
	動産不動産	1.3	1.3
	資産合計	3.6	4.8
負債	賞与引当金	0.1	0.1
	退職給付引当金	1.5	1.5
	負債計	1.5	1.5
資本	自己資本計	2.1	3.3
	負債+資本	3.6	4.8

表6-11 感応度分析

(単位 億円)

	ベース 経常収支	切り分け ケース1	差	ボリューム減	差	金利上昇	差
郵便	413	751	338	227	▲186	413	0
貯金	4,251	4,261	10	3,073	▲1,178	4,664	413
保険	2,696	2,697	1	2,926	230	8,158	5,462
窓口	1,722	1,373	▲349	448	▲1,274	1,505	▲217

一方で委託手数料も減少するので，経常収支はあまり変化せず，結果として保険会社の経常収支は200億円程度増加する．

窓口会社については，3社からの委託手数料が収入になるが，前述の通り郵

便貯金は残高，保険は新規保険額に連動し両方とも減少するので，結果として窓口会社の経常収支は1300億円程度減少する．

3番目に，金利上昇のパターンであるが，金利が毎年20ベイシスポイントほど上昇していくという仮定を置いて，金利フラットの場合とどの程度変化するかという計算である．

まず，郵便会社の収益には何の影響も与えない．

貯金会社の収支もそれほど変化せず，400億円程度の収益改善になる．実は，貯金会社は今のポートフォリオを維持することを前提としているが，短期，中期，長期の構成割合が大体同じになるように運用することとしており，計算の結果は収支がさほど変化しない．換言すれば，多少の金利上昇に対して，ポートフォリオはある程度の耐性があると見なせる．ただし，これはある時点で金利を急激に上昇させるようなストレステストではない点には注意すべきである．

保険会社については，金利が上昇すると，過去の予定利回りが低いという条件の下で再運用の利回りが高くなるので，収支は5000億円以上も改善する．

これらの結果として，窓口会社についてはほとんど変化がなく，200億円程度の経常収支の減少になる．というのは，窓口会社が受ける委託手数料が貯金残高と保険の新規保険料に連動するので，金利の動きとは直接的な関係はないからだ．

5．長期シミュレーション(2)

郵政民営化について，政府と与党との間で2004年末から2005年4月頃まで精力的に協議が行われたが，その中で，郵政民営化後に民営化会社によって行われる新規業務についても，どの程度収益が見込まれるかが議論された．政府は，2005年2～3月に，民営化会社が新規業務を行った場合，どのくらいの収益機会があるのかを公表した．

2004年11月に政府から出された長期試算は，新規業務をいっさい行わないものであったので，収益はじり貧傾向であった．新規業務を行わないとすれば，いずれ経営破たんに至るであろう．もちろん，新規業務はすぐれて経営判断事項であるので，政府が試算した業務はあくまで例示にすぎない．それらの新規

表 6-12 民営化後の新規業務等（例）

（単位　億円）

	民営化後の新規業務等（例）	10割達成	5割達成
郵便	国際展開	200	100
	業務の効率化	300	150
貯金	貸付け，シンジケートローン，私募債，株式，クレジット・スワップ，CDO，ABSなど証券化関連商品，ファクタリング（債権買取），ローン・パーティシペーション，保証業務	3,200	1,600
保険	第三分野	45	30
	限度額撤廃	5	
窓口	貯金・保険からの手数料	1,000	500
	株式仲介	850	430
	投資信託		
	生命保険		
	変額保険		
	損害保険		
	資産活用	200	100
	その他	250	130

業務が行われるとは限らず，単なる可能性にすぎない．

　第1に，郵便会社については，当期利益ベースで年間約500億円の収益増が見込まれている（表6-12）．その内訳は，国際物流で200億円とJPS（Japan Post System）の進展で約300億円である（JPSは厳密な意味では新規業務ではないが，民営化に伴い，現在のJPSが高度化した場合である）．

　国際物流については，中長期的に，売上高2兆円の2割が国際業務（アジア市場）の貢献からと考え，4000億円（＝2兆円×20％）算出されている．なお，主要インテグレーターの国際業務比率は，UPSで19％，FedExで30％，DHLで19％，TNTで19％となっており，後発の郵便会社がどの程度先発組に追いつけるかどうかはわからないが，収益上限の可能性としては合理的なものである．その場合の利益率は，国内大手フォワーダーである日本通運，近鉄エクスプレス，郵船航空サービス3社の平均利益率から5％として，当期利益は200億円としている．

　JPSの進展については，経常収支ベースで年間約300億円の収益増であるが，集配関連業務の生産性向上によりコストが10％減少するものとして，内務職員

の人件費相当額が5年かけて10％減となると想定されている．郵便会社の人件費を1兆円程度として，その内務職員数分が10％減で300億円としている．郵政公社は2004年度1000局実施を計画し，次年度からは1年ごとに1000局ずつ拡大し，5年程度かけて4800店舗まで拡大すると想定している．

　第2に，貯金会社については，当期利益ベースで年間約3200億円の収益増が見込まれている（表6-12）．

　現在の郵便貯金では，基本的に信用リスクをとり収益を嫁げる業務はほとんどない．これが将来収益をじり貧にする原因である．このため，貸付けを含めて信用リスクをとる業務を，残高ベースで2016年度における総資産残高140兆円の25％の35兆円行うとして，信用リスク調整後のスプレッド1％で3500億円の収益増になるとしている．このうち，3200億円は貯金会社に，300億円は窓口会社へ帰属する．

　ちなみに，信用リスク調整後のスプレッドは，（運用利回り－調達利回り－信用リスク相当分）であるが，都銀で1.5％程度，その他金融機関では2.0％程度である．

　金融環境から見て，貯金会社が信用リスク業務を残高ベースで35兆円もできる余地があるかどうかであるが，①今後の景気回復（GDP 伸び率3％）による資金需要増大によって，貸付残高は150兆円伸長すること，②公的金融（住宅金融支援機構分除く）は70兆円の半分の35兆円が民間金融へ解放され，住宅金融支援機構分60兆円を加えれば，約100兆円の余地があること，③定型的な貸付けは比較的簡単であることから，10年間というスパンで考えれば十分達成可能な数字である．

　第3に，保険会社については，当期利益ベースで年間約50億円の収益増が見込まれている．その内訳は，第3分野で約45億円，限度額の撤廃で約5億円である（表6-12）．第3分野保険は成長分野であり，2002年度の約349万件（医療・がん保険）の新契約数が，2003年度には約391万件と＋12％となっている（10年で4倍増になるという予想もある）．新規保険料（月額）の3分の1にあたる150億円が第3分野保険商品となるという仮定で，死差益が3割アップとして約45億円の収益増である．

　限度額の撤廃については，今の簡易保険には1000万円という限度額があるが，これを撤廃すれば新規保険料（月額）450億円が500億円にアップ（1割アッ

プ)すると仮定している．窓口手数料は新規保険料の1年分相当としており，新規契約が増えても窓口手数料が増える試算としている．結果として，窓口会社は約600億円（＝50億円/月×12カ月）の収入増となる．また剰余の8割を契約者に配当するとしているため，保険会社の当期利益は約5億円となる．

第4に，窓口会社については，当期利益ベースで年間約2300億円の収益増が見込まれている（表6-12）．その内訳は，貯金会社・保険会社の新規業務に伴う新たな受託手数料で約1000億円（貯金会社から300億円強，保険会社から600億円弱），金融商品の販売で約850億円，非金融業務で約250億円，資産活用で約200億円である．

まず，金融商品の販売としては，①株式仲介を4800局で取り扱うことが考えられる．個人の現金取引額70兆円のうち，将来の銀行等窓販シェアを5割程度として，将来の民間取扱い店舗数を2万店程度と想定すれば，店舗数に応じた仲介売買高は8.4兆円（70×0.5×4,800÷20,000）となり，仲介手数料率を民間並みの0.4％とすると，手数料額は340億円となる．システム費・訓練費・人件費等の費用を140億円見込み，差し引き200億円の利益としている．②株式投信を4800局で扱うとして，銀行等の窓販額を将来20兆円程度と想定（2004年現在は12兆円）すれば，民間取扱い店舗数（2万店程度）に対し，店舗数に応じた残高は5兆円（20×4,800÷20,000）となる．残高5兆円を維持するような販売額（投資信託の解約分をおおむね毎年の販売額と想定）で，民間並みの手数料率を掛けて手数料額を算出すると630億円となる．コストを200億円見込み，差し引き430億円の利益としている．③生命保険を普通局1300局で扱うことを考える．1300局のうち1局当たり3人が担当するとし，民間保険会社の営業職員25万人に対する職員の比率1.5％（1,300×3÷250,000）のシェアを確保（なお，簡保の全外務員数は2万6000人）し，手数料を骨格経営試算と同様に新規保険料の1年分相当とすると，手数料額は120億円となる．コストを20億円見込み，差し引き100億円の利益としている．④変額保険を1300局で扱うことを考える．銀行等における変額年金保険の販売の伸びを勘案し，2016年で4.7兆円とし，民間取扱い店舗数2万店に対し，1300局分の販売額は約3000億円（4.7×1,300÷20,000）となる．手数料率を民間並みの4.5％とすると，手数料額は約130億円となる．コストを引いて，100億円の利益としている．⑤損害保険を1300局で扱うことを考える．個人向けの損害保険料を7兆円と想定し，民

間代理店数を31万店とすれば，1300局分の販売額は約300億円となる（7×1,300÷310,000）．手数料率を20％とすると，手数料額は60億円となる．コストを引いて，20億円の利益としている．

次に，非金融業務である．①物品販売を1300局で行うこととする．今の郵便局ネットワークは古く，しかも拠点数は多い．拠点位置，事務フロア，業務フロアの見直しを行えば，物品販売のスペースは空けられる．販売額は，1局当たり2億円とし，集配局4800局のうち，1300局で展開し，原価・ロイヤリティ・アルバイト代等を見込んだ利益率9％を掛け合わせ，240億円の利益としている．②リフォーム仲介を1300局で行うこととする．民間調査等を参照し，2016年度のリフォーム仲介市場を9兆円と想定すれば，業者数13万件のうち，1300局分に対応した市場額は900億円（90,000×1,300÷130,000）になり，手数料率を1％として，手数料額9億円となる．

最後は，資産活用で約200億円を稼げるとしている．①東京中央局，大阪中央局を，高層ビル（丸ビル並みの容積率）に建て替え，増加フロアを賃貸し，東京中央140億円（賃貸約11万㎡），大阪中央局30億円（賃貸約5万㎡）と見込んでいる．②立地の良い他の大規模5局（銀座，新宿，渋谷，神戸中央，名古屋中央駅前分室）で，職員等の一部を近隣局へ移転させ，既存物件の半分程度を賃貸することを考えている．

以上のような新規業務を行った結果，4会社の自己資本利益率（ROE），総資産利益率（ROA）は，新規業務を行わない場合のそれらに比較してかなり向上する（表6-13，表6-14，表6-15，表6-16）．

6．4分社化のメリット

郵政を民営化せざるをえないとすれば，どのように行えばいいか．郵政の特色は，郵便貯金・簡易保険という金融業務と郵便の非金融業務が一体として行われていることと，郵政3事業の顧客窓口である郵便局ネットワークという貴重な経営資源を有していることである．

まず，郵便に使われている郵便局ネットワークはその一部であり，多くは金融業務の顧客サービス拠点となっていることから考えると，郵政3事業といわ

表6-13 4会社（新規業務等10割達成ケース）の自己資本利益率 (%)

	2016年度	2017～21年度の平均	備考
郵便事業会社	1.9	1.6	5.0（東証上場陸運企業平均）
郵便貯金会社	5.6	4.0	4.4（大手4グループ平均）
郵便保険会社	2.1	1.7	2.4（生保大手9社平均）
窓口ネットワーク会社	5.0	3.6	4.9（東証上場小売企業平均）

表6-14 4会社（新規業務等10割達成ケース）の総資産利益率 (%)

	2016年度	2017～21年度平均	備考
郵便事業会社	0.88	0.77	0.96（東証上場陸運企業平均）
郵便貯金会社	0.22	0.18	0.20（大手4グループ平均）
郵便保険会社	0.04	0.04	0.12（生保大手9社平均）
窓口ネットワーク会社	3.68	2.69	2.40（東証上場小売企業平均）

表6-15 4会社（新規業務等なしケース）の自己資本利益率 (%)

	2016年度	2017～21年度平均	備考
郵便事業会社	0.6	0.3	5.0（東証上場陸運企業平均）
郵便貯金会社	2.9	1.5	4.4（大手4グループ平均）
郵便保険会社	1.9	1.5	2.4（生保大手9社平均）
窓口ネットワーク会社	2.1	0.8	4.9（東証上場小売企業平均）

表6-16 4会社（新規業務等なしケース）の総資産利益率 (%)

	2016年度	2017～21年度平均	備考
郵便事業会社	0.24	0.14	0.96（東証上場陸運企業平均）
郵便貯金会社	0.10	0.05	0.20（大手4グループ平均）
郵便保険会社	0.04	0.04	0.12（生保大手9社平均）
窓口ネットワーク会社	1.43	0.55	2.40（東証上場小売企業平均）

れてきたが，郵便，郵便局ネットワーク，郵便貯金，簡易保険という4つの機能があることがわかる.[3) また，3事業兼営のメリットは，顧客窓口である郵便局ネットワークにおいて享受してきた.

一方，金融業務のリスクを考えると，金融業務と非金融業務を分離して金融からのリスクを遮断する必要があるものの，金融リスクを基本的には負わない顧客窓口ベースで金融・非金融のリスク遮断の必要性はない.

郵政民営化において，郵便，郵便局ネットワーク（顧客窓口），郵便貯金，簡易保険の4分社化が行われたのは，これらの郵政の特色とリスク遮断という制約条件をクリアでき，郵政の4機能をそれぞれ自立できるからである.

つまり，4分社化のメリットとして，郵便の集配機能を郵便局ネットワークの顧客窓口機能から分離して集中させることにより，郵便集配局の効率化（集配拠点の最適配置など集配機能そのものの効率化と空きスペースの有効活用）が図られる.また，郵便局ネットワーク（顧客窓口）と他の事業会社（郵便，貯金，保険）の間は，いわば製販分離になり，市場取引のような緊張関係が生まれ，それぞれの効率化が進む.ただ，顧客窓口ベースでは従来のよう3事業の兼営メリット（範囲の経済性）は確保されており，分社化によるデメリットは少なくなっている.国民から見れば，顧客窓口は，これまで通り郵便，貯金，保険サービスが提供されるが，それらに加えて新しいサービス（物品販売など）を享受できるようになる.

一方で，金融業務と非金融業務を分離して，金融リスクの遮断も行われる.なお，英国，オランダでは窓口業務が別会社化，フランス，イタリア，ドイツでも，郵便集配と郵便局ネットワーク（顧客窓口）が分離されている.[4)

今回の郵政民営化では，貯金と保険の金融業務について，民営化でもいわゆる完全民営化という手法がとられている.これまでの民営化では，民営化とは，個別根拠法があり政府出資もある「特殊会社化」という意味であった.

例えば，国鉄民営化では，1987年4月1日から国鉄の分割・民営化により誕生したJR各社がスタートしているが，これらはすべて個別根拠法を持つ特殊会社であった.その後の閣議決定で「できる限り早期に純民間会社とする」こ

---

3) 「郵政民営化に関する論点整理」経済財政諮問会議，2004年4月26日.
4) 郵政民営化準備室「諸外国の郵政事業の動向」経済財政諮問会議，2004年8月2日.

とが求められていた．そのうちJR東日本，JR東海及びJR西日本のJR本州3社については，株式売却が進められ政府出資の割合が低下していった．また，2001年12月，これらの会社は，安定的な経営状況や上場後の堅調な株価の推移等から純民間会社とするための条件が整ったといえる状況に至ったことから，個別根拠法であるJR会社法の一部改正により，JR会社法の適用対象から除外された．

最終的には，2006年4月JR東海の政府保有株が完全に売却され，1987年の民営化から19年経過して完全民営化となった（2002年6月JR東日本，2004年3月JR西日本はそれぞれ完全民営化）．

これに対して，郵政民営化の場合，2017年までに貯金と保険は完全民営化することと事前に完全民営化スケジュールが明記されている．これは，金融業務については信用が重要であり，国が何らかの関与をすることは民間金融機関との競争条件の確保から不適当であるので，完全民営化のスケジュールを明らかにすることが重要であると考えられたからである．また，郵政民営化では，2007年10月の民営化スタートの段階から，貯金と保険については個別根拠法はなく，商法のみを設立根拠としている．これは，できるだけ早く完全民営化に移行するための工夫である．

なお，4分社化とともに，地域分割すべきという意見もあった．[5] しかし，スタート時点では地域分割されていない．その理由は，郵便についてはユニバーサルサービス義務が課せられていること，貯金については地域分割すると規模の経済性が発揮できず経営上問題になる可能性があること，保険については保険の性格上から地域分割すると危険分散できないことなどである．

3事業会社の顧客窓口である郵便局ネットワークについては，理論上地域分

---

5) 「民営化基本方針の骨子」（経済財政諮問会議，2004年8月6日）では，「地域の実情に合ったサービス提供を可能とするため，窓口ネットワーク会社を地域分割するか否かについて，さらに検討して早急に結論を得る．他の新会社を地域分割するか否かについては，新会社の経営陣の判断に委ねることとする」とされていた．

6) この他に，郵便局の設置と貯金・保険のユニバーサルサービスが必要かどうかといった点も問題になった．郵便局の設置については，省令で手当し，貯金・保険の「ユニバーサル」なサービスを確保するために，「基金」を設けることとなった．「法律」の手当ではなく，必ずしも「ユニバーサルサービス」とは同じでないという点で，政治的に巧妙な対応策であった．

割することは可能であるが，スタート段階では単一会社にすることが現実的な解決であるとされた.⁶⁾

第7章 特殊法人改革

1. 特殊法人改革の背景

　特殊法人改革は，小泉政権の掲げていた優先順位の高い政策であった．2001年11月27日，小泉内閣は「先行7法人の改革の方向性について」で道路公団などを民営化するとともに住宅金融公庫を5年以内に廃止すると明言した．さらに，163の特殊法人及び認可法人を対象とし廃止・民営化等の見直しを行うこととした．国民生活金融公庫等の8政府系金融機関については，①民業補完，②政策コスト最小化，③機関・業務の統合合理化の原則の下，経済財政諮問会議において検討することとされた．特殊法人改革について大きな方向性を示したこの政治決断は高く評価される．

　小泉前首相は郵政事業の民営化論者として広く知られていた．郵政3事業のうち郵便事業と簡易保険事業は，財政投融資制度を通じて多くの特殊法人に資金を供給していた．しかし，2001年4月からスタートした財投改革により，特殊法人に郵便貯金資金がほぼ自動的に流れる仕組みは改められ，特殊法人は財投機関債を発行して自ら資金調達した上で，必要な不足分は財投債（公債）発行により賄われることとなった．1990年代後半に前財投改革が議論された当時，多くの人は，市場から資金調達を担う財投機関債によって，社会的に不要な特殊法人が淘汰されることを期待した．そのような特殊法人は市場メカニズムによって市場から資金調達できないと思われたからだ．ところが，この論理は問題が多い．[1] というのは，多くの特殊法人は政策遂行機関であり，そのために政策コストともいえる国費が投入されている．この政策コストを投入するかど

---

[1]　髙橋［1998］.

うかは，市場メカニズムではない政治的な決定が前提になっている．要するに，政策として遂行すると政治的に決め，政策コストが投入されれば，特殊法人は財投機関債でも資金調達は可能であるが，政策コストが投入されなければ財投機関債でも決して調達できない．財投機関債は，政治的な支持があれば国債並みの優良債券，政治的な支持がなければ単なるジャンク債である．もともと市場メカニズムになじまない政策を，市場メカニズムで淘汰するのは不可能であり，政策は政治プロセスによって淘汰されなければならない．こうした事情から，特殊法人を改革するためには，財投機関債の導入では不十分であって，上述のような政治的な意思決定が必要であった．この意味で，特殊法人改革は，これまでにない大きな変革であったといえる．

なお，郵政事業の民営化については，1998年に成立した中央省庁等改革基本法第33条第6項において，郵政事業は公社化することにより「民営化等の見直しは行わない」とされていた．この条項を削除するには新たな法律が必要であり，その手続きはなかなか大変であった．このため，郵政事業の民営化には時間がかからざるをえなかった．このことも，郵便事業の民営化を公約している小泉前首相の改革エネルギーを特殊法人改革に向かわせたのかもしれない．

また，特殊法人改革は国費投入という政策コストの削減を伴うことが多いので，結果として財政再建に寄与することも，特殊法人改革を進めるインセンティブになったのかもしれない．

いずれにしても，総理大臣を本部長とする「特殊法人等改革推進本部」を設置し，各特殊法人等の事業及び組織形態について講ずべき措置を定める「特殊法人等整理合理化計画」を策定し，同計画を実施するために，遅くとも2005度末までの「集中改革期間」内に，法制上の措置その他の必要な措置を講ずることが定められた．

本章では，これらの政治的な決断を本当の構造改革にうまく結びつけるために，どのように公会計やそれに関連したデータを活用したらよいかを議論したい．

2．失われた90年代の原因：効果のない公的投資

　日本における1990年代の成長率低迷を説明するために，多くの仮説が出された．例えば，1990年代に行われた財政政策の規模やタイミングが適切でなかったという説，日本はケインズのいう流動性のわなに陥ってしまったという説，1980年代後期から1990年代初めにかけてバブル経済により金融システムの機能が失われたという説，等である．これらは一面を説明していたと思うが，ここでは，成長会計による単純な成長率要因分解を示したい．つまり，一般に経済成長は，資本ストックの増加，労働投入量の増加，技術進歩の増加によってもたらされることから，経済成長率に対する資本投入，労働投入及び技術進歩のそれぞれの寄与度を見よう．

　日本における1990年代の経済成長率は平均1.3%であり，1980年代の平均3.8%より大きく低下している．それぞれの年代における成長率の要因分解は，表7-1である．これを見ると，1990年代の低成長率は労働投入の減少と技術進歩の寄与が減少したことによってほとんど説明できる．[2]

　労働時間については，1990年代の累計で10%以上減少している．これは不況による労働時間の短縮もあるが，1980年代日本人の働き過ぎがいろいろと指摘され，1990年代の前半に構造的な労働時間の減少に努めたという側面も大きい．例えば，米国の国民の祝日は日本よりはるかに少なく，最近米国の労働時間は日本のそれを上回っている．

　ここで注目したいのは技術進歩要因である．技術進歩については，確たる要因を見いだすのは困難であるが，1990年代における効果のない公的投資が一因であると思う．

　公的投資には，需要面への短期的需要創出効果の他に，供給面への中・中長期的な生産力効果がある．例えば，道路の建設は走行時間短縮，走行経費減少，交通事故減少等の便益があり，運輸業など道路を利用する産業の生産を高める効果がある．一般的に，社会資本は民間資本の生産性向上に寄与するといわれ

---

2)　コブ・ダグラス型生産関数により推計．

表 7-1　経済成長要因　(%)

	1981～90年	1991～99年	差
資本ストック	1.8	1.4	▲0.4
労働投入量	0.7	▲0.6	▲1.3
技術進歩	1.3	0.5	▲0.8
成長率	3.8	1.3	▲2.5

ているが，効果のない公的投資ではその効果も限られるだろう．[3] 社会資本整備の重要な部分は，特殊法人によって遂行されている．この意味では，特殊法人改革が構造改革の大きな柱であったのは当然である．

　もっとも，日本でも，1997年から国が行うすべての新規公共事業について費用対効果分析を行わなければならないとされている．当時の橋本総理大臣から出されたこの指示に従い，公共事業官庁において費用便益分析や事業評価が行われている．[4]

　しかも，それらの評価結果は公表もなされており，例えば，表 7-2 は高速道路に関する費用便益分析結果である．一般の公共事業については，その採択基準は便益対費用比率（B/C）が 1 以上であったが，道路事業については便益

---

[3]　竹中・石川 [1991] によれば，社会資本に対する生産弾力性は0.2である．つまり，社会資本の 1 ％の増加は生産を0.2％増大させることになる．その他の実証研究でも，0.1～0.3になっている．

[4]　建設省所管事業については，1998年に「建設省所管公共事業の再評価実施要領」及び「建設省所管公共事業の新規事業採択時評価実施要領」（1998年 3 月27日事務次官通達），1999年には「社会資本整備に係る費用対効果分析に関する統一的運用指針」（1999年 3 月建設省）が策定されていた．さらに，道路，河川，ダム，下水道等の分野について評価マニュアルが作成されていた．

　運輸省所管事業については，「運輸関係公共事業の新規事業採択時評価実施要領」，「運輸関係社会資本の整備に係る費用対効果分析に係る基本方針」，「運輸関係公共事業の再評価実施要領」（1999年 3 月運輸省）が策定されており，港湾整備事業，鉄道プロジェクト，空港整備事業，航路標識事業等の分野について評価マニュアルが作成されていた．

　農林水産省所管事業については，土地改良事業の効果の評価に関するマニュアルが作成されている．また，「水産関係公共事業の事業評価実施要領」（1999年 8 月13日水産庁長官通達）が策定されており，漁港漁村関係事業や海岸事業に関する評価マニュアルが作成されていた．

表7-2　高速道路路線別便益対費用比率（1998年）

1．新規施工命令区間（588km）

1) ビッグプロジェクト区間

路線名	延長(km)	事業費(億円)	交通量(台/日)	B/C
東関東自動車道水戸線	10	9,700	42,700	1.9
近畿自動車道名古屋大阪線	(3)	880	25,600	1.5
近畿自動車道名古屋神戸線	11	1,140	61,900	9.3
近畿自動車道名古屋神戸線	10	5,500	58,000	1.9
近畿自動車道名古屋神戸線	22	4,190	66,000	6.6
小計	53	21,410		

2) その他区間

路線名	延長(km)	事業費(億円)	交通量(台/日)	B/C
北海道横断自動車道根室線	59	2,530	13,600	2.1
東北横断自動車道釜石秋田線	23	1,260	7,400	1.8
日本海沿岸東北自動車道	21	1,080	17,700	3.7
日本海沿岸東北自動車道	13	1,120	7,600	1.6
東北中央自動車道	28	2,040	11,700	1.8
東北中央自動車道	23	1,060	13,000	2.6
常磐自動車道	9	340	14,900	3.7
東関東自動車道水戸線	17	740	24,500	4.3
中部横断自動車道	57	5,560	14,600	1.9
近畿自動車道紀勢線	10	880	37,800	7.0
近畿自動車道紀勢線	13	970	11,100	1.8
近畿自動車道紀勢線	30	1,800	10,900	1.5
近畿自動車道敦賀線	38	2,720	12,100	2.3
中国横断自動車道尾道松江線	34	1,600	7,600	1.5
四国横断自動車道	22	3,100	27,200	3.5
四国横断自動車道	14	730	14,100	2.9
四国横断自動車道	5	300	16,700	3.3
九州横断自動車道延岡線	22	880	8,600	2.1
東九州自動車道	8	550	26,900	3.6
東九州自動車道	19	970	7,400	1.6
東九州自動車道	34	1,580	19,800	3.3
東九州自動車道	18	980	15,800	2.8
東九州自動車道	18	760	6,500	1.8
小計	535	33,550		
合計	588	54,960		

2．新規整備計画区間（221km）

1) ビッグプロジェクト区間

路線名	延長(km)	事業費(億円)	交通量(台/日)	B/C
東関東自動車道水戸線	10	1,870	40,800	2.3
第二東海自動車道	33	9,040	67,000	1.5
近畿自動車道名古屋大阪線	15	2,370	35,600	2.4
近畿自動車道名古屋神戸線	18	3,810	50,000	10.9
近畿自動車道名古屋神戸線	20	6,740	50,000	4.1
小計	96	23,830		

2) その他区間

路線名	延長(km)	事業費(億円)	交通量(台/日)	B/C
東北横断自動車道釜石秋田線	9	350	7,800	4.1
東北中央自動車道	9	640	10,200	3.1
東北中央自動車道	24	1,570	17,200	3.1
常磐自動車道	16	740	16,400	2.1
中部横断自動車道	23	770	13,600	2.1
中国横断自動車道姫路鳥取線	25	780	13,000	2.1
四国横断自動車道	10	630	18,400	6.5
東九州自動車道	9	410	15,400	2.6
小計	125	5,890		
合計	221	29,720		
1+2　総計	809	84,680		

対費用比率が1.5以上となっていた．しかし，事業評価分析の詳細情報は公開されておらず，その結果，分析結果の妥当性を第三者が検証することが困難になっている．分析を行う実務者間では前提条件の置き方によって便益対費用比率が1以上という採択基準をクリアするのはそれほど難しくないといわれていた．しかも，プロジェクト採択後の環境変化等のリスクを考慮すれば，便益対費用比率は3または4以上がベターという意見もあった．ちなみに，ニュージーランドにおける道路事業では採択基準として便益対費用比率を4以上としている．またドイツにおいても，3以上のものを優先して採択している．表7－2中の41路線のうち，4以上の採択基準（ニュージーランド）であれば8路線，3以上の採択基準（ドイツの優先路線）であれば16路線しか採択されない．

いずれにしても，日本において新規に建設される高速道路路線が生み出す社会的便益はそれほど大きかったとは思えない．

3．公的活動の基準：民間でできるものは官がやってはいけない

まず，公的投資の一般論を整理したい．これは伝統的には経済学で公共財，外部性，市場の不完全性などといわれる分野である．

公共財的性格を持つ財・サービスは，民間による供給が不可能であるか，あるいは，民間による供給では極めて過小（あるいは過大）となるなどの問題があるものと定義される．その際，真の受益者が特定されず料金の徴収ができないこと，各需要者が受ける便益に比較して料金徴収費用が高いので料金の徴収が合理的でないこと，ある人が消費しても他の人の消費を減少させないという集合的に消費されるという特徴も併せ持つ．つまり，(ｱ)消費の排除費用が大きいか，(ｲ)集合的消費の混雑費用が小さいという，2つの条件の少なくともどちらか一方が成立しているものである．なお，消費の排除費用が小さければ，受益者負担として受益者から対価を徴収できるし，混雑費用が大きければ，しばしば受益者は少数になり特定可能だから，民間に任せることも可能になる．

また，外部性が存在し，つまり市場取引が成立せず，価格付けを行うことができない場合，それによって発生している資源配分のロスが極めて大きいときにも，公共部門の関与が正当化されることもある．

また，市場の不完全性や将来の不確実性によって，ある特定の財・サービスについて市場取引が成立しないことや市場機能が十分に発揮されない場合においても，公的投資が必要とされることもありうる．ただし，いずれの場合においても，可能な限り数量的評価を実施して，社会的便益及び費用を比較考慮して，社会的便益が社会的費用を上回る場合に公的投資が限定されるべきである．

公的投資が正当化されるのは，市場の失敗などが存在する場合に限られる．さらに，市場の失敗を是正する目的で投融資を行う場合，公共部門からの必要な投融資額とその投融資によって生まれる社会的便益額との比較で，以下の3つの場合が考えられる．

① 投融資を市場レートによる資金調達によって賄い，受益者負担分として回収できる収入によって，元利返済が可能な場合．
② ①以外であるが，当該投融資に伴う社会的利益の一部分（スピルオーバー分）は受益者負担分として回収できない可能性がある場合で，このスピルオーバー分と受益者負担による回収分が市場レートによる資金調達による元利返済を下回る場合．
③ ①以外であるが，当該投融資に伴う社会的利益の一部分（スピルオーバー分）は受益者負担分として回収できない可能性がある場合で，このスピルオーバー分と受益者負担による回収分が市場レートによる資金調達による元利返済を上回る場合．

①の場合，民間の事業主体でも実施可能であるから，公共部門が当該事業を行ってはならない．②の場合，投融資は社会的に価値がないことになるから，公共部門であっても当該事業をすべきではない．③の場合，このような投資は，社会的に価値がある一方，民間だけではできないから，公共部門が行うことに意味がある．したがって，③の基準を満たすようなものだけが公的投資の対象になりうるものである．

ただし，この基準を満たしたとしても，租税や国債を財源とする一般会計ベースで行うか，財政投融資に代表されるように特別会計・公的法人ベースで行うか，については，次のような2つの選択肢を考える必要がある．

受益者負担分について，明確な事業・会計区分が可能で事業・会計分離をしてもコストが小さい場合と，このような事業・会計区分が困難かあるいはそのためのコストが大きすぎる場合が考えられる．

前者の場合には，まず民間活動を活用することが検討されるべきであり，公共部門は補給金や保証などでそれらを支援することが考えられる．後者の場合には，そのままでは民間だけで事業化することは困難だから，受益者負担分の料金徴収を含めて，当該活動を公共部門の活動とすることも考えられる．

実際の公共部門の活動に目を向けると，客観的な業績評価が困難であることが多い．スティグリッツ（Stiglitz）は，政府活動の特徴の1つは業績評価が困難ということであると指摘している．[5]

また，公共部門の場合，補助金など財政支出を必要とする．この補助金は事後的な損失補塡をする性格が強く，財政学者コルナイの言葉を借りれば，「ソフトな予算制約」（soft budget constraint）を発生させていることが多い．もし，事前に必要な補助金が確定できるならば，言い直せば事業がうまくいかない場合，追加の補助金を投入せずに事業を未完成のまま終了できるならば，この事前に確定された補助金を投入して，民間企業はおそらくその事業を実施できる（現行制度において，こうした補助政策が可能かどうかは別問題である）．つまり，公的関与が必要な事業とは，事前に必要な補助金が確定できないほど不確実性の高いことが特徴である．[6]

いずれにしても，日本の公的活動について，厳しい批判が続いている．最近においても，1996年，行政改革会議が設置され，2001年の中央省庁改革へとつながっている．その中で，改革のために，公的活動のパフォーマンスを計るべく行政評価の手法が提唱・導入されているが，それらが行政改革のために具体的にどのような役割を果たしているのか，必ずしも明らかでない．特に，財務データに基づき公的活動を評価する際に，日本の予算及び決算では，現実問題として単年度収支に焦点が当てられているために，本来中長期的な視点で行われるべき政策について判断材料を提供しにくく，事後成果も見にくいという面がある．

このため，2001年から，特殊法人に対して，民間企業会計ベースの財務諸表

---

[5] Stiglitz [1989].
[6] 政府事業について事前補助金制度の考え方もあるが，事前に必要な補助金が確定できるくらいであれば，（実際に補助金を交付できるかどうかという法制度の問題は別として）その事業は補助金を民間企業に交付して民間企業でも実施可能であろう．

と行政コスト計算書を中心とした財務報告書がつくられることになった．また，2000年から，国に対してバランスシートがつくられている．

ところが，公的年金や公共投資などの多くの政策は，将来の複数年度に及ぶ効果を分析することが政策決定に重要である．例えば，民間企業会計ベースの財務諸表は基本的には過去情報に基づいており，また行政コストは単年度ベースであるので，現状の財務データでは十分な経済分析はできない．公的年金の運営では，将来給付と将来保険料がどうなるかが公的年金を維持できるかどうかに重要である．本来であれば，年金制度設計にあたり，将来給付と将来保険料を現在価値ベースで把握できるバランスシートが必要であるが，厚生年金保険特別会計には複式簿記に基づくバランスシートは存在せず，十分な情報を入手するのが困難である．また，公的投資を行うかどうかの判断基準は，投資に伴う限界的な社会的便益と社会的な費用の比較検討であり，これらは将来におけるキャッシュ・フローから算出される現在価値であるので，当然に単年度ではなく複数年度の分析が必要になってくる．

そこで，このような長期分析を可能にするために，将来補助金を含む財政ストック・データをバランスシートで表す手法を提示し，公的年金問題と道路公団問題という現在直面している問題に適用し，具体的な提言をしたい．ここで，検討の対象とするのは，公的活動は主に国及び特殊法人で行われているので，国（一般会計と特別会計）と特殊法人の予算及び決算に関する財務データである．[7] 具体的には，バランスシートを分解し，個別政策に応じたものをつくることとし，資産・負債について将来キャッシュ・フローを含むものに修正することである．これを「将来キャッシュ・フロー分析」（またはバランスシート・アプローチ）と呼びたい．

4．公会計及び経済分析の現状

複数年度にわたる経済分析では，単年度フロー・データではなくストック・データが必要である．しかし，現状では，個別政策を分析するためにバランス

---

7) ここで検討する手法は地方公共団体や第3セクターなどにも応用できる．

シートなどの財務データがないなどの問題が多い.

4.1 公的活動を監視する公会計の重要性

経済分析を行い適切な経済政策を実施するためには，公会計制度が十分に機能していることが前提条件である．政策は政治プロセスを経て決定されるために，国民に対して十分な情報提供が求められている．国民の投票による政治プロセスでは，いわゆる財政錯覚や情報の非対称性により歳出拡大・財政赤字の拡大の傾向になるといわれている．こうした観点から見ると，財政の透明性を確保し財政規律を機能させるために，公会計制度は必須なものである．

最近，日本においても，諸外国のようなニュー・パブリック・マネジメントの理論に基づき，行政コストの適正な把握によって行政の効率化を図り財政に対するアカウンタビリティーを高めようとしている．それを背景として，近年，複数年度にわたる経済分析の基礎となりうるバランスシート，行政コストと政策コストが整備されつつある．

4.1.1 国のバランスシート

2000年10月,「国の貸借対照表（試案）」が作成・公表された．貸借対照表（バランスシート）とは，財務の状況を明らかにするためにすべての資産・負債などをまとめて一表としたものであり，公表された国のバランスシートには，

① 一般会計と各特別会計を連結した貸借対照表を作成することにより，国（政府）全体の財政状況を示すことができる，

② 国の資産・負債に関する各報告書のストック情報を統合することにより，その全体像を把握できる，

③ 公共用財産等，従来報告の対象外とされていた情報を新たに作成し，貸借対照表の形で一体的に説明することができる，

④ 未収収益・前受収益，減価償却後の資産額，退職給与引当金等，企業会計における期間損益計算のための手法を考慮した資産・負債情報を国の財政状況に関する新たな情報として提供することができる，

といった特徴を持っている．

また，この結果，国の資産・負債にかかわる各種の情報について，一覧性のある形で説明をすることができるようになり，単なる財政状況の説明にとどま

らず，国の広範な活動の全貌を俯瞰する手掛かりをも与えることになる．2002年9月には，国と特殊法人を連結したバランスシートも公表された．

しかしながら，国と民間企業ではその目的などが異なり，特に資産と負債の差額の意味合いなど国の貸借対照表の役割や内容は民間企業の貸借対照表とは異なる．国は営利活動により利潤を得ることを目的としているわけではなく，また，企業のように倒産処理手続きによって財産を清算することが予定されているわけではない．また，国の活動は外部経済性を有していることから，それを含めて国の収益を数量的に把握することは困難であること，また，国の活動は収益獲得を目的としておらず，種々の観点から国会によって予算という形式で資源の配分が決定されるので，費用と収益の対応関係が基本的に存在しないこと等から，国の活動について企業会計における費用収益対応の原則により費用を把握することもできない．

4.1.2 行政コスト（特殊法人）

2001年6月，財政制度等審議会財政制度分科会の法制・公企業会計部会公企業会計小委員会により「特殊法人等に係る民間企業と同様の会計処理による財務諸表の作成と行政コストの開示について」が公表され，行政コスト計算書を中心とした財務報告書がつくられることになった．これらの財務報告書は，予算統制を確保するための現行の決算書類に付加して作成されるものであり，①民間企業会計原則が統一的に適用される結果，特殊法人等の財務状況及び業務運営状況等が網羅的かつ，統一的な尺度で示されることとなり，法人間の比較検討が可能となる．②将来の国民負担に帰する行政コストを明らかにするため，企業会計原則では要請されない機会費用についても計算表示される等の特色があることから，国民にとって重要な情報をわかりやすく提供することが期待できる．特殊法人改革を巡る議論にも大きく貢献するだろう．

また，日本においては，2001年1月から，政策評価を導入しているが，「評価結果をできる限り予算編成の過程においても活用する必要がある」とされており，行政評価と予算を関係付けるものとして，行政コストの役割が重要となるだろう．というのは，行政コストが的確に把握できれば，財政の透明性が増し，行政サービスに対して将来発生する国民負担をも考慮した意思決定が可能となるからである．また，予算の配分においても，行政コストを考慮すれば，

より適正な配分が可能となるだろう．例えば，英国において2001年度より導入される資源予算（resource budgeting）では，こうしたメリットが強調されている．

具体的な行政コストは次のように算出される．まず，現行の貸借対照表，損益計算書について，企業会計原則に準拠した会計処理に則って修正を行い，仮定貸借対照表，仮定損益計算書等を作成する．次に，仮定損益計算書に計上された費用（損失）から，手数料収入等の特殊法人等の自己収入を控除し，これに政府出資や政府からの無利子貸付金，国有財産の無償使用等にかかる機会費用を加算して，行政コストを算出する．

こうして，国民の将来の負担や内在的な損失等を含め国民の負担を明確にするとともに，国からの出資金や無利子貸付金等にかかる機会費用を認識することにより，現在の時点において認識すべき特殊法人等の公的業務に要する実質的な国民負担額が明らかになる．これら公的業務の行政コストと対応するベネフィットとの比較を検討すれば，その公的業務の政策評価等の議論にも役立つだろう．

4.1.3　政策コスト（財政投融資対象事業）

1999年8月，財投改革の一環として政策コスト分析は導入された．この分析は，米国の連邦信用計画（Federal Credit Program）において1992年から実施されている手法にならったものだ．つまり，政策コストとは財政投融資を活用している事業の実施に伴い，今後当該事業が終了するまでの間に国（一般会計等）からの投入が見込まれる補助金等の総額を，割引現在価値として，一定の前提条件に基づいて仮定計算したものであり，事業に必要な将来の（ネットの）国民負担総額の割引現在価値である．

もちろん，誰も将来の補助金を確定できないが，推計はできる．その前提が確実でなければ，前提自体を変化させて分析（感応度分析）することさえ可能である．政策コスト分析の結果，将来補助金がマイナスとなる事業は民間でも実施できる可能性がある．なお，事業終了までの間，どのような会計手法（特殊法人会計，民間企業会計）であっても，「政策コスト」は同じである．減価償却不足はその後資産がなくなる過程で考慮され，貸出金の引当不足も将来キャッシュ・フローとして把握される．

政策コスト分析を継続的に実施し，その結果を公表することは，財投機関の規律付けにおおいに貢献するだろう．なぜなら，長期間にわたり必要な補助金額を隠し通すことは困難であるからである．

また，政策コスト分析は，財投機関のキャッシュ・フロー・データ（cash flow data）に基づいて行われている．財投システムを使うと，財投機関のキャッシュ・フローをモニタリング（monitoring）することが可能である．財投システムは財投機関と資金取引を常に行っているので，民間企業に対するメインバンクと同じような存在である．したがって，モニタリングできる理由は，メインバンクが取引先企業の資金繰りを見ながら，キャッシュ・フロー情報を入手できる理由と同じである．また，財投システムでは財投機関の資金使途をモニタリングできる．コーポレート・ガバナンスの一般理論として，企業のキャッシュ・フローを管理し，その資金使途に制限を加えることがガバナンスの1つとして有効であるといわれている．財投システムにおいても，その手法は利用できる．

さらに，政策コスト分析に用いられたデータを活用すれば，財投機関の時価価値ベースでのバランスシートが作成できる．これらのデータは，後に述べるように将来の戦略的な民営化に有用なデータになるだろう．

4.2 行政コストと政策コスト分析

民間企業会計は，経営内容をわかりやすい形で見るための有効な手法である．

民間企業会計と特殊法人会計との差異には，主要なものとしては資産の減価償却方法の違いによる償却不足，貸倒引当金の計上の差による引当不足などがある．行政コスト計算書による欠損額と特殊法人会計による欠損額の差は，ほとんど減価償却不足と貸倒引当金不足によって説明することができる．

なお，民間企業会計によって今後も事業を継続して行う特殊法人の運営について国民負担を把握するのには，長期にわたるキャッシュ・フローは考えない（将来キャッシュ・フローはあまり考えない），負債の実質評価は行わない（負債は法的には額面取引），会計手法により評価が異なる（特に税務会計），資産の評価増は行わない（会計の保守性）などの不十分な点もある．

行政コストは会計的な観点から単年度に絞ってコストを把握するので，確定した事象に基づき算出された数字には安定度がある．ところが，公的投資の判

断にはそれだけでは十分ではない．投資については，官民を問わず将来のリスクを見込む必要があるからだ．この点で，社会的便益と社会的費用の比較検討を実務的に行うためには，将来キャッシュ・フローによる費用便益分析も必要になる．[8]

会計学的な行政コストと経済学的な便益費用比率との間の溝は大きい．しかし，両者の中間的な性格を持つものとして政策コストが位置付けられる．

ただし，コスト分析の問題として適用範囲がある．つまり，地方公共団体，財投改革によって財投外になった特殊法人（簡易保険福祉事業団（2003年3月廃止），旧年金福祉事業団（年金資金運用基金）の財テク）には適用されない（なお，政府保証をすべて対象とすべきとか一般公共事業も対象にすべきとの意見もある）．また，過去に国民負担になった額が分析できないという点も留意すべきである．さらに，政策コストは将来キャッシュ・フローに依存するので，需要見通しの的確性もチェックしなければならない（例えば，道路建設の前提になっている交通需要予測には，大きな問題があった．『週刊エコノミスト』2002年10月29日号参照）．

いずれにしても，これら特殊法人会計，行政コスト計算書及び政策コストの

---

[8] 実務上では，費用便益分析においても便益の貨幣化が困難な場合があるなど問題点は多い．そのため，欧米先進国における公的投資の判断に，
①費用便益分析（Cost Benefit Analysis）の他に，
②費用効果分析（Cost-Effectiveness Analysis）：貨幣化できない便益を目標の達成度という物理量で表し，費用当たりの効果を評価する手法．
③プランニング・バランスシート法（Planning Balance Sheet Method）：代替案ごとに利害関係者を拾い出すとともに，プロジェクトの効果についてできるだけ詳細に把握し，それらの利得・損失を評価する手法．
④トレード・オフ分析（Trade-Off Analysis）：あらかじめ設定された同一の目的集合の下で，プロジェクト案が他の代替計画案より優れているかどうかを評価する手法．
⑤多基準分析（Multi Criteria Method）：プロジェクトの評価項目に対して相対的重要度を示すウエイトを与えて，社会的便益と社会的費用を比較検討する手法．
が併用されていることが多い．

なお，公的投資では，プロジェクト期間が長いために，その間環境変化などの各種の不確実性が存在する．こうしたリスクに対応するために，金融分野でのオプション理論を適用したリアル・オプション手法を用いて，社会資本整備の時間管理として，着手，休止，再開，中止を行おうとする考え方もある．

表7-3 特殊法人会計,行政コスト計算書,政策コストと便益対費用比率の概念比較

	特殊法人会計	行政コスト計算書	政策コスト	(参考)便益対費用比率
情報	バランスシートと損益計算書	費用(国民負担)	費用(国民負担)	便益と費用(費用は建設費と維持管理費)
特徴	減価償却不足と貸倒引当金不足	減価償却不足と貸倒引当金不足の補正	減価償却不足と貸倒引当金不足は考慮済み	減価償却不足と貸倒引当金不足は考慮済み
分析対象	特殊法人等	特殊法人等	特殊法人等のうち財投対象事業 年金資金運用基金や簡易保険福祉事業団の財テク事業は含まない	新規公共事業プロジェクト
計算方法	現金ベース	資産評価等	将来キャッシュ・フロー分析	将来キャッシュ・フロー分析
数値の安定度	大	資産評価方法に依存	計算前提に依存	計算前提に依存
算出根拠	過去データ	過去データ	将来キャッシュ・フロー	将来キャッシュ・フロー

情報を有機的に組み合わせれば,特殊法人等が担っている政策を分析することが可能となり,特殊法人改革を議論するにも有益だろう.これらの情報は相互補完的であるので,その十分な活用が望ましい(表7-3).

4.3 将来キャッシュ・フロー分析の理論的検討
(将来キャッシュ・フロー分析の類型)

各年度末の国のバランスシートを見ると,公的年金を除けば,負債の大半は,民間保有公債・政府短期証券,郵便貯金,保険準備金である.しかも,郵便貯金,保険準備金は,2003年4月以降,国ではなく郵政公社の負債になっており,別に検討することが必要である.民間保有公債・政府短期証券については,確定した将来キャッシュ・フロー(・アウト)を持っており,比較的分析は容易である.このため,資産・負債についての将来キャッシュ・フローを考察するには,負債としての公的年金のそれ,資産のそれが重要である.公的年金は別に考えるとして,資産の将来キャッシュ・フローを考慮して,資産を時価化することを考えてみよう.

資産の時価化の方法には,次の3通りが考えられる.[9]

① 負担とコストの発生主義的な比較(世代間の財政負担の移転)

②政策評価を通じた政策のパフォーマンスを計測

③政府の債務償還能力の分析

①負担とコストの発生主義的な比較（世代間の財政負担の移転）

　資産を時価評価ベースで再評価する．減価償却を実態（経済的価値）に合わせて行い，それと負債の償還ルールが同じであれば，資産と負債は同じペースで減少していくので，差額（国民の負担・ギフト）が発生しない．これは世代間での負担とコストが均衡している意味になる．逆に，資産と負債に負（正）の差額があれば，将来の国民負担（ギフト）と考えることができる．

　資産　（時価評価ベース）

　負債

　差額　（世代間の負担転嫁）

　ここで，国民負担とは何か．例えば，財投の場合，政策として行う国の事業であるので，その収入により費用が賄えるものは原則として存在しない．もしそのような事業であれば，民間で行うことが可能であり，民間に委ねることができるからだ．そこで，事業の採算性を確保するために，補給金などの財政措置が必要になってくる．単純化して言えば，財投事業では，

$$収入＋補助金等＝支出 \tag{1}$$

となっている．

　財投の国民負担という場合，この補助金がイメージされる．しかし，財投事業は長期にわたって行われるために単年度の補助金額は不十分である．ある年度以降，新規事業を行わないとした場合，今の事業の最終年度まで(1)が成り立つが，支出マイナス収入の割引現在価値の総額を財投の国民負担と考えることができる．したがって，(1)における補助金等の割引現在価値の総額を財投の国民負担としよう．

　これを別の観点から見ると，

$$国民負担＝支出の現在価値の総和－収入の現在価値の総和 \tag{2}$$

となるが，右辺は貸借対照表の負債・資本の実質価値から資産の実質価値を減じた額と見ることができる．[10]

　このため，財投の国民負担の算出方法としては，補助金の将来キャッシュ・

---

9)　小西[2003]参照．

フローから算出する方法と現在の貸借対照表から実質的な債務超過額を算出する方法がある．前者が政策コスト分析による政策コスト，後者は企業会計を利用し資産を時価評価ベースで再評価して貸借対照表を変える評価手法である．方法論として見れば，両者の方法による資産負債差額は一致し，国民負担であると考えることができる．[11]

この考え方によって国の一般的な財政状況を見れば，赤字国債があれば国の資産負債差額はマイナスであり，現役世代から将来世代に負担を先送りしていることを意味している．

②政策評価を通じた政策のパフォーマンスを計測

受益と負担という観点から分析しようとすれば，資産を取得価格や時価評価ベースではなく，その価値を政策評価の考え方に基づいて評価し，金銭換算する必要がある．具体的には，インフラ資産が生み出すサービスに対するシャドー・プライスを推定し，それをもとに収益還元によって資産価値を割り出す（例えば，図書館ならば，利用者がその図書館に払ってもよいと考える入場料＝シャドー・プライス）．

この場合，資産負債差額は国民・住民の純満足の大きさと考えることができる．もしこれが計測可能なら，大きくなるように政策を運営することが望まれ，極めて包括的な政府活動への評価手段となるだろう．

資産　（公共サービスの価値に基づいて資産評価）

負債

差額　（国民・住民の純満足の大きさ）

しかしながら，このような試みは，限定されたサービスに関しては可能であっても，政府の政策全体に対して行うことは不可能である．しかも，シャドー・プライスが計測できるような行政サービスであれば，民間で行える可能性があり，そもそも政府活動として適当かどうかという問題がある．

---

10) この考え方は，実際の会計実務から違和感があるかもしれない．というのは，一般的に企業会計は貨幣価値一定の公準を前提としており，その下での純資産（債務超過を含む）は分配可能額や清算価値を表すものとされ，将来のキャッシュ・フローの現在価値を表すものとはなっていないからである．ここで述べているのは，あくまで計算上の考え方である．

11) 議論を簡単にするために，政府からの資本を考えていない．

③政府の債務償還能力の分析

公債の信用は，将来の租税収入が根拠であり，政府が所有しているインフラ資産の価値ではない．政府の負債に対応する資産は，課税権という資産であり，過去に建設されたインフラ資産と考えるべきでないとも考えられる．少なくとも換金不可能な資産は負債と相殺できない．

資産　　（償還財源の将来フローの現在価値）

純負債　（包括的に定義された負債から，厳密に算定した換金可能な資産額を引いたもの）

差額　　（償還能力の程度）

政府全体のバランスシートを利用する場合には，1つの考え方である．償還財源をどのように定義するかという問題があるが，

　　償還財源/金利＞純負債

であれば，債務償還能力があるといえる．純負債/償還財源は，国債残高/GDPと相関があると思われるので，国債残高/GDPが一定以下なら債務償還能力あり，とみ見なすという古典的な分析と大差がないともいえる．いずれにしても，個別政策を議論するためには必要ではなく，大雑把な債務償還可能性をつかめるにすぎない．

以上①から③までの考え方がありうるが，本章での将来キャッシュ・フロー分析では，個別政策を取り上げることや計算の簡便性を考慮して，基本的には①に従うこととしたい．ただし，①の考え方は負債を時価評価しないが，将来キャッシュ・フロー分析では，負債も時価評価したい．[12]特に，公的年金について，その維持可能性が問題となっているが，これは，一定の期間において，資産・負債を時価評価した際の資産・負債差額に関係するからである．この観点からいえば，本章の将来キャッシュ・フロー分析とは，概念的にはほぼ政策コスト分析である．政策コスト分析の適用対象は，一部の特殊法人に限定され

---

12) バランスシートの負債に政府からの出資金がない場合には，この差をあまり意識する必要はない．しかし，例えば，特殊法人のように政府からの出資金がある場合，通常出資金に対する配当はないが，これは出資金相当の無利子融資を受け，利子分だけ政府から補助を受けていることになる．この場合には，その利子分は国民負担になる．政府による出資金は政府による国債発行によって資金調達され，国債発行にかかる利子負担があることを考えれば，その利子分は国民負担になる．

ているが，その対象を特別会計などに拡大したものといえる．

5. 将来キャッシュ・フロー分析の応用の具体例

5.1 公的年金の維持可能性
5.1.1 公的年金の実態
　年金問題は切実である．高齢者にとっては今日の生活を左右する死活問題である．高齢者ほど選挙での投票率が高いので，民主主義の下では，高齢者の意向は通りやすくなる．一方，若年者にとって年金は将来の問題にすぎず，今日を生きることに精一杯でとても将来まで気が回らない．また，若年者は選挙に関心が少なく，投票率も低い．こうした事情から，年金問題では，高齢者に手厚く，若年者に負担となる政策がとられがちである．高齢化によって高齢者人口が増加するほどこの傾向は高まるので，年金問題は民主主義経済にビルトインされた不安定要因であると考えることもできる．さらに，年金は福祉政策の一環として一般には理解されている．このため，無限定な奉仕と思われがちであり，経済的な観点を持ち込むべきでないとされたこともある．

　年金問題を理解するためには，まず年金財政の現状を数量的に正しく見る必要がある．年金は超長期の運営が行われるので，年々のフロー数字では全容を理解できない．将来のフローを含んだストックの数字が必要になる．そのためには，年金財政のバランスシートをつくることがまず第一歩である．それができれば，年金制度改正や年金保険料凍結の意味を知ることができる．

　実は，年金保険料の凍結や物価スライドの停止は，年金債務を増加させることと同じであり，同額の赤字国債発行と同じになる．さらに，年金財源として社会保険方式と税方式の差異が一部で議論されているが，バランスシートから見た年金財政への貢献という観点から見れば，両者にはほとんど差異のないこともわかる．いずれにしても，公的年金の現状を数量的に正しくとらえるためにも，年々のフローではなく，将来のフローを含んだ将来キャッシュ・フロー分析が不可欠である．

5.1.2 年金バランスシート

どんな企業にも貸借対照表（バランスシート）がある．2000年10月，「国の貸借対照表」の試算（1999年3月末）が公表され，2005年9月，「国の財務書類」として，日本の国家財政の正式なバランスシート（2004年3月末）が公表された．

最も重要な問題は，多くの人が「大穴が隠れているのではないか」と懸念する公的年金の扱いである．公表された試算では，国の債務超過額が3通り示された．1999年3月末における政府バランスシートにおける資産・負債差額は，公的年金の債務を最大に見積もれば▲776兆円，最小の見積もりで▲133兆円となっている．公的年金について，前者の場合債務だけ▲796兆円，後者の場合資産だけ153兆円と計上しているが，前者の場合でも政府全体の資産・負債差額を考える上では過小見積もりといえる．

なぜなら，債務を過去に支給決定された分に限定しているからだ．つまり年金制度を打ち切った場合，どれだけの債務があるかを示す「輪切り」の数字なのだ．しかし，公的年金は永続する制度として考えられている．したがって，過去に支給決定された分のみならず，今後もさらに将来にわたっての債務を負うことを計算に入れなければならない．この将来債務は，現行の公的年金制度を維持する限り確実に将来世代が背負うからだ．

ところが，現在の会計制度では，将来債務は「負債」の定義から除かれている（「試算」では一応考慮されている）．そこで，公的年金だけ取り出して，その性格にふさわしいバランスシートが必要になる．なにしろ債務の大きさや積立不足額（債務超過額）は，国の将来にとって決定的な意味を持っているからだ．

多くの人は自分の掛け金で自分の年金給付が賄われていると思っている．これは民間生保などの私的年金では正しいが，厚生年金などの公的年金では正しくない．後述する年金バランスシートからわかるように，年金負債に対して積立金資産は1割程度しかないことから，大雑把に言えば，現役世代が公的年金で支払った保険料の9割は，ただちに今の老齢世代に給付として支払われ，残り1割が積み立てられて自分たちの将来の給付に充てられるといえる．現役世代が老齢世代になったとき，その積立金と合わせて，そのときの現役世代（今

の将来世代）が支払う保険料が自分たちの給付になる．これが公的年金の「世代間助け合い」といわれる仕組みだ．要するに，どれだけ給付を受けられるかは将来世代がどれだけ保険料を支払うかによる．人口増加が大きければ将来世代が払ってくれる保険料も多くなるので，給付も多くできる．ところが，少子化などで人口増加がないと，給付も少なくなる．

よく知られているように，年金財政の運営方式には，給付の原資について現在の掛け金（保険料）で賄う賦課方式と，過去の掛け金（保険料）の積立金とその運用収入で賄う積立方式がある．賦課方式では積立金は支払準備のために少額でよいが，積立方式では十分な積立金が必要である．

民間の保険では，一般的に積立方式が採用されている．この場合，年金給付債務を計算して，それに見合う資産があれば，年金財政は一応健全であるとされる．つまり，年金バランスシートを見て，未積立債務がないという状態である．

公的年金では，賦課方式が採用されることが多い．日本の公的年金の場合，純粋な賦課方式ではなく，いくらか積立方式の要素が加味されているが，ほぼ賦課方式といってよい．しかし，どのような方式であっても，年金バランスシートをつくることはできる．つまり債務としては年金給付債務を計上し，資産としてはすでに保有している積立金と保険料収入の累積値（現在価値）を計上することになる．

ここで注意しなければいけないのは，年金給付はすでに事実上約束してしまっているのに対して，保険料は将来の料率など，まだ約束されていないという点である．そこで，資産側の保険料収入の現在価値は現在の保険料率が維持されるとした上で計算される．なお，2004年改正で導入されたマクロ経済スライドではこの点を改善している（後述）．

例えば，負債が資産を上回っている場合（企業のバランスシートの債務超過に相当．債務超過額は積立不足額という），年金制度を維持するためには何らかのバランスをとる措置が必要だということがわかる．基本的には，事実上約束した年金給付をカットするか，将来保険料を引き上げるしか方法がない．いずれも簡単に実施できないが，積立不足額の大きさが年金財政の維持可能性を計るバロメーターである．

5.1.3 2つの基準による積立不足額

　実は今の公的年金制度では，30歳代以降の将来世代は，保険料負担に見合う将来給付を期待できない．[13] 将来世代という新規加入者が途絶えると，自分の取り分が少なくなる——これはネズミ講式トリックで名をはせた米金融詐欺師の名に由来する「ポンジー・スキーム」に似た構造である．

　こういった仕組みの全体像を見るには，年金のバランスシートを見る必要がある．[14] 公的年金では次の2つの定義によって積立不足を見なければならない．ここでは，厚生労働省「厚生年金の給付債務と財源構成」に公表されている2002年の数字を見てみよう．

　第1は「プラン・ターミネーション基準」である．今ただちに公的年金を廃止したとき，それまで約束した年金給付債務額（現在価値）から，そのときに保有している積立金を差し引いた数字である．いわば「輪切り」の数字で，将来予定されている保険料収入は含まれていない（表7-4）．

　第2は「オープン・グループ基準」である．これは公的年金制度が現状凍結のまま将来も継続されるとして，第1のプラン・ターミネーション基準に将来の年金給付と保険料収入を加味するものだ（表7-5）．輪切りを時間軸に沿って展開させた数字である．

　プラン・ターミネーション基準の積立不足額は，今ただちに公的年金制度を廃止した場合の債務超過額になる．これは公的年金制度の廃止後に何らかの形（増税など）によって賄うべき必要額になる．また，オープン・グループ基準の積立不足額は，制度の継続を前提として，積立金や現状の保険料率で足りない分であり，とりあえず異時点間の予算制約が成立すると仮定して，そのために必要な将来の保険料の引上げ等に相当する．要するに，保険料率が本当に引

---

[13] 社会保険研究所「厚生年金制度における世代間の年金給付額と保険料負担の関係」（1999年）参照．ただし保険料負担は本人負担分のみが計上されているので，企業負担分を考慮する必要がある．

[14] 特別会計予算参照書では，厚生保険特別会計年金勘定の貸借対照表が掲載されている．ところが，これは複式記帳によるバランスシートではない．本章における将来キャッシュ・フロー分析に必要なデータは，年金改正時に公表された厚生労働省「厚生年金の給付債務と財源構成」等による．

第7章 特殊法人改革　145

表7-4　厚生年金バランスシート：
プラン・ターミネーション基準

(単位　兆円)

	資産		負債	
2002年3月末	将来保険料	455	過去債務	697
	積立金	141		
	国庫負担	97		

(出所)　「国の貸借対照表」平成13年度版.

表7-5　厚生年金バランスシート：
オープン・グループ基準

(単位　兆円)

	資産		負債	
2002年3月末	将来保険料	1,611	年金債務	2,036
	(うち引上分)	(529)		
	積立金	145		
	国庫負担	280		

(出所)　「国の貸借対照表」平成13年度版.

き上げられるかどうかを検討するために，必要な負担額を計算しているわけだ．

　日本では国債残高の対GDP比が先進国中最悪であるというときに，国債残高と等価値になる将来増税が「可能」なら，国債残高は財政問題にはならない．これと対応するように，公的年金制度を廃止した場合における将来の必要額の現在価値がプラン・ターミネーション基準の積立不足額であり，公的年金制度の継続を前提とした場合における将来の必要額がオープン・グループ基準の積立不足額ということができる．いずれの基準においても，年金債務は，これから将来の保険料（現行保険料17.35％より将来引き上げられる分も含む），これから将来の国庫負担（これは年金財政から見ると収入になるから資産とみなされる），これまでの保険料による積立金によって賄われる．

　プラン・ターミネーション基準（表7-4）においては，すでに年金受給者の年金債務及びその時点までに払った保険料期間に対応する年金債務の合計から積立金を除いた552兆円を「積立不足額」と考えることが多い．国庫負担は確かに年金財政から見ると，約束された将来収入であり，この数字から97兆円を除いた455兆円を積立不足額と考えることもある．

　オープン・グループ基準（表7-5）では，将来にわたるすべての年金債務

から積立金及び現行保険料を維持した場合の将来保険料収入を除いた809兆円を「積立不足額」と考える．ただし，国庫負担280兆円を除くと積立不足額は529兆円となり，これは厚生労働省資料によれば保険料に換算すると8％であり，保険料（平成16年度）の17.35％と合わせた25.4％が厚生年金制度を将来とも維持するための保険料（平準保険料）になる．

先に発表された「国のバランスシート」では，プラン・ターミネーション基準（表7-4）の厚生年金バランスシートのほか，国民年金等公的年金のプラン・ターミネーション基準のバランスシートが加えられた．公的年金は制度を継続するのが前提だから，表7-5のオープン・グループ基準のほうが適切である．

オープン・グループ基準（表7-5）の積立不足額は809兆円（国庫負担を除くと529兆円）であり，プラン・ターミネーション基準（表7-4）の455兆円より大きく，制度を継続するほど財政状況が悪化する．さらに，かりに積立不足額を529兆円としても，これは少子化を過小評価しており，それを考慮すると900兆円以上に膨らむ可能性が高い．計算の前提として出生率1.61（1997年1月の将来人口推計）が使われているが，出生率は戦後ほぼ一貫して低下してきており，1989年に1.6を割り込んでからも低下し，1999年には1.34に落ちこんでいる（2006年は1.32）．公的年金のネズミ講的性格から見て，出生率が公的年金財政に与える影響は大きい．つまり出生率が低下すると，年金制度を維持するための保険料（平準保険料）を上昇させなければならない．

筆者の推計では，具体的には，出生率が0.1ポイント低下すると，平準保険料は2.2％ポイント上昇させなければならない．[15] かりに出生率1.61を1999年の1.34に修正すると，平準保険料は6％ポイント上昇する．これは積立不足額400兆円に相当するので，厚生年金の積立不足額は900兆円を超えることになる．将来の出生率は誰にもわからないとはいえ，将来の推計で重要なのは「外れた場合」を考慮しておくことであり，せめて出生率が上下にぶれた場合も計算（感応度分析）しておくべきだろう．

---

15) 厚生省資料では出生率に関する感応度分析は行われていない．そこで，2000年改正当時，改正前の制度において出生率を1.80（1992年推計）としたものと1.61（1997年推計）としたものが参考資料とされ，平準保険料がそれぞれ26.2％と30.4％になることなどを参考とした．

5.1.4 日本の公的年金の財政状況は米国よりも悪い

日米の公的年金の現状について,日本は厚生年金,米国はOASDI(老齢・遺族・障害保険,Old-Age, Survivors, and Disability Insurance)で比較しながら見てみよう(表7-6).1997年において,プラン・ターミネーション基準の積立不足額は,日本の場合490兆円,米国は1100兆円となっている.また,オープン・グループ基準では,日本の積立不足額は910兆円,米国は350兆円となっている.[16)]日本の積立不足を解消するためには,保険料率で13%の引上げを将来にわたって実施する必要がある.一方,米国では2.2%の引上げですむ.

日本では,制度を継続すると財政状況が悪化している.この傾向は現在においても変わりない.一方,米国では,積立不足額はプラン・ターミネーション基準で9兆ドル,オープン・グループ基準で3.5兆ドルとなっており,公的年金の制度維持は正当化できるが,さらに改善するために民営化が真剣に議論されている.日本では,民営化議論といっても,1997年12月に厚生労働省から示されたのは,制度維持案を4つ,民営化案は1つだけという選択肢であった.米国でそれ以前に示されたのは,民営化案で2つの選択肢,制度維持は1つの選択肢であった.これを見ると,日本では民営化なしと「初めに結論ありき」といわれても仕方あるまい.

5.1.5 国債よりも将来負担になる年金債務

2000年10月から,公的年金を含む国のバランスシートが公表されているが,公的年金をプラン・ターミネーション基準で見たとしても,欠損額の大半は公的年金の積立不足額であることがわかる(2001年3月末において,この場合の欠損額は832兆円であったが,厚生年金で552兆円,国民年金で73兆円になっていた).つまり,国の借金という観点では,よく問題視される国債より,年金のほうがはるかに重大である.

なお,財政不均衡の中で年金が重要であることや,その観点で見ると日本が先進国中で最悪な状況であるという事実は,別の研究でも明らかにされている.

---

16) ここでは,日本の場合,国庫負担を除いて積立不足額を考えている.国庫負担を含めれば,積立不足額はさらにGDP比で0.6%程度大きくなる.

表7-6　公的年金の日米比較

	日本	米国
プラン・ターミネーション	1997年	1997年
積立不足額	490兆円	9兆ドル
GDP比	1.0	1.1
オープン・グループ	1997年	1997年
積立不足額	910兆円	3.5兆ドル
GDP比	1.8	0.4
保険料率換算	13.0%	2.2%
	2002年	2002年
積立不足額	529 (900) 兆円	4.6兆ドル
GDP比	1.1 (1.8)	0.4
保険料率換算	7.2 (13.3) %	1.9%

(出所)　日本については，1997年6月年金審議会資料，厚生労働省「厚生年金の給付債務と財源構成」及び「国の貸借対照表」(平成13年度版). ただし，2001年の ( ) 内は，出生率を補正した筆者の推計.
　　　米国については，*Consolidated Financial Statements of the United States Government*, 1997及び*Financial Report of the United States Government*, 2002.

　コトリコフらが開発してきた世代会計は，年金などの政府の将来債務を資産との対比で世代ごとに明らかにしようとする試みであり，年金などでの将来世代へのつけ回しは，世代会計の不均衡として示される．彼らの研究による主要国比較でも，日本の財政状況は世界最悪のグループに属している．そして，世代会計の不均衡を是正するためには，歳出の26%カットか歳入の16%引上げが必要だとしている．[17]

5.1.6　社会保険方式と税方式

　公的年金の徴収・給付方法には社会保険方式と税方式がある．しかし，この将来キャッシュ・フロー分析から見ると，年金財政とはほとんど関係のない議論であることがわかる．実際，社会保険のための目的税と社会保険料とでは大差ない（日本の社会保険料も徴収は国税徴収法に準拠している）．年金債務を国の債務ではないと考えることがおかしいように，社会保険料と税が異なると

---

[17]　Kotlikoff and Leibfritz [1998].

強調すると問題の本質が見えにくくなる．この点をさらに検討してみよう．

　法学上，社会保険方式は一定期間にわたり保険料を拠出し，それに応じて年金給付を受け，税方式は税という名目で拠出し，国内在住年数などの要件によって年金給付を受けると分類されている．厚生労働省は，次のように社会保険方式のほうが優れていると主張している．

　社会保険方式は，①自助と自律の精神を基本とし，②保険料の納付実績が記録され将来の給付の根拠となるため，権利として年金を主張できるという安心感があり，③基礎年金の給付費は今後巨額に達する見込みであることから，社会保険方式を基本とした税財源との組合せが最も安定的な運営方法であり，④主要先進国でも公的年金はほぼ例外なく社会保険方式を採用している．

　さらに，次のように税方式では問題があるとしている．税方式は，①一定の年齢が来たら個々人の保険料拠出と連動することなく税によって国が生活の基礎費用を一律に支給する制度であり，自助と自律の精神によるとはいえず，②個々人の負担の記録もなく，本来その記録に基づき将来の年金額を約束するので，年金支給に必要となる巨額の費用負担について国民の合意が得られず，③受給時の権利性が乏しくなることから，少子高齢化に伴って負担が増大していく過程で，給付水準のカット，所得制限の導入，受給対象者の絞り込みが行われる可能性があり，④これまで保険料負担をしてきた方々について上乗せの年金を支給する必要があり，財源がない，⑤税方式化により事業主負担の減少及び被用者本人の負担が増加し，⑥未加入者・未納者は基礎年金を支える国民全体から見れば5％程度で，所得面でも納付者と大きな差異はない．

　厚生労働省はこのように社会保険方式のメリット，税方式のデメリットを挙げているが，この中で説得的であるのは，社会保険方式が個々人の保険料拠出と連動して給付が受けられるために自助と自律に役立つという点である（ただし，最近の年金記録問題は納付記録の信頼を揺るがすものであり，一刻も早く解決すべきである）．確かに，この論点は長期的に社会保険を運用するために重要である．このために，諸外国においても，税財源により実質的に生活を保障する年金を保険料拠出に関係なく所得制限なしで支給する制度は，ニュージーランドに見られるのみである．米国，英国，フランス，ドイツなど主要先進国の制度はすべて社会保険方式を採用している．

　一方，この点は，年金給付について個々人の保険料拠出と連動することがポ

イントである．年金徴収という点に限ってみれば，保険料は一般には社会保険税（social security tax）といわれていることからわかるように，社会保険方式か税方式かどちらの制度を採用しているとしても，徴収コストを軽減するために，税務当局が諸税の徴収を通じて保険料を徴収している．この点，保険料を徴収する独自機関（社会保険庁）を有する日本は，世界でもまれな存在である．社会保険方式をとっていた英国でも，1999年4月から保険料を徴収していた社会保険徴収庁を英国国税庁に統合した．社会保険徴収庁の約8000人の職員はそのまま国税庁に移された．税と保険料の徴収サービスを向上させる必要があるからと，その理由は明快だ．

翻って日本の現状はどうか．社会保険方式を主張する厚生労働省らは税方式では税負担が大きいという．税方式を主張する企業らは社会保険方式では社会保険負担が大きいという．保険料も税も統合されるなら，どんな名目でも合算した負担は変わりない．社会保険方式か税方式かという将来キャッシュ・フロー分析から見ても空虚な議論より，徴収機関を一元化するほうが確実に国民の利益になる．

5.1.7 社会保険料の法的性格

最近，社会保険庁は国民年金保険料の滞納者に対する強制徴収を行う方針を明らかにした．同庁によれば，国民年金保険料未納者は2001年度末に327万人で，2002年度の未納率は37.2％と過去最悪であった．

日本の公的年金制度は，全国民に共通した国民年金（基礎年金）を基礎に，被用者年金，企業年金の2階建ての体系となっている．つまり，1階部分として，全国民に共通した「国民年金（基礎年金）」があり，すべての国民は強制的に国民年金制度に加入することとなっている．そして，この制度加入者に共通に給付される年金を基礎年金といっている．2階部分としては，国民年金の上乗せとして報酬比例の年金を支給する被用者年金（厚生年金，共済年金）がある．自営業者や農業者などは国民年金のみに加入するが，国民年金に加えて，民間の被用者は厚生年金にも，公務員等は共済年金にも加入している．

国民年金は，自営業者や農業者など日本に住所がある20歳以上60歳未満の者の全員が加入しなくてはならないが，ここで保険料の未納が問題となっている．民間の被用者や公務員などでは，保険料未納の問題はない．

第7章 特殊法人改革

　国民年金保険料は月額1万3300円（2004年度，以下同）であるので，年額15万9600円になるが，これを40年間支払うと65歳から年額79万7000円（03年度）が終身支給される．2002年度の平均余命表によれば，わが国の平均寿命は男性が78.64歳，女性が85.59歳であり，65歳から受給する国民年金の老齢基礎年金は男性が13年間，女性が20年間となる．計算を簡単にするために，（現在価値化せずに）単純に受給総額を見れば，男性は総額1036万1000円，女性は総額1594万円となる．支払保険料も単純に計算すれば，638万4000円である．現時点で見れば，保険料を払い将来に給付を受けることは明らかに有利だといえる．ところが，後述するように将来の年金の財政状況に不安があるために，年金制度を信用せずに，保険料の未納という問題が生じている．

　現状の国民皆年金制度では，すべての国民は強制的に国民年金制度に加入することになっており，それは国民年金法を見れば明らかだ．同法第88条（保険料の納付義務）では，「被保険者は，保険料を納付しなければならない」と規定されている．さらに，同法第95条（徴収）には，「保険料その他この法律……の規定による徴収金は，この法律に別段の規定があるものを除くほか，国税徴収の例によつて徴収する」とある．

　社会保険料は滞納しても，強制徴収されることはこれまでほとんどなかった．だから，滞納者に対し強制徴収するという当たり前のことが新聞ネタになる．未納率が4割近くに達すること自体が異常である．これは社会保険庁の温情措置であった．逆に言えば，滞納者に対して国税並みに強制徴収するという法律の執行を怠っていたともいえる．

　社会保険料を税金と同じように考えれば，新聞報道のように「高額納税者リストなどを参考に強制徴収対象者を1万人程度選定する」というのではなく，すべての滞納者に対して強制徴収すべきであろう．民間の被用者や公務員などは給料から天引きされており，自営業者や農業者などの未納のために不公平感が生じるからだ．

5.1.8　年金積立金運用の問題

　年金の財政状況は悲惨であるが，公的年金バランスシートの資産にある積立金170兆円の運用がうまく行われていない．このことも，年金制度についての将来不安を大きく助長している．この積立金については，「その運用収益を将

来の年金給付に充てることによって，子や孫の世代，すなわち，将来の現役世代の保険料負担を軽減することに用いられる」とされているが，その運用実績は決して満足のいくものとはいえない．

　年金積立金の運用は，財投への運用と市場での運用に分けられる．現時点で90兆円程度が財投運用部分で，残り80兆円程度は市場運用部分と考えられる．[18]先般の財投改革によって，財投運用は市場運用に振り替わるので，数年後にはほとんどが市場運用になる予定だ．財投運用部分は特殊法人への資金提供になっており，提供先の特殊法人の活動に問題が見られるときもあるが，公的年金側から見ると，国債金利以上の利回りが保証されており，安全確実な運用となっている．ちなみに，米国連邦政府の公的年金も国債運用に限定されており，日本の公的年金の財投部分と運用方法としては同じである．

　1986年から市場運用は行われているが，当時厚生省幹部は「運用利回りは市場金利を1.5～2％以上上回ることができる」と国会で発言していた．[19]当時から「プロがやっても0.1％上回れば御の字」といわれており，役人組織では無理と指摘されていた．

　市場運用，すなわち財テク事業開始直後は運用成績もまずまずだった．当時の特殊法人である旧年金福祉事業団は証券会社から損失補塡を受けていたと報道されたが，これも財テク運用の成績をよくしていた．旧年金福祉事業団は2001年度から年金資金運用基金と名称・組織変更されたが，1986年から2000年までの15年間で各年の損益実績を見ると，黒字5回赤字10回の5勝10敗の成績である．この結果，この期間の累積損失は1兆7025億円であった．

　新たな特殊法人である年金資金運用基金へ改組後の2001年度，同基金による新規運用分と旧年金福祉事業団から継承された運用分を合わせた損益は1兆3084億円の赤字となり，2002年度の損益も3兆608億円の赤字と公表されている．この結果，2002年度までの累積損失は6兆717億円となっている．これだ

---

18)　厚生労働省「厚生年金の給付債務と財源構成」では積立金は170兆円（1999年度末）となっている．財務省「国の貸借対照表」では145兆円（2001年度末）であるが，これは基金代行分を除いた数字である．年金資金運用基金の貸借対照表では運用資産は53兆円（2002年度末）である．これから基金代行分と年金資金運用基金分を80兆円程度とし，残額を財投運用部分とした．

19)　1986年10月28日，衆議院社会労働委員会における水野政府委員答弁．

け巨額な損失を計上したのだから、もはや政府による財テク事業が失敗だったのは明らかであろう。さらに、これらの公表数字には紛らわしい点がある。年金資金運用基金へ改組後、同基金による新規運用分については、財テクを行わなかった場合の機会費用が計上されなくなっているからだ。旧年金福祉事業団時代の損益数字は財テク事業を行わなかった場合の機会費用が計上された数字であったので、より適切に財テク事業の評価ができたが、年金資金運用基金は機会費用が計上されず損益がそれ以前よりかさ上げされている。旧年金福祉事業団時代と同じように、新規負債の調達コストを各年度の国債金利並みとして損益を計算すれば、2001年度は1100億円、2002年度は4300億円程度の費用となるはずなので、それぞれの年度の実質損益は、1兆4200億円、3兆4900億円程度の赤字だったはずだ。この結果、2002年度までの累積損失は6兆6100億円程度のはずだ。公表数字の累積損失は1割も過小になっている。

5.1.9 2000年年金改正の評価

将来キャッシュ・フロー分析により、2000年の年金改正を評価してみよう。この年金改正では、年金保険料の凍結、5％給付カット、支給開始年齢の引上げが大きな柱である。

年金保険料の引上げ延期は、これまでもよく使われた手法である。前回の1995年に2.5％引き上げて17％とすべきところであったが、16.5％までしか引き上げず、1996年10月に再び0.85％引き上げ17.35％にせざるをえなくなった。

1995年であれば、2.5％の引上げで済んでいたところ、引上げが遅れた分を埋め合わせるため、合計で2.85％の引上げになってしまった。また、1996年10月の引上げが昨今の経済不況の一因だという批判もあった。

2000年改正では19.5％まで引き上げなければいけなかったのだが、それを再び凍結してしまった。年金保険料1％は債務額約70兆円に相当するので、この年金保険料凍結は減らすべき200兆円の債務を減らさないという意味で、債務を200兆円増加させることになった。

一方、5％給付カットと支給開始年齢の引上げは、年金債務を減少させることになる。これによって、将来期間に対応した年金債務は400兆円程度減少することになる。支給開始年齢の引上げは、最終的には債務を2割程度減少させることとなり、数量的な効果が大きい。

しかしながら，前述のように，計算の前提として出生率1.61（1997年1月の将来人口推計）が使われているが，これを1.34（1999年度）に修正すると，平準保険料は6％ポイント上昇する．これは積立不足額400兆円に相当するので，年金債務カットは出生率を現状に即したものに見直せば相殺されてしまうだろう．

5.1.10 2004年年金改正の評価

2004年年金改正において，公的年金の維持可能性にかかわるものは，①基礎年金国庫負担率の2分の1への引上げ，②保険料水準固定方式とマクロ経済スライドによる給付の自動調整，③年金自主運用がある．

まず，基礎年金国庫負担率の2分の1への引上げについては，公的年金のみを見ると，その維持可能性を高めるかのように思われるが，国の全体を見ると，国庫内の資金移転にすぎず，本質的に公的年金の維持可能性を高めることにはならない．税金と社会保険料は財政収入としてその徴収面を見ると法的にはまったく同じであり，社会保険料と税金を同一視して見ると，基礎年金国庫負担率の引上げに何ら意味を見出せないことは明らかであった．この点について，2004年改正の中で，国民保険料の徴収強化として，所得水準に応じた多段階免除制度の導入，若年の就業困難者に対する納付猶予制度の導入等が盛り込まれているが，社会保険料について税とともに税務当局がその徴収を行えば足りる．社会保険庁と税務当局を統合すれば，行政改革になるとともに，社会保険庁の公的年金番号を税徴収に利用し，さらに税・社会保険料の効率的な徴収が可能になるだろう．[20]

次に，保険料水準固定方式とマクロ経済スライドによる給付の自動調整については，公的年金の維持可能性を高める効果を持っている．保険料について，厚生年金では，2004年から毎年0.354％ずつ引き上げ，2017年度以降18.30％とされた．このように保険料水準を固定した上で，その収入の範囲内で給付水準

---

[20] 米国では，確定申告の際に社会保障番号を記入しなければ各種の税控除などが受けられない．このような制度であれば，社会保険料を未納なままその税控除を受けるなどという制度の悪用は防止できる．

　なお，2007年の社会保険庁改革法では，強制徴収業務は国税庁へ委託されることになった．

を自動的に調整する仕組みが導入された．現在の方式は，年金給付額は賃金の上昇率に応じて引き上げられてきた（賃金スライド）．この方式は，出生率の低下や労働力人口の減少に対して保険料賦課ベースが少なくなり，年金財政を脆弱にしがちである．要するに人口変動に対して年金財政の感応度が高かったわけだ．この点，2004年改正のマクロ経済スライド方式の場合，新規裁定者（新たに年金受給を開始する者）に対して，賃金上昇率の伸び率からスライド調整率（公的年金被保険者の減少率や平均余命の伸びを勘案した率）を減ずるので，人口変動に対して年金財政の感応度は現在の方式より少なくなったので，この点は評価できる．[21]

また，2004年改正によって公的年金の維持可能性がどうなるか，2000年改正における2002年3月末と2004年改正による2005年3月末の積立不足額を比較しよう（表7-7と表7-8）．[22] プラン・ターミネーション基準（将来保険料＋国庫負担）では，552兆円（国庫負担を除くと455兆円）から580兆円（国庫負担を除くと430兆円）となっている．オープン・グループ基準（将来保険料引上げ＋国庫負担）では，809兆円（国庫負担を除くと529兆円）から620兆円（国庫負担を除くと280兆円）へとなっている．長期的な公的年金の維持可能性は，オープン・グループ基準の積立不足額であるから，809兆円から620兆円へと減少しているので，この点から見ても改正前に比べて増している．しかしながら，依然としてGDP比では120％程度であり，米国の40％程度に比較すると高く，年金の維持可能性は盤石とはいえない．

最後に年金自主運用には疑問が多い．ここ数年は相場の上昇により一時ほどではないが，巨額の損失を出しながら，厚労省は年金積立金全体から見れば問題ないという．しかも，現在の年金資金運用基金を改組して新たな独立行政法人をつくる予定である．しかし，こんな不要な財テクを行っていなければ，新たな組織も不要であり，これまでの6兆6100億円の損失も被らなかったはずである．また，厚労省は「運用にリスクが伴うのは仕方ないことで結果責任は問わないのが常識」と説明しているようであるが，発足当初の発言が楽観的であ

---

21) ただし，人口推計が低位推計（合計特殊出生率1.10（2050年））の場合，将来給付は1割以上も少なくなる．

22) 経済前提として賃金上昇率2.1％，物価上昇率1.0％，運用利回り3.2％，将来人口推計は2002年1月新人口中位推計により合計特殊出生率（2050年）は1.39である．

表7-7 厚生年金バランスシート：
プラン・ターミネーション基準

(単位 兆円)

	資産		負債	
2002年3月末	将来保険料	455	過去債務	697
	積立金	145		
	国庫負担	97		
2005年3月末	将来保険料	430	過去債務	740
	積立金	160		
	国庫負担	150		

(出所) 2002年3月末は表7-4を再掲，2005年3月末は厚生労働省「厚生年金の給付債務と財源構成」．

表7-8 厚生年金バランスシート：
オープン・グループ基準

(単位 兆円)

	資産		負債	
2002年3月末	将来保険料	1,611	年金債務	2,036
	(うち引上分)	(529)		
	積立金	145		
	国庫負担	280		
2005年3月末	将来保険料	1,210	年金債務	1,710
	(うち引上分)	(280)		
	積立金	160		
	国庫負担	340		

(出所) 2002年3月末は表7-5を再掲，2005年3月末は厚生労働省「厚生年金の給付債務と財源構成」．

ったといわれても仕方がないだろう．

　運用の失敗には理由がある．年金運用のリスク管理について，資産と負債の両面から行う必要（年金 ALM）があるが，現在は資産サイドのみの分散投資で対応し，年金 ALM の組織体制はない．年金バランスシート（オープン・グループ基準）を簡単にいえば，資産側は将来保険料収入と現在ある積立金であり，負債側は年金給付債務である．年金 ALM は，将来に必要となる年金給付を確実に行うために，負債以上の資産を保つことを目的としている．将来の年金給付を考える際のポイントは，年金給付がインフレに連動することだ（物価スライド）．このために，民間の年金では資産に株式を持ってそれをヘッジする．ところが，公的年金では，資産の中に将来保険料収入があり，それはイン

フレ連動する．このために，公的年金でインフレをおそれなくてもいい．要するに，現在の公的年金の株式運用は，理論的には不要であり逆に年金財政にとって過大なリスクを与えているわけだ．もはや国民の年金であることを忘れ，組織維持のための積立金運用になっている．

公的年金の積立金運用の問題は市場運用部分，つまり財テクにある．市場運用部分は2000年度までは旧年金福祉事業団，2001年度からは年金資金運用基金で行われている．直感的に表現すれば，公的年金の積立金を市場運用することは，親へ仕送りするつもりの資金で一時的に財テクを行うようなものである．かりに仕送り資金が少し余るならば，子の仕送り負担金を少なく（保険料を軽減）すべきであろう．しかも，保険料は国による強制徴収であり，この意味で「税金」である．いずれにしても，年金保険料が税であると認識すれば，それを財テクしようという発想は出てこないだろう．

しかも，今回の年金改正において，年金財政見通しの運用利回りは3.2％とされている．また，この運用利回りは年金バランスシートにおいて将来債務の割引率になる．この運用利回りは，公的年金の自主運用の予想利回りであるので，市場リスクを含んだものである．

その運用利回りに基づき長期収支が均衡するように，保険料と給付水準が決められる．言い換えれば，運用利回りを割引率として，将来給付の現在価値と将来保険料の現在価値は一致する．このことは，実際の運用利回りが3.2％を下回る場合，想定された将来給付を引き下げるか，将来保険料を引き上げなければならない．こうした市場リスクを含む運用を行うのであれば，運用利回りは，従来のようにリスクフリーである長期的な国債利回りを採用し，結果として実際の運用利回りがそれを上回った場合，給付の引上げか保険料の引下げを行うほうが望ましい．将来キャッシュ・フロー分析から見ると，年金財政を市場変動に対して頑強にするためには，リスクフリーの割引率で将来収支を均衡させ，その結果リスクバッファーを設けた上で，リスクのある運用をすべきである．

5.2 道路公団民営化
5.2.1 2001年整理合理化計画
まず，道路関係四公団民営化推進委員会（道路民営化委）の活動に先立ち，

2001年12月18日閣議決定された特殊法人等整理合理化計画に基づく道路4公団の現状を高速道路料金や建設距離などの数字で理解しておきたい．道路4公団で45兆円にもなる資産・負債額や50年の返済という超長期は民間では普通は考えられない規模・長さであり，なかなか理解できないからだ．

2001年12月18日閣議決定では，高速道路を9342km（整備計画）つくるために，償還期間を50年としながら道路公団へ国費投入しないとされた．整備計画を変えずに，償還期間等の変更を行ったということは，道路公団は国費を投入しなくても現行の高速通行料金25円/kmを償還期間50年間とり続ければ，9342kmまでつくれることを意味していた．[23] ちなみに，国会議員が高速道路をつくるというときはこの整備計画で決められた9342kmを指すことが多い．自民党幹部は道路民営化委の意見書が出された後に，「政府や政党は（高速道路整備計画の）9342kmの建設を決定している．第三者機関で検討するのは結構だが，最終的には国会で審議し決定するのが民主主義のルールだ」と強調した．

いずれにしても，高速通行料金25円/kmは道路関係4公団の財務状況を見るための重要な要素である．そこで，道路民営化委に提出された資料に基づき，25円/kmをさらに詳しく見よう．次の資料は2002年7月1日第3回道路民営化委において国土交通省より提出されたものだ（表7-9）．

この資料によれば，25円/kmの料金によって125.6兆円の収入になり，これが未償還残高22.4兆円，建設費24.9兆円，管理費40.8兆円，借入金利息37.5兆円の支出になるわけだ．これを25円/kmの内訳と見れば，5円/kmが過去債務分，5円/kmが将来の建設コスト分，8円/kmが管理費分，7円/kmが借入れの利息分になっているといってもよい．なお，この資料は道路公団のものであるが，首都高速道路公団などの財務規模は道路公団の10％強であり，道路関係公団を考えるとしても，基本的な性格は道路公団のものと同じになる．

かりに返済期間を40年間にすると，高速通行料金の徴収期間も50年から40年へ短縮されるので，これは徴収期間が50年のままで高速通行料金を25円/kmから20円/kmへと5円/km引き下げたことに相当し，将来建設コスト分が捻出できない．要するに，これまでの収支計算を基礎とする限り，もし40年間なら，新規道路はまったくできないことになる．しかし，返済期間が50年であれば，従

---

23) 高速道路の場合，償還期間は債務の返済期間と料金の徴収期間の両方を意味する．

第7章 特殊法人改革　159

表7-9　高速道路収入と費用
(現行の整備計画9342km策定時の見通し)

総料金収入	125.6兆円	未償還残高	22.4兆円
		建設費	24.9兆円
		管理費	40.8兆円
		借入金利息	37.5兆円

(出所)　道路関係四公団民営化推進委員会.

来の収支計算と同じベースであるので，新規道路の建設も含め問題ない．

また，通行料平均1割値下げを50年間継続するということであれば，2.5円/kmに相当する．建設コスト単価や管理費の削減をしなければ，将来建設の半分しかつくれないだろう．しかし，建設コスト単価の2割カット（1円/km）と管理費の2割カット（1.5円/km）ができれば，9342kmまでつくれることになる．この程度のコスト削減は，民間ではすでに行われているし，もともとコスト削減余力のある「親方日の丸」的公団体質を考えれば，決して不可能でない数字である．

5.2.2　2002年道路民営化委意見書

2002年12月6日，道路関係四公団民営化推進委員会（道路民営化委）は，建設積極派といわれた今井委員長の辞任，また中村委員の反対にもかかわらず，5人の建設慎重派による賛成多数決で最終「意見書」を決めた．自民党道路調査会などは，意見書の批判決議を行い，強硬な道路族議員は無視すると公言しており，公明党・保守党も自民党の意見に同調した．

政府は，2002年12月17日，「意見書」を受け「道路関係四公団，国際拠点空港及び政策金融機関の改革について」において「道路関係四公団民営化推進委員会の意見を基本的に尊重するとの方針の下，これまでの同委員会の成果を踏まえつつ，審議経過や意見の内容を十分精査し，必要に応じ与党とも協議しながら，建設コストの削減等ただちに取り組むべき事項，平成15（2003）年度予算に関連する事項，今後検討すべき課題等を整理した上で，改革の具体化に向けて，所要の検討，立案等を進める」と閣議決定した．道路民営化委における最後のどたばたと自民党などの反応から，意見書に基づく政策では，今後はほとんど高速道路をつくれないというのが一般的な印象であった．意見書で「既

存路線の通行料金に依存して（機構への返済原資を一部流用して）従来通り建設を続けようとするのは容認し得ない」と書かれているので，マスコミ報道でも，これをもって建設に歯止めとしていた．

道路民営化委の意見書に従ってポイントを示せば，次の5点である．

(1)10年後をめどに道路買取り，(2)通行料平均1割値下げ，(3)通行料依存の建設認めず，(4)40年間の元利均等返済，(5)日本全国を5地域に分割．

これらの関係については，債務返済(4)を最優先として，新会社の自由な経営判断を確保し(1)(3)(5)，債務の返済後に料金の引下げ(2)を行うとされた．

ただし，(4)40年間の元利均等返済というが，その注には，「返済期間については，新会社発足までの間に，企業会計原則に基づいて適正な前提条件により今後の収支見通しを作成した上で，50年を上限とし，その短縮を目指して設定する」とされており，民営化の基本方針のところでも，「50年を上限としてなるべく早期の債務返済を確実に実施する」となっている．要するに40年の返済が基本であるが，50年まで延長できるという点に注意しておきたい．なお，その他の点として，本州四国連絡橋公団にかかる債務の切離しの財源は，国の道路特定財源とすることとされ，新会社と機構への金融・税制支援措置として，実質的にはこれまでと似たような税軽減措置や債券発行にかかる政府保証なども想定される．

5.2.3　2002年道路民営化委意見書の評価

意見書については，5つのポイントとは別に評価すべき点が少なくない．例えば，これまで政府側内で議論されてきた交通需要見通しについて，基礎資料を公開させ，その手法に問題があることを明らかにし，政府が示し各種の政府計画の前提となっている交通需要見通しを修正した．また，道路公団のファミリー企業の実態や別納割引料金など経営のぬるま湯体質の指摘などこれまでのどのような委員会・審議会でも見られなかったことを数多く指摘した．また，審議の情報公開度は抜群であり，この点も高く評価される．

しかしながら，意見書の最大の問題点として筆者が考える部分は，「民営化」の中身が明確にされないまま，民営化の際の基本的な考え方として「国民負担を少なくする」とされていたが，国民負担について客観的な分析がなされず，具体的な数字がなかったことである．2002年12月，道路民営化委は意見書をま

とめる最終段階においておおいに議論が混乱したが，1つの要因は国民負担について道路民営化委の委員間でコンセンサスがなかったことであろう．

2002年6月以降，道路民営化委は精力的に議論を行っていたが，驚くことに「国民負担」どころか肝心の「民営化」の内容さえ議論されていなかった．そうした中で，マスコミは，「道路公団は大幅な債務超過」とする論調であった．例えば，2002年10月3日付け『朝日新聞』は，「2001年度決算で道路公団は7兆円の債務超過」と報じた．[24] また，道路民営化委の検討資料の中にも，道路公団は債務超過であるとの論文もあった．[25] それらのように道路公団が債務超過であれば，民営化に際して国民負担が発生するだろう．この論文の数字のみに依存し政策対応を考えるとすると，今後はほとんど高速道路をつくれないし，さらに，今後は債務超過額を拡大させないように損切り（loss cut）の発想から，いち早く税金を投入しなければいけないことになる．まして，短期間に上場させるように民営化を行おうとすれば，8兆円ほどの税金投入を急ぐべき，さらに余裕資金が出れば債務返済にまず充てるべきであり，高速通行料金の引下げはできないという結論になっただろう．しかしながら，もし道路4公団の民営化について国民負担が実質的にほとんどないという試算に基づけば，民営化の成果は債務返済のみならず高速通行料金の引下げにも使える余地が出てくるだろう．いずれにしても，道路公団民営化において，民営化の内容について十分な議論が行われず，国民負担の数字についても十分な検討がなされていなかったので，何を目的とする民営化なのかについて道路民営化委の委員間でコンセンサスがなかったと思われる．

次に，意見書では，「現在の約40兆円に達する道路関係四公団の債務を国民負担ができる限り少なくなるよう長期固定で確実に返済していくことを第一優

---

[24] 同日付け『日本経済新聞』では「2001年度決算で5兆円の債務超過」と報道している．同じ年度の決算数字であるが，資産・負債の金額ともに『朝日新聞』と異なっている．ただ，道路公団が巨額の債務超過であるとの報道によって，一般的には道路公団は債務超過というイメージがあったようだ．

[25] 星・土居 [2002], Doi and Hoshi [2002]．同論文については，二重計算があり国民負担額が過剰になっているという問題がある．髙橋 [2003c] を参照．なお，2003年10月26日財政学会においても同様の議論があり，黒川座長は「星・土居論文には誤りがある」とまとめた．また，2004年3月8日参議院決算委員会において，同論文の内容について谷垣財務大臣は問題点があると答弁した．

先順位とする」とされている．民営化の国民負担が明確でなかったこととおおいに関係するが，民営化会社の債務返済を最優先とすべきかについても議論の余地がある．このために，国民生活に関係が深い高速道路料金の引下げが不十分になっている．現在の高速道路料金が高いのは，債務は返済する一方で資産を残そうとする償還主義のためである．ところが，民営化会社にした場合，ゴーイング・コンサーンとして考えると，債務に対する見合いの資産があれば十分であり，債務を一方的に返済する必要はない．そうであれば債務の元本償還のために要する料金は徴収する必要がなくなり，その分だけ高速道路料金を下げられる．

さらに，債務返済の優先のためであるが，高速通行料金について平均1割値下げにとどまり，しかもその期間は明確でない．一応，意見書では，「通行料金は新会社発足時の水準より引き上げない．新会社が徴収する通行料金については，能率的な経営の下における適正な原価を償い，かつ適正な利潤を含むものとし，新会社の経営者が自主的に決定することを基本とする」と書いてある．これを通行料金の1割カットと合わせて読めば，記念配当のように，民営化時に1割カットしてその後は元に戻すと読むこともできる．もし50年のうち初めの5年間だけ通行料金を1割カットするとすれば，50年間の平均では0.25円/kmの引下げに相当する．これならば，建設コスト単価の5％カット（5円/km×5％）だけで9342kmまでつくれる．これは政府目標のコスト削減率より低い数字であり，達成はさらに容易である．要するに，意見書の通りに通行料金を多少引き下げても，少しばかり経営努力すれば，高速道路は9342kmまでつくれるわけだ．ぬるま湯体質の公団であればこそ，この経営努力は実現可能な程度である．

しかしながら，意見書に基づく政策では今後ほとんど高速道路をつくれないという一般的な印象は正しくない．意見書はかなり幅のある書き方になっており，これまで通り高速道路建設を容認する考え方も含まれている．

5.2.4 道路公団は債務超過か

道路公団が債務超過かどうかは，公団の民営化への国民負担に大きく関係する．意見書で客観的な分析がなく具体的な数字を欠いていたが，ここでは，将来キャッシュ・フロー分析によって，現在の道路4公団についてそれらの将来

の国民負担がいくらになるのか，民営化に際して将来の国民負担がいくらかを検証したい．

まず，財務諸表上の債務超過と民営化への国民負担を整理しておこう．

財務諸表で重要なものとしてバランスシートがある．もちろん会計手法として，公会計と民間企業会計があるが，ここでは，民営化の議論であるので，民間企業会計ベースで考える．会計上のバランスシートは，資産＝負債＋資本金＋剰余金，となっている．このバランスシートの健全性を見るために，資産負債差額（＝資産－負債）を見て，これがプラスであれば負債は毀損しない．ところが，これがマイナスであれば負債の一部は毀損し，「債務超過」であるといわれる．ただし，資本金も負債の一種であると考え，資産負債差額に代えて，剰余金＝資産－負債－資本金を見る場合もある．

ここで，ある公法人を民営化する場合を考えよう．当然の準備として，バランスシートが必要である．かりに，債務超過すなわち資産負債差額がマイナスであれば，資本金は毀損し無価値になるどころか，この民営化法人はただちに破綻状態になる．つまり，民営化までに資産負債差額がプラスになるように，政府は資本注入（増資）を行わなければならない．資産負債差額がゼロになるまで増資したら，その後の増資は民営化時に政府としては政府株放出によって取り戻せるので，債務超過額すなわち資産負債差額が民営化に要する国民負担と考えられる．

さらに，将来キャッシュ・フロー分析（政策コスト分析）における国民負担と民営化に要する国民負担との関係も整理しておくと，後の議論で便利である．ポイントは，将来キャッシュ・フロー分析は将来キャッシュ・フローからバランスシートを見るので，時価評価のバランスシートと整合的になっていることである．

ここでの国民負担とは，公法人への将来補助金等の現在価値と無利子融資扱いとなっている資本金に対する機会費用の和である（財務省『財政投融資リポート』各年度版）．補助金等＝支出－収入になるので，

　　将来キャッシュ・フロー分析の国民負担
　　　　＝支出の現在価値の総和－収入の現在価値の総和＋資本金機会費用

となるが，右辺の前半は貸借対照表の負債・資本の実質価値から資産の実質価値を減じた額と見ることができるので

将来キャッシュ・フロー分析の国民負担
　　　　＝時価評価負債＋時価評価資本－時価評価資産＋資本金機会費用
　　　　＝時価評価負債＋簿価資本－時価評価資産

となる．

　時価会計ベースの資産負債差額については，一般に負債は法的観点から見られることを考えれば，時価評価資産－簿価負債と考えられる．つまり，民営化に要する国民負担を時価会計ベースの資産負債差額（のマイナス）とすれば，

　　　民営化に要する国民負担額
　　　　＝－（時価評価資産－簿価負債）
　　　　＝－（時価評価負債－簿価負債）－（時価評価資産－時価評価負債）
　　　　＝－（時価評価負債－簿価負債）
　　　　　－（簿価資本－簿価資本＋時価評価資産－時価評価負債）
　　　　＝－（時価評価負債－簿価負債）
　　　　　－（簿価資本－将来キャッシュ・フロー分析の国民負担）　　　(3)

となる．右辺の第1項のカッコ内は最近のような金利の低下局面ではプラスになるため，将来キャッシュ・フロー分析の国民負担が一定以上になると，民営化に要する国民負担が発生することに注意しておく．

　以上の準備の上で，会計的な意味において，道路公団が債務超過かどうかを検討したい．

　2003年6月，公団の片桐幸雄氏（道路関係四公団民営化推進委員会の元事務局次長）が，月刊誌『文藝春秋』8月号で「裏の財務諸表」があるとし，道路公団が債務超過であると主張した．具体的には，2000年度末の公団の資産を簿価主義（取得原価方式）で評価し，資産28兆7735億円，負債27兆4109億円，資本金1兆9800億円となり，資産負債差額は1兆3626億円，かりに資本金までを負債と考えれば6174億円の債務超過だとしている．この方式では，以前に着工された採算のよい高速道路ではその資産価額が低くなり，最近建設された採算の悪いものの資産価額が高くなる．

　一方，2003年6月，道路公団は，2002年度末で資産を時価（再調達原価方式）で評価した民間企業に準拠した財務諸表として，資産34兆3112億円，負債28兆5430億円，資本金2兆2849億円であり，資産負債差額は5兆7682億円，かりに資本金までを負債と考えても3兆4833億円の資産超過だとしている．

表 7-10 道路公団の資産負債差額

	片桐論文	公団公表	政策コスト分析からの試算
資産負債差額	1.3兆円 (2001年3月末)	5.7兆円 (2003年3月末)	1.9兆円 (2002年3月末)
資産評価方法	取得原価	再調達価格	キャッシュ・フローからの時価

(出所) 片桐 [2003]，道路公団「民間並財務諸表」(平成14事業年度)，財務省理財局「財政投融資対象事業に関する政策コスト分析」(平成14年度).

　片桐氏の主張を通じ，「道路公団が債務超過である」という見方が広がった．[26] ところが，会計の観点から言えば，世界的にも会計が時価主義に移行する中で，片桐氏の主張する簿価よりも時価（再調達原価方式）で資産評価することが自然であろう．しかも，公団民営化はフレッシュスタートであり，継続企業のような簿価でなく，時価（再調達原価方式）のほうが自然であろう．道路サービスが独占的であって，公団が高い高速通行料金を徴収できる限り，その資産価値は高く，債務超過にならないということである．裏返せば，誰もが実感しているように高速通行料金が高すぎるので無駄を補ってもなお余剰は残るので，公団は資産超過であっても不思議はないのである．

　なお，片桐論文，公団公表資料のほかに，(3)式を使った資産負債差額を計算すれば，

　　資産負債差額
　　　＝時価評価資産－簿価負債
　　　＝(時価評価負債－簿価負債)
　　　　＋(簿価資本－将来キャッシュ・フロー分析の国民負担)

ここで，第1項のカッコ内は道路公団が10年債によって主として調達していることなどを考慮して簿価負債28兆円の5％程度であり，簿価資本は2.3兆円である．財務省『財政投融資リポート』によれば，将来キャッシュ・フロー分析の国民負担は1.8兆円であるので，

　　資産負債差額＝1.4＋2.3－1.8＝1.9兆円

---

26) 多くのマスコミ報道は，内部告発者の片桐氏を正義の味方，藤井氏（前道路公団総裁）を悪の権化という単純な勧善懲悪の構図にのっていた．この構図は，藤井氏が道路公団総裁として世間の批判を浴び，2003年10月に解任されるまで，少なくとも維持され続け，道路公団の債務超過問題について大きなバイアスを形成したと思われる．

となって，まとめると表7-10のようになり，いずれの立場に立ったとしても，マスコミ報道のような「道路公団は7兆円の債務超過」は妥当でないことがわかる．

5.2.5 国民負担はあるのか

将来キャッシュ・フロー分析を用いながら，道路関係4公団の民営化に要する国民負担を考えてみよう．財務省『財政投融資リポート』政策コスト分析によれば，将来キャッシュ・フロー分析に基づく国民負担は2000年度末において，道路公団3兆4615億円，首都高速3712億円，阪神高速2709億円，本四架橋6306億円，合計4兆7342億円である．その後，2001年12月に国費が投入されないことが閣議決定された後は，2001年度末で道路公団1兆7943億円，首都高速3590億円，阪神高速2591億円，本四架橋6612億円，合計3兆736億円の国民負担となっている．[27]

もちろん，この国民負担は将来の交通需要に依存する．道路民営化委の議論においても明らかにされたように，国土交通省の交通需要見通しには誤りがあった（『週刊エコノミスト』2002年10月29号，2002年10月29日の第26回道路民営化委議事録）．しかしながら，かりに需要見込みが今後10%減少するとしても，同リポートによれば国民負担の増加は1兆2557億円であるとされている．なお，この分析は，4公団への出資金4兆2729億円（うち政府出資3兆4263億円）が事業終了後に返済されるという前提を置いている．ちなみに，これらが返らないもの，つまり政府が出資金をあきらめれば，今後の需要見通しが甘いので10%程度の減少があったとしても，追加的な国民負担はほとんどないことになる．

(3)式を再掲すれば，

---

27) 高速道路の場合，50年程度の償還期間におけるすべての元利償還などのコストを高速通行料金で賄った後で，無料開放することになっている．これを会計的にいうと，償還期間後のバランスシートは資産だけが残り（しかも償還期間中は道路公団に道路の維持管理義務があるので減価されていない資産といえる），無償で地方公共団体に譲渡される．この点を考慮すれば，道路公団において，公会計上のバランスシートが資産超過であっても，政策コスト分析による国民負担（償還期間後に残る資産価値を考慮していない）が存在することは矛盾しない．

民営化に要する国民負担額
　　＝－（時価評価負債－簿価負債）
　　　－（簿価資本－将来キャッシュ・フロー分析の国民負担）

である．ここで，第1項のカッコ内は4公団が10年債によって主として調達していることなどを考慮すれば簿価負債40兆円の5％程度であり，また，簿価資本が4.3兆円（＝4兆2729億円）であるので，

民営化に要する国民負担額
　　＝－2.0兆円
　　　－（4.3兆円－将来キャッシュ・フロー分析の国民負担）

となる．ここで，国費投入の場合の国民負担が4.7兆円（＝4兆7342億円），国費を投入されない場合が3.1兆円（＝3兆736億円）であるので，将来キャッシュ・フロー分析の国民負担＝3.1兆〜4.7兆円である．かりに需要見通しが10％甘かったとしても，変化額は1兆2557億円（＝1.3兆円）であるので，将来キャッシュ・フロー分析の国民負担＝4.4兆〜6.0兆円となり，前記の将来キャッシュ・フロー分析に基づく国民負担を代入すると，民営化に要する国民負担額＝▲3.2兆〜▲0.3兆円となる．いずれのケースでも値はマイナスになるので，ほとんど民営化に要する国民負担はないと考えられる．なお，政府出資金も負債と見た場合の国民負担額は，1.1兆〜4.0兆円である．

5.2.6　さらに高速通行料金は下げられる

　民営化のための国民負担が十分分析されないまま，道路関係4公団は多額の債務超過に陥っており，それらの民営化には多額な国民負担が必要との見方が広まった．このため，もはや高速道路をつくることは難しいとの認識が強くなったことは否めない．そして，この高速道路がつくれないことを前提として，民営化会社が建設できない不採算路線について国と地方で3対1の割合で負担して建設する方針（国と地方による直轄整備方式）が出された．これで，年平均2000億円を15年間にわたり，合計3兆円の建設費が投入される見込みである．しかし，これが安易に実行されると，より採算性の悪い高速道路が建設される可能性がある．さらにまずいことに，多額の国民負担が出てくると思いこんで，高速道路料金の引下げについての議論が行いにくくなった．確かに意見書では，期間は明示されていないが，「通行料平均1割値下げ」という方針が示されて

いた．しかし，さらに引下げが可能である．

すでに述べたように，道路関係4公団は多額の債務超過であるとの認識は必ずしも正しいとはいえず，それらに対する現在の出資金をあきらめれば，筆者の試算によれば国民負担はほとんどない．したがって，民営化で成果が出るのであれば，それは通行料金を引き下げることにより国民に還元されなければならない．国民への還元なくして何のための民営化なのかわからない．そもそも高速道路に対する不満は，その高い通行料金にあると筆者は考えており，その引下げを最優先に考えるべきであると思っている．

また，建設コストと管理費を2割カットすれば，通行料金を1割引き下げても9342kmまで高速道路をつくれる．さらに，高速道路料金25円/kmのうちの2割，5円/kmが過去債務分であるから，債務は返済するが新たに借り入れる，つまり借入金の残高は維持するとすれば，さらに2割の料金引下げが可能である．

現在の高速道路料金が高いのは，債務は返済する一方で資産を残そうとする償還主義のためである．その結果，50年後には70兆円程度の道路資産が残るが，債務なしのいわば純資産70兆円の「超優良会社」になってしまう．ところが，ゴーイング・コンサーンとして考えると，債務に対する見合いの資産があれば十分である．例えば，過去債務分だけでも債務の元本償還を行わないとすれば，2割の料金引下げができるわけだ．

さらに，現行の高速通行料金は50年で徴収して，その後はいっさい徴収しないという前提になっている．例えば，道路資産の物理的な耐用年数の範囲という条件の下で料金を徴収する期間を50年から60年とすれば，さらに高速通行料金を2割引き下げられる．この手法はこれまで建設延長距離を伸ばすために利用されてきたが，費用便益分析の厳格な適用などで新規建設に歯止めをかければ，高速通行料金の引下げを行うことができる．[28]

---

28) あくまで理論上の話であるが，建設延長距離を一定とすれば，高速通行料金を現状に維持したままであれば，かりに8兆円の債務超過であっても，料金徴収期間を4年間延ばせば解消されてしまう．

5.2.7 2003年政府与党申合せの評価

政府部内では意見書を受けて民営化案が検討され，2003年12月22日，政府・与党申合せという形で，民営化のスキームがつくられた．

その内容を見ると，多くの点で意見書に沿っているが，大きく異なる点は道路資産の帰属と債務返済の考え方である．この点で，複数の道路民営化委の委員は異議を唱え，委員会を辞した．

意見書では，新会社は発足後10年をめどに保有・債務返済機構の所有する道路資産を買い取り，この時点で同機構は解散するとされた．その結果，高速道路は私有財産となって，高速道路は永久に有料化されることとなった．一方，政府・与党申合せでは，従来から公共財産であるとされてきた高速道路の私有財産化は認められず，道路事業が民営化された諸外国でも永久有料化の事例がないことから，新会社は道路資産を買い取らず，機構が45年間の債務返済まで保有し，最終的には地方公共団体など道路管理者に無償で譲渡し，無料開放するとされた．

この差異について，2003年政府与党申合せの案では，「永久上下分離」であり，道路資産の所有権を持たない新会社は経営の自主権を持たないと批判された．

しかし，道路資産の所有権を持たなくても，賃借権（使用権）の形態によっては，実質的に所有権を持ったものと見ることができる．例えば，定期借地権であっても経済的には所有権に準じるものとして扱われる．この観点から見れば，「上下分離」だと会社経営がうまくいかないというのは必ずしも正しくない．また，経営の自主権については，民営化時に高速国道の整備計画区間などの事業中区間では，新会社と国土交通大臣の協議が行われ，協議が整わない場合，社会資本整備審議会が裁定することとなった．この場合，新会社と国土交通大臣のやりとりは公開されるので，どちらの言い分が正当か，はっきりわかると思われる．国土交通大臣からの一方的な命令権も適切でないのと同様に，新会社による絶対的な拒否権も適切でない．新しい仕組みは，手続きを公開することによって新会社と国土交通大臣の両方に説明責任を与えており，適切なものといえる．しかも，今後の新たな高速道路等の建設については，新会社の自主的な経営判断に基づく申請による（申請方式）ので，これも新会社の経営

表7-11 2002年民営化委報告と2003年政府与党申合せの差異

2002年民営化委報告	2003年政府与党申合せ
(1)10年後をめどに道路買取り	(1)45年後道路を無料開放→買取りなし
(2)通行料平均1割値下げ	(2)通行料平均1割+α値下げ 建設コストなど10兆円削減
(3)通行料依存の建設認めず (9342kmの建設可能)	(3)未供用区間の見直し・借入金による建設 (9342kmの建設)
(4)40年間の元利均等返済 (50年まで延長可能)	(4)45年間で債務返済
(5)日本全国を5地域に分割	(5)当初6社に分割し,経営安定時に5社へ

自主権を損なわない.

　2003年政府与党申合せの批判者には,やはり道路関係公団が債務超過であることを前提とし,一刻も早く債務を返済する(できれば税金を投入,損切りする)必要があると考えていたようだ.[29]

　いずれにしても,民営化企業でゴーイング・コンサーンとして考えると,債務の返済や料金の徴収期間の組合せによってさまざまな高速通行料金の引下げプランができる.高い高速道路料金は,日本の物流産業における高コスト構造の一因にもなっている.どんなに電子取引が発展しても,最終的には物流に依存せざるをえない.そこにボトルネックがあっては日本経済の発展にも支障が出てくるのではないか.道路関係4公団の民営化は,誰も使わない無駄な高速道路をつくらないとともに,道路料金を下げて多くの人が高速道路を利用できるようにする観点も重要である.

　なお,通行料金の引下げについては,混雑を生み,かえってマイナスという考え方もある.経済学でいう混雑料金がないと死重損失が発生するという議論だ.ただし,これについて経済学はすでに解答を用意している.一般道路であっても,都心乗入れ料金制や電子式道路料金徴収システム(Electronic Road

---

29) 地価が下がっているので,道路関係公団の資産は劣化しているはずとの議論もある.しかし,高速道路は鉄道や航空などと一部は競合するが,全体として見れば有力な競争相手はなく,比較的安定的な収入が見込まれる.もちろん,経済状況などによって将来の収入見通しは変わりうるが,その範囲は民間企業における収入見通しとは比較にならないほど安定的である.このような純粋な民間サービスに見られない特性があるので,地価が下がったとしても,道路関係公団の資産価値にはそれほどの影響はないだろう.

Pricing System) によって混雑料金は導入できる．有料道路の場合はさらに簡単で，料金を場所と時間に応じて変えればよいだけだ．民営化の成果によって平均的な通行料金の引下げを行い，その中で場所と時間に応じた混雑料金を導入すればよいだけだ．

5.3 結　　　論
5.3.1 公的年金と道路民営化の検討

将来キャッシュ・フロー分析の具体的な適用として，公的年金における将来世代の負担やその維持可能性，高速道路関係公団の民営化や準公共財サービスの運営方法を検討し，次のことがわかる．

公的年金では，少子化が年金財政を不安定化させてきたが，2004年改正ではマクロ経済スライド方式の導入によって一定の歯止めがかかり，公的年金の維持可能性にも一定の改善が見られている．具体的には公的年金の債務超過額は約800兆円から約600兆円へと減少している．しかしながら，国庫負担割合の増加（3分の1→2分の1）は，政府内の省庁間資金配分にすぎず，政府を一体として考えれば，年金財政の維持可能性を高めるものではない．少なくとも徴収の点から見れば，社会保険方式か税方式という議論にはまったく意味がなく，むしろ社会保険庁は税務当局と統合することが望ましい．なお，改善したとはいえ依然として維持可能性は盤石ではないので，もはや保険料の引上げの停止などを行う余裕はないことを数量的に分析している．ちなみに公的年金の債務超過額の対GDP比は，日本で1.2であるが，米国では0.4である．

道路関係4公団については，その独占的なサービス供給主体で高い高速通行料金を徴収できる立場であることから，一般的に考えられていることとは異なり，その財務内容はよく債務超過ではない．ちなみに，道路公団で3兆〜5兆円の資産超過である．このため，これら4公団を民営化することは，国民負担をかけずに行える．また，それらの大きな債務が問題とされるが，見合いの資産を持つので，やみくもに債務のカットだけを行うべきでない．むしろ，高速道路で問題であるのは，その高い高速通行料金であり，それらを引き下げることに「民営化」の意味があると考えられる．逆に高速通行料金が高いままであれば，それが国民経済への「負担」になってくる．

5.3.2 基礎データの公開，客観的な分析

このような将来キャッシュ・フロー分析は，財政問題を検討する際に重要であるが，分析に必要な基礎データについて，誰でも容易に入手できるわけでない．

例えば，公的年金について，人口動態に関する詳細な基礎データがあれば，将来キャッシュ・フロー分析を行うことは高性能のパソコンが安価で入手できるのでそれほど難しいわけではない．もちろん，最近においては，担当官庁である厚生労働省からも，「厚生年金の給付債務と財源構成」などという形で将来キャッシュ・フロー分析結果は参考として出されている．[30] ただし，5年に1回の財政再計算や制度改正のときだけでなく，米国などのように毎年年次報告という形で定期的に公表すべきである．さらに，米国では計算の前提が変化した場合の感応度分析が行われているが，日本ではないので，感応度分析も公表すべきである．

また，道路関係についても，道路民営化委の活動があったため，将来キャッシュ・フロー分析に不可欠な交通需要予測などの基礎データが飛躍的に出てきた．従来は社会資本整備審議会などでほとんど議論されずに，重要な，しかも誤った交通需要数字が決定されてきたが，本来であれば，第三者のチェックもできる専門家会合で計算過程も公開して行われるべきである．道路民営化委がなくても指摘されるべきであった．もっとも，皮肉なことに道路民営化委も重要な民営化への国民負担を客観的かつ数量的に分析できなかった．

もちろん，情報公開法を使えば，計算過程や前提データを入手することは理屈上可能であるが，自ら計算モデルやデータを公表し，第三者も担当官庁の将来キャッシュ・フロー分析について検証・計算の再現ができるようにすべきである．

現状では，データ入手の容易性が関係しているかもしれないが，こうした研究者層は極めて薄いのが実情だ．道路民営化の際にわかったことであるが，国土交通省が行った交通需要見通しに誤りが判明したときに，道路民営化委が第三者に再検証を依頼したが，それに応じたシンクタンクはなかったようだ．

---

[30] 1997年頃から，「厚生年金の給付債務と財源構成」は参考資料の形で公表され出した．

5.3.3 政策コスト分析の対象拡大と個別政策への適用

現状では将来キャッシュ・フロー分析といえるものに政策コスト分析がある．ところが，政策コスト分析は1999年から毎年定期的に行われ，感応度分析も実施されているが，公的年金の場合と同様に，基礎データや計算モデルは誰でも簡単に入手できるようにすることが必要だ．

さらに，現状の分析は財投対象事業に限定されているが，政府による保証・保険事業や財投以外の公共投資関係事業など単年度で終了せずに長期にわたって行われるものにも適用すべきである．

現状の将来キャッシュ・フロー分析は，政策決定のときにはあまり使われず，財投事業の一部に使われるにすぎない．[31] しかし，長期的な観点から政策決定が行われ，長期的なキャッシュ・フローのイン・アウトを考えることができるなら，将来キャッシュ・フロー分析を適用できる．したがって，そのタイプを政府事業として政策決定する際には，すべて将来キャッシュ・フロー分析を義務付けることも考えられる．将来キャッシュ・フロー分析は定量的であるので，事後のパフォーマンス・チェックのときにも有用である．しかも，公共事業の採択のときに用いられるコスト・ベネフィット分析とも整合的である．

---

[31] 道路公団や旧住宅金融公庫の改革の際に，一部の有識者から政策コストを考慮した発言があった．

第8章　政策金融改革

1. 海外の政策金融

　本章ではまず，海外の政策金融の現状を整理しておこう．第5章において，諸外国の財投類似制度を見たが，日本の公的金融システム全体で見ると，日本の規模は比較的大きな部類に入る．これを政策金融で改めて確認しておきたい．
　政策金融の規模について，対GDP比により各国比較する際，分子として直接融資だけを使う場合と直接融資に間接融資を加える場合が考えられる．特にドイツについては，「代理貸付」という間接融資の手法によるものが大きく，直接融資は小さいことが特徴であるので，間接融資を含めるか否かによって大きく数字が異なる．なお，「代理貸付」は復興金融公庫の特徴的な融資システムである．これは復興金融公庫が企業に直接資金を融資するのではなく，民間金融機関（ハウスバンクという）を通じて融資する方式である．ここで，復興金融公庫は低コストで調達した資金を民間金融機関に供給し，民間金融機関は復興金融公庫から借り入れた資金に一定のマージン（原則1％）を加えて貸付企業に融資するが，その信用リスクや融資の審査・モニタリングコストはハウスバンクが負担する．[1]
　いずれにしても，直接融資について見れば，日本の政策金融の規模はかなり大きいことがわかる（図8-1，表8-1）．
　また，最近EUでは政策金融の見直しが急速に進んでいる．1957年，今日のEU設立につながるEC条約において，共同体内での競争を歪曲する国家援助は原則として禁止され，オープンな市場の下で，競争政策が実施されている．
　具体的には，政府補助金（state grants），利子減免（interest relief），税の減免（tax relief），政府保証ないし政府保有（state guarantee or holding），

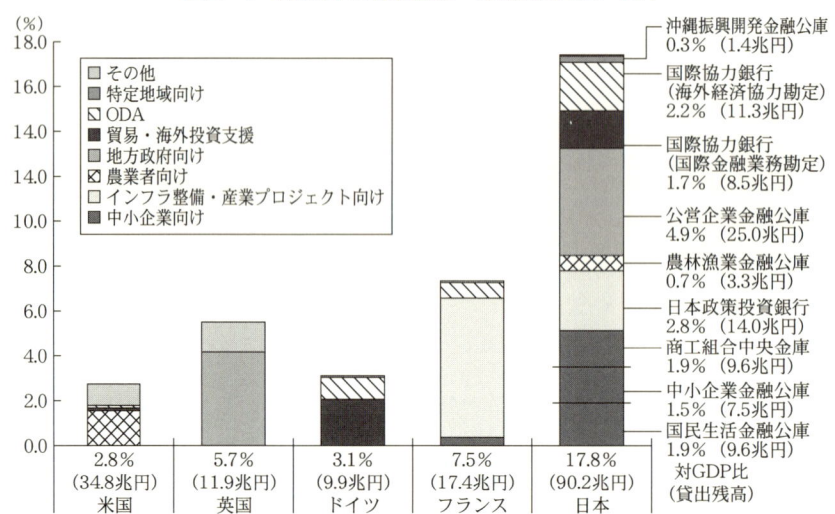

図 8-1 主要国の政策金融・分野別対 GDP 比率

(%)
凡例:
- その他
- 特定地域向け
- ODA
- 貿易・海外投資支援
- 地方政府向け
- 農業者向け
- インフラ整備・産業プロジェクト向け
- 中小企業向け

米国 2.8%（34.8兆円）
英国 5.7%（11.9兆円）
ドイツ 3.1%（9.9兆円）
フランス 7.5%（17.4兆円）
日本 17.8%（90.2兆円）

日本の内訳：
- 沖縄振興開発金融公庫 0.3%（1.4兆円）
- 国際協力銀行（海外経済協力勘定）2.2%（11.3兆円）
- 国際協力銀行（国際金融業務勘定）1.7%（8.5兆円）
- 公営企業金融公庫 4.9%（25.0兆円）
- 農林漁業金融公庫 0.7%（3.3兆円）
- 日本政策投資銀行 2.8%（14.0兆円）
- 商工組合中央金庫 1.9%（9.6兆円）
- 中小企業金融公庫 1.5%（7.5兆円）
- 国民生活金融公庫 1.9%（9.6兆円）

対GDP比（貸出残高）

(注) 各国ともに2004年度（米国は2004年9月末，ドイツ・フランスは2004年12月末，英国・日本は2005年3月末）の名目GDPに占める政府系金融機関の直接貸出残高の割合．なお，円換算には各国会計年度末時点の為替レートを使用．

(出所) （米国）*Analytical Perspectives*，（英国）*PWLB Annual Report*，（ドイツ）*KfW Annual Report, Rentenbank Annual Report*，（フランス）*CDC Financial Report, Rapport Annual PSEP BDPME, AfD Financial Report*，（日本）各機関ディスクロージャー誌，業務報告書等．

政府による優先的な条件での財やサービスの提供が「政府援助」になるとされ，EU加盟国の政策について，欧州委員会（競争総局）が適否の判断をしている．

1992年マーストリヒト条約では，EMU（経済通貨統合）に参加する各国政府は過剰な財政赤字を持ってはならないとされ，年間の財政赤字はGDPの3％以内，政府債務残高はGDPの60％以内等とされ，各国財政に規律を与えた．

---

1) 代理制度のメリットとしては，①復興金融公庫は融資の審査・モニタリングを行わず，支店網等が不要となること，②復興金融公庫のプログラムを使うかどうかは民間金融機関の営業方針によるので，民業圧迫の可能性が少ないこと，③企業は民間金融機関の窓口ですべての融資が受けられること，等があるとされている．

一方，このシステムには次のような意見もある．①マージンが硬直的であるので，リスクの低いところに融資しようとするインセンティブが働き，本来の政策金融の機能が果たせない，②民間金融機関にとって，信用リスクや融資の審査・モニタリングコストとマージンが見合うかどうか不確実である，③民間金融機関の判断によって，復興金融公庫プログラムが受けられないケースがある．

表 8-1 政策金融規模の国際比較（対 GDP 比率）

(%)

	米国	英国	ドイツ	フランス	日本
直接融資のみ	2.8	5.7	3.1	7.5	17.8
直接融資＋間接融資	2.8	5.7	13.8	7.5	17.8
（参考） 直接融資＋間接融資＋出資＋保証＋ドイツの州立系及び私法上の特殊金融機関を含む	5.8 (2003FY)	9.4 (2002CY)	17.3 (2003CY)	8.6 (2002CY)	18.6 (2003FY)

(注) 米国は2004年度，英国は2004年，ドイツは2004年末，フランスは2004年末，日本は2004年度末の数字．なお参考の対象年はデータの入手度合いによりそれぞれ異なっている．

そのような状況の中，1999年，欧州委員会は政府保証について競争を歪曲する政策として，競争政策が厳格化され，広くヨーロッパをカバーし運用されるようになった．特に，ドイツ，フランス，イタリアで政策金融について大きな変化が生じている．

1.1 ドイツ

ドイツの全国レベルの政策金融は，特殊課題銀行14行の中で最大のものである復興金融公庫（KfW: Kreditanstalt für Wiederaufbau）とドイツ農林金融公庫（Landwirtschaftliche Rentenbank）の2機関がある．なお，従来，主として中小企業向け融資を行っていたドイツ調整銀行（DtA: Deutsche Ausgleichsbank）は，2003年1月に復興金融公庫に統合された．また，そのほかに，地方レベルでは地域内での中小企業向けの融資等を行う州立銀行がある．

復興金融公庫は，戦後の西ドイツ復興を目的として，1948年11月に設立された．設立当初は欧州復興計画（ERP：マーシャルプラン）による見返り資金を主要原資として長期産業資金を供給していたが，その後より広い分野で業務を行うようになり，現在では，中小企業，住宅，地域インフラ，環境，輸出，途上国援助等政策金融のほとんどの分野をカバーする業務を単一機関で行っている．1970年からは，債券発行等により調達した資金によるプログラム（KfWプログラム）を始め，現在では融資実績の95％超はKfWプログラムとなっている．

復興金融公庫の業務の拠点はフランクフルト（本部），ベルリン，ボンにあり，従業員数は3000人以上となっている．なお，監督官庁は連邦大蔵省であり，

連邦金融監督庁の監督は受けていない.

復興金融公庫の業務は,①中小企業業務(Mittelstandsbank),②投資振興業務(Forderbank),③貿易投資業務(IPEX-Bank),④開発業務(Entwicklungsbank)の4つに分かれている.それぞれの業務は,①中小企業支援(旧DtAを引継ぎ),②公共のインフラ整備投資,社会教育プログラム,エネルギー及び住宅建設,③輸出及びプロジェクトファイナンス,④途上国向けの経済協力である.

これらの分野への政策関与の手法として,融資,保証,金融機関の既存債権の証券化,出資がある.従来から融資の比重は高く保証の比重は低かったが,最近は証券化業務が急速にシェアを拡大している.

一方,EU域内における競争政策が厳格化される中,1990年代半ば以降,ドイツの政策金融機関に対する政府保証の枠組みが問題として取り上げられた.欧州委員会とドイツ当局間の協議・合意に基づき,復興金融公庫については,輸出金融,プロジェクトファイナンスを2007年末までに商業ベースの子会社に移管することが決定された(図8-2).

民間金融機関との競争条件を同じにするための具体的な措置は次の通りである.

①復興金融公庫の100％子会社とし,法的に独立した存在とする.
②ドイツの銀行法に基づく金融機関として,監督は連邦金融監督庁が行う.
③政府保証なし・税制恩典なし.
④資金調達で復興金融公庫の優位性を利用しない.

EU競争政策で問題になっていたのは,復興金融公庫がその債務について包括的に政府保証が付与されているにもかかわらず,その優位な資金調達力を使って,商業ベースの金融業務を行っていた点である.さらに,具体的に言えば,輸出金融・プロジェクトファイナンスの中でも,金利設定についてOECD輸出信用ガイドラインが適用されていない「マーケット・ウィンドウ」といわれる業務であり,復興金融公庫の輸出金融・プロジェクトファイナンスのうち9割程度を占めている.[2]

---

[2] OECD輸出信用ガイドライン(紳士協定)は金利・期間等の基本的な融資条件を定めており,下限金利は基本的に各国国債流通利回り+100bpである.なお,OECD輸出信用ガイドライン等を適用するものは「オフィシャル・ウィンドウ」といわれる.

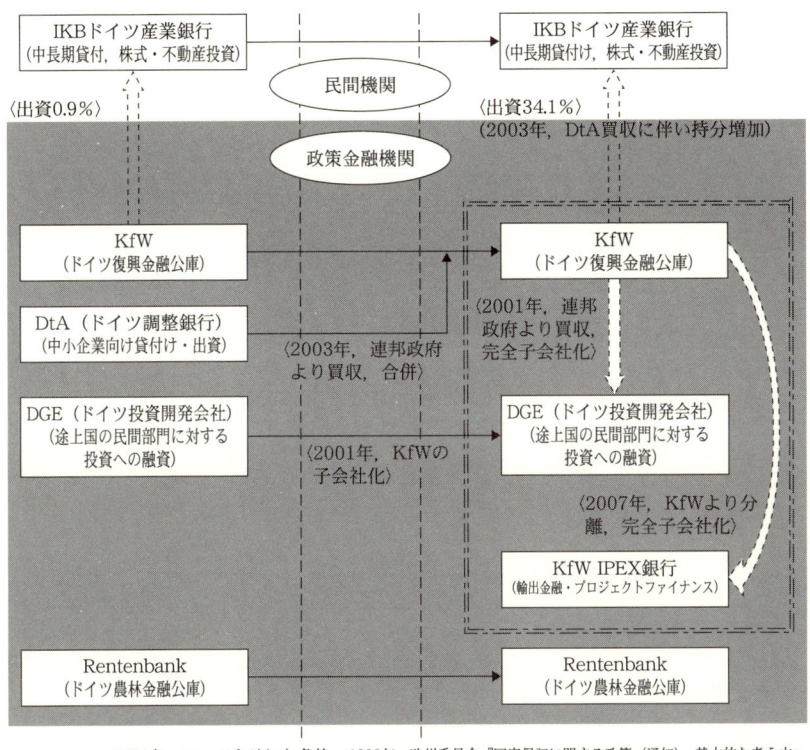

図8-2 ドイツにおける政策金融機関の変遷

```
民間機関
  IKBドイツ産業銀行                              IKBドイツ産業銀行
  (中長期貸付，株式・不動産投資)                  (中長期貸付け，株式・不動産投資)
  〈出資0.9%〉                                   〈出資34.1%〉
                                                (2003年，DtA買収に伴い持分増加)

政策金融機関
  KfW                          →               KfW
  (ドイツ復興金融公庫)                            (ドイツ復興金融公庫)

  DtA（ドイツ調整銀行）          〈2003年，連邦政府
  (中小企業向け貸付け・出資)      より買収，合併〉    〈2001年，連邦政府より買収，完全子会社化〉

  DGE（ドイツ投資開発会社）                       DGE（ドイツ投資開発会社）
  (途上国の民間部門に対する                      (途上国の民間部門に対する
   投資への融資)                                  投資への融資)
                               〈2001年，KfWの
                                子会社化〉        〈2007年，KfWより分離，完全子会社化〉

                                                KfW IPEX銀行
                                                (輸出金融・プロジェクトファイナンス)

  Rentenbank                    →               Rentenbank
  (ドイツ農林金融公庫)                            (ドイツ農林金融公庫)

  1992年，マーストリヒト条約    1999年，欧州委員会『国家保証に関する政策(通知)－基本的な考え方』
```

(出所) 内閣府資料．

　こうした輸出金融などの子会社化によって，政策金融と商業金融の分離が可能になったといわれている．商業ベースの輸出金融やプロジェクトファイナンスを政府保証が付与された政策金融機関が行うことが問題とされたのであって，政策金融ベースの輸出金融やプロジェクトファイナンスについても政策金融機関が行うべきではないとしたわけではない．ただし，復興金融公庫では政策金融ベースの輸出金融やプロジェクトファイナンスはほとんどない．

　また，貯蓄銀行グループ（州立銀行・貯蓄銀行）について付与されていた政府保証は2005年7月から段階的に廃止されることとなった．

1.2 フランス

フランスでは，戦後，3大商業銀行（クレディ・リヨネ，ソシエテ・ジェネラル，BNPパリバ）など国有商業銀行が伝統的に多かった．しかし，1986年の政権交代に伴い国有化政策が見直され，金融機関を含む国有企業の民営化法がつくられた．その結果，1980年代末より国有商業銀行が相次いで民営化された（図8-3）．民営化が進展した背景として，①欧州レベル（EU指令等）での規制強化（国有企業に対する政府補助の原則禁止），②政策金融機関の地方を中心とする強固な支店網が民間金融機関にとって参入障壁だとして，強い批判にさらされたこと，③政策金融機関の硬直的・固定的な資本構造（出資分の譲渡制限条項等）のために他機関との合併・買収が困難であり，金融再編・合理化を阻害しているとの批判が強まったこと，④政治的要因（国有企業の民営化収入が財政運営支援の有効材料だったこと）などがある．

民営化の進め方・手順については，政策金融業務として維持すべき機能とそうでないものに峻別し，前者は政策金融機関として存続させ，後者は民営化後も政府援助なしに収益が確保できるかどうかの判断基準により廃止か存続（民営化）かを決定した．また，民営化は，当該業務（企業）を必要に応じて別会社化した上で，これに企業価値を認めた他の民間金融機関に買収させるという方法で行われた．

民営化後も引き続いて公的業務を行っている例もあるが，政府との関係はあくまで「業務委託」であり，通常業務（民間業務）とは別勘定で行うなどの措置がとられている．「公共性はライバル銀行との差別化を図る有力な武器である」（貯蓄金庫CEOコメント）という意見もあり，民営化は，民営化が進んだことで個々の銀行の収益性や効率性が向上し銀行業界全体が活性化，結果としてフランス経済全体が活性化・競争力回復したと肯定的にとらえられている．また，結果として，民営化による株式売却収入，法人税収入が増え，一方で出資金・補助金等が減少したので，政府財政負担が軽減した．また，監査機能のレベルが向上，効率化したことによりコーポレート・ガバナンスが強化されたといわれている．また，民間金融機関と活動するために，リスクの選別化が進み，低所得層や零細企業等に対する与信に対し消極的になったという意見もある．

図8-3 フランスにおける政策金融機関の統合・民営化の変遷

政策金融機関		民営化された機関
フランス貿易銀行 (BFCE) (輸出支援)	〈1996年/買収〉 →	〈1998年/バンク・ポピュレールにより買収〉
クレディ・ナショナル (産業向け中長期融資・途上国支援)	〈1996年/民営化〉 → ナテキス 〈1997年/商号変更〉	ナテキス・バンク・ポピュレール (産業支援・輸出支援)
フランス貿易保険会社 (COFACE) (貿易保険)	〈1994年/民営化〉	〈2002年/買収〉
フランス地方設備公庫 (地方自治体, インフラ整備支援)	クレディ・ロカール・ド・フランス (地方自治体, インフラ整備支援)	デクシア・クレディ・ロカール (地方自治体, インフラ整備支援) 〈1996年/完全民営化・ベルギー系と統合〉
フランス不動産銀行 (CFF) (住宅金融)	〈1987年/部分民営化〉	フランス不動産銀行 (CFF) (住宅金融) 〈1999年/貯蓄金庫 (CNCE) により買収〉
	CNP (個人・団体生命保険)	CNP Assurances (個人・団体生命保険) 〈1992年/民営化〉 → 〈現在もCNP Assuranceとして健在〉
	〈1997年/公社化〉	CDC IXIS (投資銀行業務) → IXIS Corprate & Investment Bank (投資銀行業務) 〈2004年CNCEにより買収〉
預金供託公庫 (CDC) (公共住宅・地域インフラ支援)	〈1984-2001年/グループ内の公的業務と民間業務を分離〉 〈2001年/分離 (貯蓄金庫 (CNCE) と合併)〉	預金供託公庫 (CDC) (公共住宅・地域インフラ支援)
中小企業設備金庫 (CEPME) (中小企業向け融資)	〈1997年/持株会社 (BDPME) の下で統合〉	中小企業開発銀行 (BDPME) (中小企業支援)
中小企業融資保証会社 (SOFARIS) (中小企業向け信用保証)		
フランス開発公庫 (旧仏領向け支援)	〈1998年/政府系海外支援業務一元化〉	フランス開発庁 (AfD) (途上国, 海外領土支援・ODA代理執行)

1992年, マーストリヒト条約　　　　　　1999年, 欧州委員会『国家保証に関する政策(通知)-基本的な考え方』

(出所) 内閣府資料.

1980年代半ばから始まった民営化の動きの中で, ①4つの政策金融機関(産業向け中長期信用等機関, 地方自治体・インフラ向け機関, 貿易支援2機関)は民営化, ②中小企業向け2機関は統合となった.

また, 預金供託公庫(CDC: Caisse des Depots et Consignations)は, 1816年に公的機関として設立され, 政策金融機関の中で圧倒的な規模を占めてきた. フランス郵政公社(La Poste)やフランス貯蓄金庫(Caisse d'Epargne)がその全国的支店網を通じて集めた非課税貯蓄預金等を原資とした中小企業や住宅関連の政策金融のほか, 投資銀行業務や保険業務等の民間金融機関と競争関係

表 8-2 フランス政策金融機関民営化の主な動き

年	事項
○フランス地方金融公庫	
1966	地方自治体向け専門金融機関として設立(経営はCDCに委託).
1987	民営化(政府保有株式一部売却),クレディ・ロカール・ド・フランスと改称.
1996	完全民営化.ベルギーの地方自治体向け金融機関(CCB)と統合し,デクシア・グループ設立. 現商号:デクシア・クレディ・ロカール.
○クレディ・ナショナル	
1919	中長期産業資金支援のための公的機関として設立.
1994	民営化(株式売却,ただし政府による経営陣任命権残る).
1996	政府の経営陣任命権廃止(実質完全民営化),フランス貿易銀行(BFCE)を買収.
1997	ナテキスと改称し普通銀行化.
1998	信用共同組合金融機関のバンク・ポピュレール(庶民銀行)により買収. 現商号:ナテキス・バンク・ポピュレール
○フランス貿易銀行(BFCE)	
1947	輸出金融支援のための公的機関として設立.
1990	民営化(政府系企業による増資).
1996	クレディ・ナショナルにより買収.
○フランス貿易保険会社(COFACE)	
1946	設立.
1994	民営化(政府保有株式一部売却).
2002	ナテキス・バンク・ポピュレールにより買収.
○フランス不動産銀行(CFF)	
1852	住宅金融支援のための公的機関として設立.
1996	CDC傘下に入る.
1999	貯蓄中央金庫(CNCE)の子会社となる.
○預金供託公庫(CDC)商業ベースの投資銀行部門	
1985〜2000	資産運用部門,保険,資本市場業務部門等を分離・子会社化.
2001	投資銀行部門をCDC IXISとして分社化,投資銀行関連子会社集約.
2001	CDC本体と貯蓄中央金庫(CNCE)の合弁により金融持株会社Euliaを設立.同社傘下にCDC IXISのほか,貯蓄金庫(注)グループの投資銀行部門を再編成.
2004	CDC保有のEulia株式(50.1%)とCDC IXIS株式(43.55%)をCNCEへ譲渡,CDC IXISは貯蓄金庫グループの直接子会社となる. 現商号:IXIS

(注) 貯蓄金庫は共済系金融機関として設立.1999年に協同組合金融機関へと組織変更する形で民営化(同グループの中央機関であるCNCEの出資比率は,貯蓄金庫65%,CDC35%).

にある分野における商業金融も行ってきた．ただし，1984年から2001年にかけて，民間金融機関との競合関係にある業務を順次分離・子会社化してきた．それにもかかわらず，政策金融と商業金融が混在している点が問題視され，欧州委員会とフランス当局が相談した結果，2001年1月には，政策金融と商業金融を組織上明確に分離する経営改革の一環として，民間金融機関との競合の度合いが著しい，大企業向けの投資銀行部門をCDC IXISとして分離し，商業ベースの子会社化とし，その後2004年7月に民間のCNCEに売却した．

これらの商業ベースの子会社はCDCグループの一員であるが，今のところ他の民間金融機関と競争関係にあり，競争条件は均等になっていると理解されている（表8-2）．

1.3 イタリア

イタリアでは，1990年アマート法により，公法機関として設立された銀行の株式会社化を推し進め，1994年以降，マーストリヒト条約により設定された国家財政目標の達成のため，政府資産の売却や，政府保有の金融機関を含む政府機関の民営化を実施して民営化及び不動産の売却益を公債の返済に充てている（図8-4）．

これまで民営化された主な政策金融機関としては，イタリア信用銀行（Credito Italiano）（1993年に民営化），イタリア商業銀行（Banca Commerciale Italiana）（1994年に民営化），イタリア動産公庫（Istituto Mobiliare Italiano）（1994～1996年で民営化）などがある．「経済財政計画書 2005-2008」（Documento di Programmazione Economico-Finanziaria 2005-2008）の中で，2005～08年の4年間における民営化，国有不動産の売却及び証券化からの手取金を約1000億ユーロと見積もっている．これは名目GDPの7.4％に相当する（2004年の名目GDPは1兆3501億ユーロ）．

2．将来の政策金融の姿

公的金融システムについて小さな政府を確立するためには，公的部門への資金の流れにおける入口である郵政民営化とともに，出口の政策金融改革につい

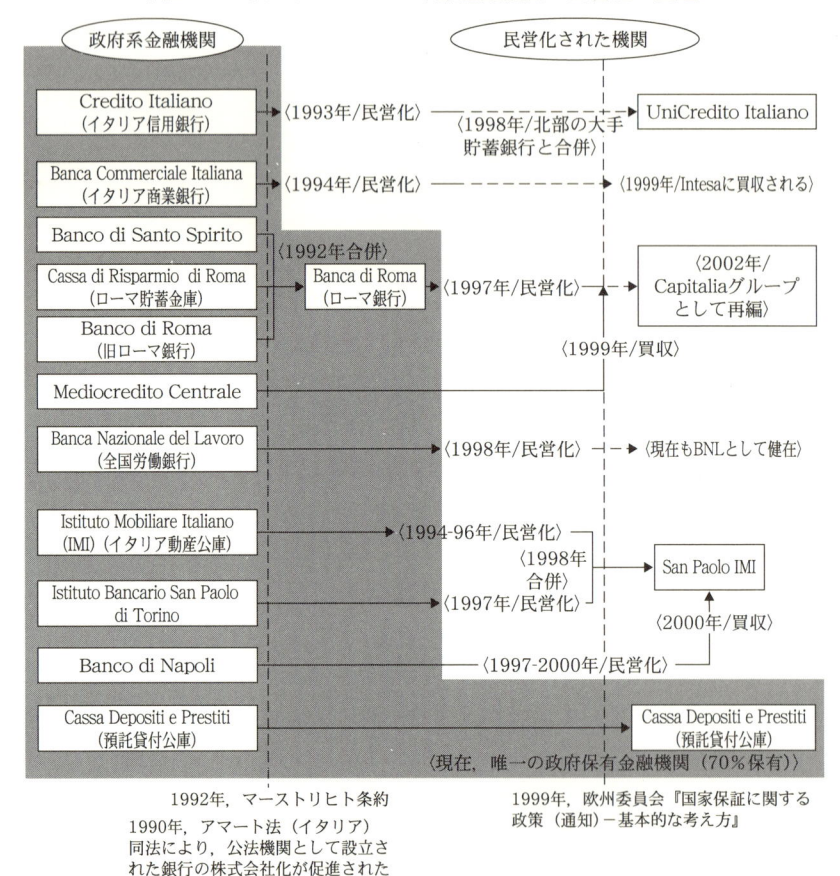

図8-4 イタリアにおける政策金融機関の民営化の変遷

政府系金融機関		民営化された機関
Credito Italiano（イタリア信用銀行）	〈1993年/民営化〉——〈1998年/北部の大手貯蓄銀行と合併〉	UniCredito Italiano
Banca Commerciale Italiana（イタリア商業銀行）	〈1994年/民営化〉————	〈1999年/Intesaに買収される〉
Banco di Santo Spirito / Cassa di Risparmio di Roma（ローマ貯蓄金庫）/ Banco di Roma（旧ローマ銀行）	〈1992年合併〉→ Banca di Roma（ローマ銀行）〈1997年/民営化〉 / 〈1999年/買収〉	〈2002年/Capitaliaグループとして再編〉
Mediocredito Centrale		
Banca Nazionale del Lavoro（全国労働銀行）	〈1998年/民営化〉	〈現在もBNLとして健在〉
Istituto Mobiliare Italiano (IMI)（イタリア動産公庫）	〈1994-96年/民営化〉〈1998年合併〉	San Paolo IMI
Istituto Bancario San Paolo di Torino	〈1997年/民営化〉 / 〈2000年/買収〉	
Banco di Napoli	〈1997-2000年/民営化〉	
Cassa Depositi e Prestiti（預託貸付公庫）		Cassa Depositi e Prestiti（預託貸付公庫）〈現在，唯一の政府保有金融機関（70％保有）〉

1992年，マーストリヒト条約
1990年，アマート法（イタリア）
同法により，公法機関として設立された銀行の株式会社化が促進された

1999年，欧州委員会『国家保証に関する政策（通知）－基本的な考え方』

（出所）内閣府資料．

ても，軌を一にして行う必要がある．

　2004年度末までの不良債権集中処理期間が終了し，民間金融機関はその機能を回復・強化する中で，経済財政諮問会議が2002年12月にとりまとめた「政策金融改革について」では，2005年度から政策金融改革を行わなければならないとされた．

　その際，政策金融について，「民間にできることは民間に委ねる」ことを基本とし，量的な意味で「小さな政府」を実現させなければいけない．また，質

的な意味でも，資金調達から融資審査・実行まで公的機関が一貫して行う「フルセット主義」を見直し，民間金融機関の金融技術をベースにして必要な部分のみ公的に関与する「真の民業補完」に徹し，限られた資源について「効率的な政府」を目指すべきである．

2.1 対象分野選定の基準

政策金融の対象分野を選定する基準には，公益性と金融リスクの評価等の困難性がある．[3] 公益性とは，政府の介入によって明らかに国民経済的な便益が向上する（社会的な便益が社会的な費用を上回るため，政策的助成により「高度な公益性」が発生する）場合であり，公的政策である以上，この基準は当然満たさなければならない．

次は，政策金融が民間金融でできることは行ってはいけないし，民間金融を補完すべきものであることから，金融リスクの評価等の困難性が必要になる．この基準は，情報が乏しいこと，あるいは不確実性や危険性が著しく大きいことによってリスクの適切な評価等が極めて困難なため，民間金融による信用供与が適切に行われない（金融機能面における「リスク評価等の困難性」ゆえに資金不足が生ずる）場合である（図8-5）．

2.1.1 公　益　性

国が定める中小企業政策，農林漁業政策，資源・エネルギー政策，沖縄政策等の経済・社会政策にかかるものに限定すべきである．なお，それらの分野は，これまでも政策関与が行われてきている主な分野の政策金融への財政措置等の状況を見ると，表8-3の通りである．

2.1.2 金融リスクの評価等の困難性

金融技術の発達等により，民間金融機関が直面していた金融リスクについてはかなりの程度市場での評価が可能となっている．[4]

金融リスクを分解（unbundling）し，民間金融では対応できない部分につ

---

[3] 2002年12月経済財政諮問会議「政策金融改革について」．
[4] 市場での評価が可能となった金融リスクの例としてフラット35がある．

図8-5 政策金融の対象分野と金融手段のイメージ図

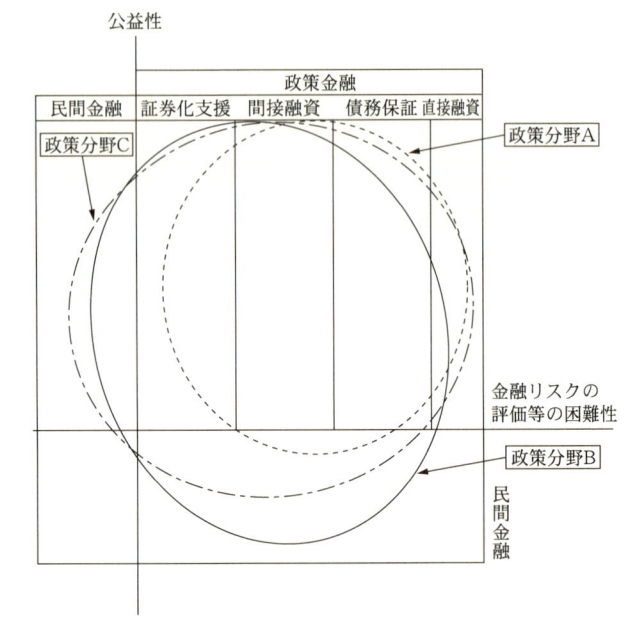

表8-3 政策金融への財政措置等の状況

(単位 億円)

政策分野	産業投資	中小企業	農林漁業	資源・エネルギー	沖縄政策	経済協力
政策コスト	1,359 (1,069)	2,895 (2,782)	3,184 (3,004)	—	322 (119)	3,715 (5,897)
行政コスト	(△905)	(1,522)	(384)	—	(36)	(△231)
補給金	8 (6)	— (422)	490 (512)	—	198 (53)	300 (300)
政府出資等の機会費用	(214)	(127)	(56)	—	(11)	(910)
(参考) 一般会計予算	710 (988)	1,730 (1,738)	6,755 (6,825)	4,954 (5,065)	4,829 (5,009)	7,404 (7,686)

(注) 1. 2005年度の数値．( )内は2004年度．中小企業＝国民公庫＋中小公庫（融資勘定）．
2. 一般会計予算は，「産業投資特別会計への繰入額」「中小企業対策費」「食料安定供給関係費」「エネルギー対策費」「経済協力費」．

図8-6 政策金融によるリスクの引受け手法

小　　　　　　　金融リスクの評価等の困難性　　　　　　　大				
証券化支援	間接融資	債務保証	代理貸し	直接融資
大　　　　　　　　市場機能の活用　　　　　　　　　小				

いてのみ，政策金融において対応することとし，民間金融を活用し，市場機能が最大限に活用できる手法で行う（図8-6）．

(ア) 金利リスク

これまでは民間金融機関では長期資金の調達が困難であったが，金利スワップ等の金融技術の発達により，ある程度超長期の貸付けを行うことが可能となった．

(イ) 信用リスク

これまでは民間金融機関が貸付先企業の信用リスクをすべて引き受けざるをえなかったが，金融リスクを分解（unbundling）し，部分的なリスクを切り離すことが可能となった．

2.2 政策金融の対象外となる分野

2.2.1 公益性の低い分野

所属団体向け中小企業組合金融は，中小企業によるメンバーシップ制の互助金融であり，その本来の性格に鑑みれば公的な政策金融で行わねばならない必要性は低い．貿易・投資金融・事業開発等金融（アンタイドローン）では，貿易・投資は，基本的には民間の商業ベースの企業活動であることから，国として直接関与する必要性は薄く，公益性は低い．民間ベースの貿易・投資にかかる金融は民間に委ねる．ただし，次のものについては政策金融として民間金融機関を活用した対応を検討すべきである（図8-7）．

○OECD輸出信用ガイドラインにのっとった輸出信用については，政策金融機関から民間融資実施機関へのツーステップローンを行うこと．
○資源開発金融など，国の資源・エネルギー政策に深くかかわる案件については，政策金融機関と民間金融機関との協調融資などを行うこと．
○貸付先が外国政府である場合など，わが国政府の信用力を必要とする案件

図 8-7 政策金融の対象分野のイメージ図 （金額は2004年度末貸付残高）

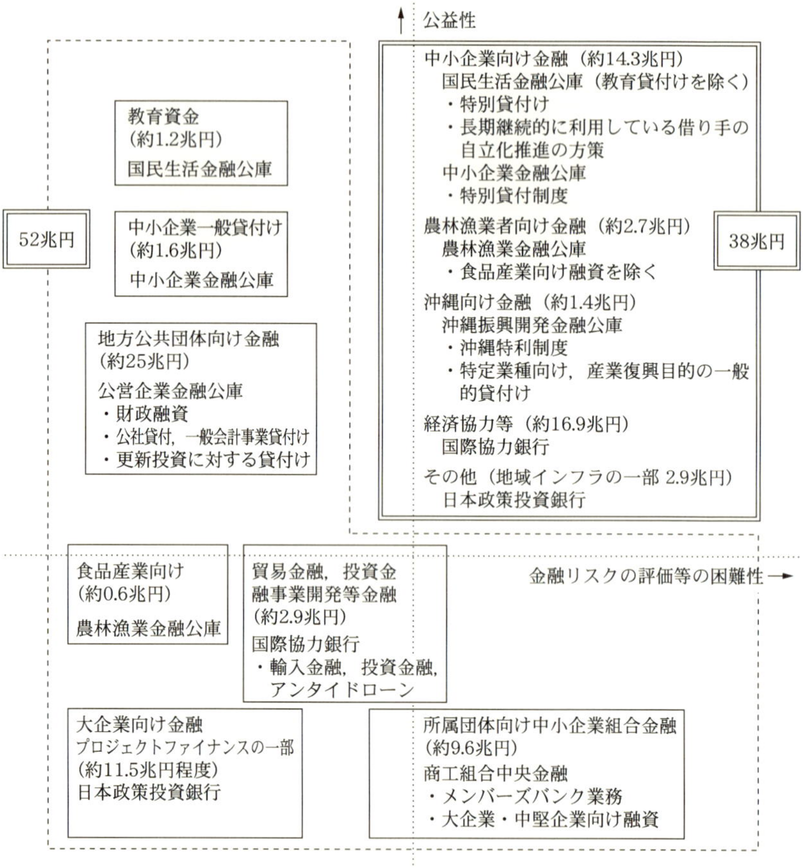

```
                                    ↑ 公益性
        ┌─────────────────────────┬─────────────────────────────────┐
        │                         │ 中小企業向け金融（約14.3兆円）   │
        │   教育資金               │   国民生活金融公庫（教育貸付けを除く）│
        │   （約1.2兆円）          │   ・特別貸付け                  │
        │   国民生活金融公庫       │   ・長期継続的に利用している借り手の │
        │                         │     自立化推進の方策            │
        │                         │   中小企業金融公庫              │
┌────┐  │   中小企業一般貸付け     │   ・特別貸付制度                │ ┌────┐
│52兆円│ │   （約1.6兆円）          │ 農林漁業者向け金融（約2.7兆円）  │ │38兆円│
└────┘  │   中小企業金融公庫       │   農林漁業金融公庫              │ └────┘
        │                         │   ・食品産業向け融資を除く      │
        │ ┌─────────────────────┐ │ 沖縄向け金融（約1.4兆円）        │
        │ │地方公共団体向け金融  │ │   沖縄振興開発金融公庫          │
        │ │（約25兆円）         │ │   ・沖縄特利制度                │
        │ │公営企業金融公庫      │ │   ・特定業種向け，産業復興目的の一般│
        │ │・財政融資           │ │     的貸付け                    │
        │ │・公社貸付，一般会計事業貸付け│ 経済協力等（約16.9兆円）         │
        │ │・更新投資に対する貸付け│ │   国際協力銀行                  │
        │ └─────────────────────┘ │   その他（地域インフラの一部 2.9兆円）│
        │                         │   日本政策投資銀行              │
        ├─────────────────────────┼─────────────────────────────────┤
        │                         │                    金融リスクの評価等の困難性→
        │ 食品産業向け            │ 貿易金融，投資金                │
        │ （約0.6兆円）           │ 融事業開発等金融                │
        │                         │ （約2.9兆円）                   │
        │ 農林漁業金融公庫        │ 国際協力銀行                    │
        │                         │ ・輸入金融，投資金融，          │
        │                         │   アンタイドローン              │
        │                         │                                 │
        │ 大企業向け金融          │ 所属団体向け中小企業組合金融    │
        │ プロジェクトファイナンスの一部│ （約9.6兆円）                   │
        │ （約11.5兆円程度）       │ 商工組合中央金庫                │
        │ 日本政策投資銀行        │ ・メンバーズバンク業務          │
        │                         │ ・大企業・中堅企業向け融資      │
        └─────────────────────────┴─────────────────────────────────┘
```

については精査の上，政策金融機関からの直接融資などを行うこと．

2.2.2 金融リスクの評価等の困難性が低い分野

地方公共団体向け金融では，公募地方債を発行できる地方公共団体には，民間資本市場における資金調達が可能であるので，政策金融としての対応は不要である．公募地方債を発行できない地方公共団体については，民間金融機関からの信用供与が可能であるし，共同発行などの工夫により民間資本市場からの資金調達も可能である．さらに財政融資という手段も残されている．2006年度

から地方債起債の許可制が廃止され事前協議制となる．公営企業金融公庫は，地方公共団体の公営企業会計（特別会計に相当）向けの資金調達を行っているが，レベニュー債の仕組みなどで起債は比較的容易である．また，起債の自由度を確保することは，三位一体改革を加速するためにも必要である．地方公共団体への信用補完（各団体の信用力格差を補正）という観点から見ると，地方交付税措置と公営企業金融公庫の機能は同じで重複している．

　大企業向け金融では，大企業は民間資本市場にアクセスが可能であるので，政策金融としての対応は不要である．なお，現行政策金融機関での大企業向け貸付けは約11兆円程度である（2004年度末残高）[5]．

2.2.3　公益性・金融リスクの評価等の困難性が高い分野

　公益性があるとされる分野であっても，金融リスクを分解（unbundling）し，民間金融では対応できない部分についてのみ，政策金融において対応することとし，民間金融を通じ民間金融機関の金融技術をベースとして，市場機能が最大限に活用できる手法で行う．

　金融リスクの評価等については，民間金融を通じた政策金融スキーム（証券化支援，間接融資，債務保証等のメニュー）を提示した上で，政策金融機関との比較により実施機関を決定する（市場化テスト）．その際，民間金融機関のコストを踏まえ，適正な収益が確保されるよう配慮する．

　これらの手続きは，政策コストを最小化しつつ，できる限り民間金融を利用して政策金融を行うという考え方により実施する．

2.3　規模の縮減

　直接貸出は欧米より突出しており，民間金融機関とより競合関係がある．直接貸出残高については，対GDP比でできるだけ早期に欧米並みに半減させる必要があろう．

　なお，対象分野の見直しの結果，商工中金民営化（2004年度末貸付残高9兆

---

[5]　日本政策投資銀行業種別で，「電気・ガス・熱供給・水道業」，「運輸・通信業」，「不動産業」を合計（約9.6兆円），国際協力銀行（国際金融等勘定）（約1.2兆円），農林漁業金融公庫（食品産業向け）（約0.6兆円）．

図8-8　政策金融機関の貸付残高

貸付残高
（2004年度末）

機関	貸付残高		
沖縄振興開発金融公庫	1.4兆円	沖縄向け金融	
国民生活金融公庫	9.6兆円	中小企業向け金融	教育
国際協力銀行	19.8兆円	経済協力等	貿易,投資等
農林漁業金融公庫	3.3兆円	農林漁業者向け金融	食品産業向け
中小企業金融公庫	7.5兆円	特別貸付け	一般貸付け
日本政策投資銀行	14.0兆円	地域インフラ等 ／ 大企業向け,プロジェクトファイナンスの一部	
公営企業金融公庫	25.0兆円	地方公共団体向け金融	
商工組合中央金庫	9.6兆円	所属団体向け中小企業組合金融	
合計	90.2兆円	政策金融 38兆円	民営化,売却等 52兆円

5888億円），公営公庫廃止（同25兆240億円），国際協力銀行の貿易・投資金融・事業開発等金融の廃止または民営化（同8兆4997億円），日本政策投資銀行の民営化等により大企業向け貸付残高（約11兆円）の削減となれば，50兆円を上回る減額が可能になる（図8-8）．

2.4　組織の見直し

　対象分野の見直し・規模の縮減に対応した効率的な組織が必要である．2008年度より新たな組織形態に移行することとなっているが，その際，省庁別・政策別等の縦割りの組織でなく，単一の組織とすれば，国として必要な政策金融としてのシナジーを生かし，限られた資源を効率的に活用することができる．

　統合集約後の機関においても，業務を不断に見直し，また，他の政府機関で類似の業務を行っているものとの統合等を検討する．円借款（経済協力の一部）については，他の経済協力業務（無償，技協）を行う機関（国際協力機構

等）と統合すれば，現在の国際協力銀行で行われている商業的な金融と経済協力を分離することができ，しかも非商業的な援助も統合することができるので，先進国で標準的なスキームになる．

民間金融を通じ民間金融機関の金融技術をベースとする政策金融スキームを構築するために，金融技術に精通している民間人を積極的に登用する．株式会社形態により，厳格なガバナンスを構築する．

具体的には，民営化または廃止が適当な日本政策投資銀行，商工組合中央金庫，公営企業金融公庫を除く現行6機関は1つに統合し，政府が全額出資する株式会社とする．

2.5 政策金融の手法の革新，融資条件の適正化の徹底等

2008年度までの準備期間においても，政策金融の手法の革新，融資条件の適正化の徹底等可能な措置は現行機関において速やかに実施する．

3．政策金融改革の現状

公的金融システムを金融理論から見れば，郵貯は受信サイドであり，政策金融機関は与信サイドになる．この意味で郵政民営化と政策金融改革はミラー関係になる．郵政民営化をしても，政策金融改革がまったく行われなければ，民営化された郵貯は信用リスク業務に進出できずに収益機会がなく，民営化が失敗に終わる可能性もある．このため，政策金融残高を郵政民営化と整合的に減少させることが必要である．

郵政民営化の議論のときから政策金融改革は一体として行うとの方針が政府より示されていたために，郵政民営化が総選挙という国民審判を経て成立した以上，その直後に政策金融改革が行われたのは，政治的にも自然な流れであった．じつは，政策金融問題については，2002年当時，道路公団民営化とともに改革が模索されたが，不良債権問題もあり，本格的な解決は図られていなかった．[6] それが，郵政民営化が現実問題として決着された直後，一気に成案が得られた．

政策金融改革は，郵政民営化法案が国会で成立した直後，2006年10月中旬か

ら経済財政諮問会議が少し先行し，途中から経済財政諮問会議と自民党でほぼ並行して議論が行われた．[7]

公益性と金融リスクの評価困難性の2つの基準に基づき政策金融の対象分野が絞られ，その結果，政策金融残高は半減し，日本政策投資銀行，商工中金が民営化，公営企業金融公庫が廃止されることとなった．ここで，民営化とは，いわゆる「完全民営化」である．民営化には，①個別根拠法があり政府出資があるもの（特殊会社化．例えばNTT），②個別根拠法があるが政府出資がないもの（民間法人化．例えば農林中金），③個別根拠法も政府出資もないもの（完全民営化．例えば郵政民営化の郵便貯金会社，保険会社）という3つの意味がある[8]が，③が完全民営化である．

小泉政権による政策金融改革は，これまでの改革（組織統合が中心）を大きく越える抜本的なものであった．郵政民営化と一体で考えると，従来の公的金融システムを大きく変化させた．ただし，細かい点には若干の留意も必要である．

まず，日本政策投資銀行，商工中金の民営化後のビジネスモデルであるが，日本政策投資銀行では金融債発行による従来の長期信用銀行ビジネスモデルが志向されているように見える．[9]かつての長期信用銀行はすでになくなっていることからもわかるように，このモデルの実現可能性は十分検討されるべきである．

第2に，日本政策投資銀行の社会インフラ融資を民営化対象にしたり，国際協力銀行国際金融部門の政策金融として残す部分に国際競争力のための融資があるが，これらは詳細な制度設計の段階及び実際の運営段階で常に公的金融として必要な業務であるかどうかを問われなければいけない．

第3に，日本政策投資銀行と商工中金の民営化会社は，特殊会社としてスタ

---

6) 2002年12月17日，閣議決定「道路関係四公団，国際拠点空港及び政策金融機関の改革について」．
7) 2005年1月28日，衆議院予算委員会小泉純一郎「政府系金融機関はこれから経済諮問会議で統廃合を議論します」．
8) 2001年12月19日，閣議決定「特殊法人等整理合理化計画」．
9) 2006年6月22日，経済財政諮問会議「政策金融改革の制度設計（案）」（中馬臨時議員提出資料）．

ートして，移行期間後に個別根拠法を廃止して完全民営化になるとされている．こうした措置は，完全民営化段階で急激な組織変化が必要となるので，完全民営化への移行を遅くすることになるおそれがある．[10]

なお，政策金融改革は，「簡素で効率的な政府を実現するための行政改革の推進に関する法律」（通称「行政改革推進法」，2006年5月26日成立）と，それに基づく「株式会社日本政策金融公庫法」（2007年5月18日成立），「株式会社日本政策投資銀行法」（2007年6月6日成立），「株式会社商工組合中央金庫法」（2007年5月25日成立），「地方公営企業等金融機構法」（2007年5月23日成立）で法的な整備は終了している．

---

[10] 郵政民営化の貯金・保険会社は，民営化のスタート時点から個別根拠法はなく，商法上の株式会社である．両者の違いがどのように完全民営化へのスピード・成果の差になるか，ならないか，興味深い．

第9章　他の政策への影響

　財投・郵政・政策金融改革を行うと，政府の資産・負債はかなりスリム化する．そうであれば，それらの次に政府資産負債管理を統一的に見直すことは自然な発想である．政府の金融活動を見直すのであれば，非金融活動も見直すのである．

　このような取組みは実は財政再建に有効である．財政再建では，政府のフロー収支に着目して，まず基礎的財政収支（プライマリーバランス）の黒字化が目指される．ところが，日本は政府負債も大きいが政府資産も大きい．もちろん政府資産の中には流動化が困難なものや不適切なものが含まれるが，財政再建にあたってフロー面だけではなく，ストック面の検討が必要になっている．

　次に，郵政民営化の議論では，国債管理政策との関係もおおいに議論された．郵貯が国債の消化機関であったために，郵政民営化後に国債消化が困難になるのではないかとの懸念である．これまでの日本には個人国債が少なく，郵貯は事実上個人国債の代替物であったのは事実である．その上で，日本の国債管理政策としては市場性のものばかり発行していればよかったが，これからは先進国と同じように，市場性国債と非市場性国債（個人国債）をバランスよく発行せざるをえなくなる．確かに，これまでの簡単な国債管理政策を続けられなくなるが，さりとて他国と比較してそれほど困難になるわけではない．

　最後に，財投・郵政・政策金融改革は，政府の金融活動を必要最小限度にして，「民にできることは民で」という小さな政府を目指すものであるが，重要な副産物として，財政再建にも貢献する．もちろん，特殊法人や政策金融機関への補給金の減少を通じて，フロー面の基礎的財政収支で寄与するが，一方で，政府の資産・負債の圧縮にもなり，広い意味での政府債務残高対GDP比の引下げになる．

　以上のように，財投・郵政・政策金融改革は他の政策にもおおいに関係して

いる.本章ではそれらを整理しよう.

1. 政府資産負債管理政策

1.1 問題の所在

　日本は「小さな政府」なのか「大きな政府」なのか.この答えはそれほど簡単ではない.2005（平成17）年度の『経済財政報告（経済白書）』では,政府支出・国民負担の規模,公的規制の強さ・公的企業の割合などの指標により検討されているが,政府支出・国民負担率では主要国に比べて「小さな政府」といえるが,公的規制や公的企業の割合では「大きな政府」とされている.

　日本政府はストック面から見れば「大きな政府」であり,財投・郵政・政策金融改革が必要な理由は,後者の意味で「小さな政府」を目指すことにあるといえる.ちなみに,日本の政府債務残高の対GDP比は先進国の中でいちばん高いが,一方で日本の政府資産残高も高い.例えば,日本の政府資産残高の対GDP比は150％程度であるが,米国は15％程度と1桁違う状況である（第2章,参考2参照）.また,ヨーロッパ諸国と比較しても,日本の政府資産は大きい（図9-1）.これは,日本の財政再建を考える上で重要なポイントである.フローの歳出・歳入を見直すことは当然としても,それと並行して政府資産を民間に売却すれば債務が減少するからである.政府の資産のうち,売却できるものは売却し,最大限の有効活用を行うことは,今後,国民に負担増を求める前提として不可欠である.

　国有財産については,その政策目的が十分に検証されておらず,保有コストも明確に意識されていないという問題がある.また政府保有資産について,証券化の手法によって低金利環境下で財政負担の軽減が可能になる.例えば,庁舎・官舎等について,証券化しリースバックすることの可能性は検討されるべきだ.

　また,資産は国の貸借対照表でわかるが,特に特別会計の将来の歳入として「見えない資産」も検討しなければいけない.かつて塩川正十郎元財務大臣は,特別会計が「母屋（一般会計）でおかゆ,離れ（特別会計）ですき焼き」と語ったように,特別会計には「見えない資産」が多い.

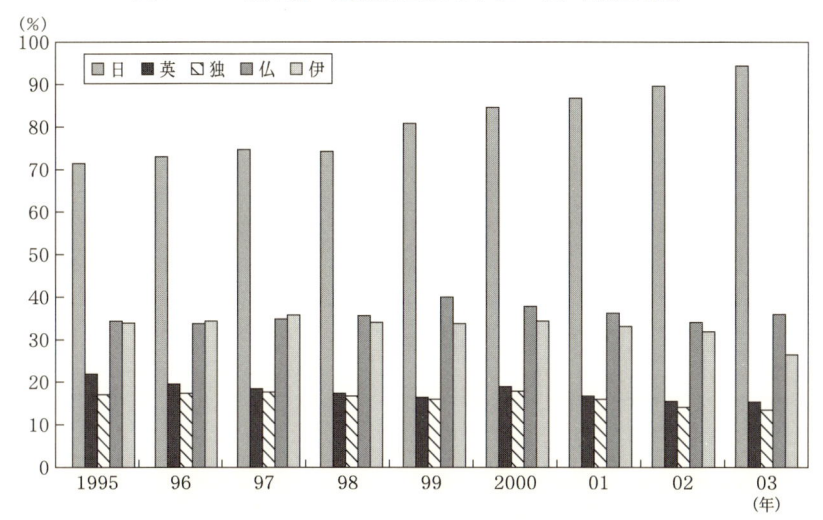

図9-1 一般政府の金融資産残高対GDP比（各国比較）

（凡例：日　英　独　仏　伊）

ちなみに，2005年4月27日の経済財政諮問会議において，各特別会計について，継続中の事業を除き新規事業を行わないという前提，つまりtermination caseにおける資産負債差額（いわゆる清算バランス）の推計額が基本ケースとして公表されている．この基本ケースは，かりに特別会計事業をクローズしたとしても発生するコストを示している．ここで，資産負債差額がマイナスとなっているものとして，厚生保険特別会計（年金勘定）があるが，これとは逆にプラスのものもあり，これは「見えない資産」といえる．例えば，基本ケース（清算バランス）がプラスになっているもののうち，大きな金額を並べると，財政融資資金特別会計53兆円（現在価値23兆円），国有林野事業特別会計（国有林野事業）4.5兆円（現在価値4.5兆円），労働保険特別会計6.2兆円（現在価値5.1兆円），空港整備特別会計2.3兆円（現在価値1.9兆円），自動車損害賠償保障事業特別会計1.2兆円（現在価値0.7兆円）などである．なお，道路特別会計については，基本ケースの計数が記載されていない．

具体的に各特別会計を見ると，財政融資資金特別会計は，金利環境もあり1998年に決定された財政改革により財投金利の適正化が大きく寄与している．政策目的を配慮しつつ，この資産負債差額を活用する方策を検討すべきではないか．なお，財政融資資金特別会計に，金利変動準備金として20.3兆円（2005

年3月末)の準備金を有しており,諮問会議試算の正しさを示している.財政融資資金は,金利変動に対して適切なALM(資産負債総合管理)を行っており,本来であれば金利変動準備金は極めて少額ですむはずであり,「見えない資産」を巨額に有していることがわかる.国有林野事業特別会計(国有林野事業)では,一般会計からの繰入額の縮小などスリム化が図られているが,1996年に2.8兆円の国費投入(債務の一般会計へ継承)が実施されたことが,4.5兆円の資産負債差額になっていると思われる.この国費投入が本当に必要であったかどうかが問われるべきだろう.労働保険特会において,資産負債差額4.2兆円は責任準備金8.0兆円に対し50%以上であり,保険料が高すぎるおそれがある.空港整備特別会計は,歳出総額に対して空港使用料収入といった自前の収入の比率が年々高くなり,「受益と負担」との観点から望ましい方向である.しかし,一般会計からの繰入額が0.9兆円(現在価値0.8兆円)に対して2.3兆円の資産負債差額ということは,一般会計からの繰入額も依然として多く,しかも空港使用料収入も高すぎることを示唆している.自動車損害賠償保障事業特別会計は,1.2兆円の資産負債差額であるが,これも保険料が高すぎる可能性がある.道路整備特別会計については,資産負債差額が公表されていない.今後各特別会計の有する独自財源のあり方についても検討が必要であるので,その観点からもデータの開示が必要である.新規の道路需要がそれほど増加しないことを考えると,独自財源が余剰する可能性が高く,「見えない資産」は10兆円以上あると推測できる.

この経済財政諮問会議が行った試算は初めてのもので今後改善すべき点は多いが,すでに財務省で行われている財政投融資の「政策コスト分析」と基本的に同じであり,50兆円程度の「離れですき焼き」をおおよそ反映している.デフレからの脱却とともに,資産の売却,特に特別会計の「見えない資産」の活用は,国民に負担を求める前に,徹底的に行う必要がある.

また,政府の資産には,現金・預金や有価証券のほか,特殊法人等への貸付金や出資金,及び年金資金運用基金への寄託金等の金融資産と,国有財産や公共用財産(道路,河川等)等の固定資産とがある.一方,負債は,財政融資資金への郵貯の預託金や公的年金預り金(積立金)を除く過半が国債残高である(表9-1).

政府資産・債務管理については,政府が資産を所有して民間が有効活用する

表9-1 国の主な資産・負債の概況

[主な資産]		[主な負債]		補足
現金・預金	33.6	政府短期証券	86.1	・客観的な政府評価
うち外為特会外貨預け金	20.5	うち外国為替資金証券	85.0	
有価証券(国債,売却可能政府保有株式分を除く)	84.4	国債	556.4	・郵貯保有国債の個人国債化
うち外為持金外貨証券	58.4			
うち財政融資資金保有有価証券	19.7			・証券化により財政負担軽減
国債	83.7			・財投機関債の活用
うち財政融資資金保有国債	61.5			・専門家集団の形成
うち年金による財投債引受分	22.1			
財政融資資金貸付金	302.9			
うち特別会計等への貸付金	40.4			
うち地方公共団体への貸付金	72.5			
うち上記以外への貸付金	190.0			
財投預託金(年金による財政融資資金への預託)	85.5	うち財投債	91.8	・官舎の証券化
寄託金(年金による財投債引受分を除く)	34.1			・実地監査の民間開放
うち国内債券	17.9			・地公体での無償貸付
国内財産(道路,河川等は外書き(2002年度末))	102.2+128.5	財投預託金	276.4	・処分信託
うち行政財産(道路,河川等は外書き(2002年度末))	50.5+128.5	うち郵貯からの預託金	156.1	
うち普通財産	51.7	うち年金からの預託金	85.5	
うち政府出資等	43.0	借入金	60.6	・独法の民間ガバナンス
		うち財政融資資金からの借入金	40.4	
		年金預り金(2002年度末)	161.6	

(注) 計数は原則として2003年度末.単位:兆円.

機会を奪っていないか,つまり機会費用の考え方が重要である.例えば,政府の資産であった東京中央郵便局の局舎は,1931年に建てられた東京駅前にある歴史的建築物であるが,この地に民間の高層ビルが建設されていたならば多額の収益を上げていたはずである.5階の低層を高層ビルに建て替えれば,年間150億円の収益を上げていたはずとの試算もある.

政府の資産負債管理を強化し,民間の力で有効に活用していくことは,「小さくて効率的な政府」の実現に向けた重要な取組みの1つである.また,政府資産は,財政融資資金による貸付金がその4割を占めるなど,約3分の2が特別会計の資産である.これらのことも念頭に置きつつ,政府の資産負債の縮減

に積極的に取り組んでいく必要がある.

1.2 各論点の検討結果
1.2.1 国有財産売却に対する考え方

庁舎等の国有財産はできる限り，より高いアウトプットを生み出すことができる民間に売却すべきであり，庁舎の一部のみを民間に売却するなど，官と民の中間の保有形態や，リースバックの可能性について検討する必要がある．また，現実に霞が関のいくつかの官庁は民間ビルを借りているので，庁舎を借り受けしても実際の業務に支障がないはずであり，何より，政府自らが庁舎等の国有財産の売却に努め，官もリストラに取り組んでいるというメッセージを打ち出すことができる．なお，リースバックや証券化の手法を検討するにあたっては，コスト比較を積極的に行うことが必要となるが，その際には民間の専門家の意見も十分に聞きながらコスト比較を行うことが肝要である．

また，まったく利用していない国有財産があれば，特区で民間に譲渡することを試験的に導入するなど，大胆な措置も視野に入れた検討を行うべきである．

国有財産の中で比較的汎用性の高い庁舎について，実際の事例に基づいて，霞が関の土地に新たに庁舎を建設して保有する場合と，土地を売却して賃借する場合のコストを試算し，前者のほうがコスト負担は少ない，という議論もある．[1] リースバックを行った国有財産を政府が今後も利用する必要性があるならば，リースバック料が将来的に国民負担の増加となるという指摘がある．

しかしながら，この指摘は国が資産を最大限に有効活用していないなら，資産を民間にその分だけ高く売却でき，その分だけ国債発行が抑制できるので，必ずしもリースバック料は国民負担にはならない．

実際のマーケットにおいても土地を路線価で取引している例は少なく，立地条件や総合設計制度などの容積割増しによる開発手法を想定すると，路線価をかなり上回る売却価格になることが考えられる．

こうした試算を行う際には，当該土地を民間企業が保有した場合に創意工夫で得られたであろう付加価値を機会費用として考慮すべきである．ここでいう機会費用とは，例えば，当該土地を購入した民間企業が官庁の入居スペースの

---

1) 経済財政諮問会議における谷垣議員提出資料，2005年5月17日．

ほかに商用スペースを設けた場合に,同スペースで上げられたであろう収益などである.また,官庁の入居スペースに関しても,民間企業が建物を保有する場合には,利用スペースや管理費用についても効率化が図られることが見込まれるが,こうした効率化による節約分も機会費用といえる.

理論的な観点からいえば,民間の機会費用を考慮すれば,資産を民間に売却しても,必要ならば民間からリースバックを受ける.このことを示すために,リースバックを行った国有財産のリースにかかる t 時点の費用(リース料を含む)を $C(t)$ とする.さらに,所有が民間へ移ることで有効利用の付加価値を $P(t)$ とする.不動産市場がうまく機能していれば,T 時点でのこの国有財産の売却価格 $P(T)$ は以下の通りとなる.なお,t 時点での割引率を $r(t)+\delta$ とする.δ は不動産市場のリスクフリー割引率に対するプレミアムである.

$$B(T)=\sum_{t=0}^{\infty}\frac{C(t)+P(t)}{\prod_{i=0}^{t}(1+r(i)+\delta)} \tag{1}$$

この(1)式の右辺は国有資産の売却価格である.この分だけ,国債発行を抑制できる.

ここで,リースバックを行った国有財産のリースにかかるリース料などその費用の総和(割引現在価値)は,

$$P(T)=\sum_{t=0}^{\infty}\frac{C(t)}{\prod_{i=0}^{t}(1+r(i))} \tag{2}$$

となる.

(1)式と(2)式の大小関係を調べると,付加価値 $P(t)$ があまり小さくない限り,(1)のほうが(2)より大きい.

1.2.2 証券化に対する考え方

証券化について,国の資産を民間に売却する際の一手段として検討すべきものという考え方の下,資産と同時に負債を圧縮する際に極めて有用な手法であることから,国の負債の圧縮にも有用である.

①国有財産

国有財産の証券化について,民間企業に庁舎を譲渡することによる効率的利

用の効果や，庁舎管理のアウトソースなどが考慮されていないのではないか，そもそも政府には不動産管理の比較優位がない．

特別目的会社（SPC）を用いた国有財産の証券化においては，対象資産の種類とリスク分散の仕組み方によっては，国の資金調達金利と不動産投資信託の配当利回りとの比較という点から見ても，従来よりも財政負担を抑制しつつ証券化することが可能であると考える．特にキャッシュを生み出す資産については，従来よりも財政負担を抑制しつつ証券化できる可能性は高いと考えられる．

②出資金

出資金の証券化について，民営化すれば収益率が高くなる．また，ソーシャルファンドの考え方などで収益率にかかわらず出資する企業もある可能性がある．

③貸付金

貸付金の証券化について，国は資金調達のコスト意識が薄いために財政支出が放漫になりがちであるので，市場金利に直面したほうが財政支出へのガバナンスが効くようになる．また，プレミアムについても，キャッシュ・フローが安定していれば，プレミアムはそれほどではない．

なお，証券化は資産負債圧縮の1つの手段であるが，資金調達という観点から見れば，理論的にはすでに発行されている財投機関債と同レベルになる．一般的には財投債の調達コストは国債と同じなので，証券化の調達コストは財投債より劣る．しかしながら，現実に財投機関債により資金調達が行われているのであるから，資金調達の観点からのみで証券化を全面的に否定する理由はない．資産負債の圧縮によるリスク回避及び国有資産を民間に移管することの長期的なメリットという観点から，一定のコストは容認されるという考え方もあろう．いずにしても，資産負債を圧縮することを政策目的とするかどうか，そのコスト負担をどう考えるかであろう．

1.2.3　諸外国の取組み

イタリアでは政府資産売却が積極的に行われている．イタリアの財政赤字の対GDP比は3.2％（2004年），政府債務の対GDP比は106.5％（2004年）と，いずれもマーストリヒト条約がユーロ参加国に求める参照値（それぞれ3％，

60%）を上回っており，これらの削減が課題となっている．

　イタリアでは，1993年から2000年にかけて国営企業の民営化により1000億ユーロの歳入を得るなど，民営化が財政赤字・政府債務の削減に大きな役割を果たしてきた．2000年以降は，特に証券化の手法が多く用いられるようになっており，2000年から2004年にかけては不動産と金融債権の証券化により，350億ユーロの債務を削減している．

　さらに，2004年には公的不動産基金（Fondo Immobili Pubblici）が設立されており，政府庁舎等不動産396件，33億ユーロ分が移管されるとともに，政府にリースバックされている．こうした方法が効率化をもたらすのは，公的部門では資産の管理コストが資産価値の3.5％であるのに対し，民間では0.5％～2％にすぎないなど，官民間の格差があるためである（OECD Economic Survey Italy, 2005）．

　イタリアの公的部門の資産は対GDP比137.9％と比較的大きく，うち固定資産が対GDP比で89.8％に上るなど，その大半を占めている（2002年）．2004年9月に公表された中期予算計画である「経済財政計画書 2005-2008」（Documento di Programmazione Economico-Finanziaria 2005-2008）においては，2005年以降，民営化と国有資産の売却を加速化させ，2008年までの4年間に1000億ユーロ（対GDP（2004年）比7.4％）の債務を削減することとしている．

　英国でも政府資産売却の取組みがある．英国では，歳出改革の基本方針を示す財政安定化規律（Code for Fiscal Stability）において，公的部門の資産負債管理の効率性が財政運営の原則の1つに掲げられており，政府の余剰固定資産の売却にも積極的な取組みが行われている．

　同規律が策定された1998年以降，余剰固定資産の売却を促すため，各省に対して，1億ポンドもしくは各省予算の3％の額を限度に，資産の売却収入について国庫に返納せずに新規投資に充てることが認められるようになっている．また，各省ごとに投資戦略（Departmental Investment Strategies）が作成され，新規投資計画や売却を含む資産の有効利用に関する目標の設定・公表が行われるようになっている．

　こうしたことから，公的部門（地方政府含む）の固定資産売却額はこのところ高水準で推移しており，2004年7月には，ブラウン蔵相が2010年までに公的

部門の固定資産300億ポンド（約6兆円，対GDP比2.6%，総固定資産6580億ポンド（2003年末）の4.6%）を売却するとの方針を示した．現在の売却ペース（2005年度：58億ポンド）を維持できれば，目標の達成は可能と見込まれている．

英国で政府資産売却の取組みが成果を上げているのは，民間企業の側にも，政府資産をより大きな付加価値を持った資産へと変える知恵やノウハウがあり，これを購入するインセンティブがあるためである．

2. 国債管理政策

2.1 国債管理政策に何を求めるか
2.1.1 国債管理政策は金利水準に影響を与えられない

日本の財政の現状はフローで見ると財政収入の約半分を借金で賄っており，健全とはいえない．また，ストックで見ると国債残高の対GDP比は諸外国に例を見ないほど高くなっている．日本の歴史においても，第2次世界大戦直後を除き，平時では最も高いレベルであり，普通ではないのは明らかだ．

しばしば財政は破産状態といわれるが，債務超過のような民間と同じ意味で国の破産を考えても意味がない．しかし，例えば国債残高の対GDP比が将来発散するかどうかを検討することは意味がある．これは単純な算術であるが，つまり名目成長率が名目金利を上回っていなければ，国債残高の対GDP比は増大傾向になる（いわゆるドーマー条件）．

日本はデフレ状況で名目成長率がマイナスになっており，ドーマー条件は満たされていない．マイルドなインフレになれば名目成長率などの状況は変わる．もっともドーマー条件は簡明であるが，近年における先進国での金利と経済成長率のデータを見ると，多くの場合（ちなみに日本の場合，1980年度以降，名目成長率が名目金利を上回っていたのはバブル期の1987年度から89年度までの3回だけである），ドーマー条件を満たしていないことからわかるように，必ずしも成立していなくても財政が破綻とはいえない．なお，より厳密に財政の破綻，つまり持続可能性を定義する考え方もある．例えば，財政の長期持続可能性について，政府部門の異時点間予算制約式について横断条件の成立とする

ものである．

　最近の日本財政に対する実証研究によれば，この意味で財政の持続可能性は満たしているといわれている．過去のデータで横断条件を統計的に検証することは学問的には重要であるが，この方法で実際に持続可能性が問題であるという結論が出る状態であれば，すでに現実の国債市場で大混乱が生じている可能性が高い．こうした実務的な感覚からすれば，市場心理から見れば国債残高の対GDP比の増加も重要である．

　歴史的に見ると，国債残高の対GDP比が200％とか300％という高水準レベルを長期間にわたって続けた国はない．日本の歴史では，対GDP比がいちばん高かったのは終戦直後で200％を超えたが，ごく短期間であった．この意味で，そういう未知の領域に入ったときはどうマネジメントしていいかわからなくなるだろう．例えば200％が未知の領域だとすると，現在の国債残高の対GDP比は150％程度なので，残りは50％程度しかない．かりに今のように国債残高がネットで毎年40兆円ずつ増えていくと，6年程度で到達してしまうことになる．なお，ホーム・カントリー・バイアスというのがあって，日本人は合理的に説明できないほど日本の資産が好きなので，国債残高の対GDP比が200％以上になっても日本は持ちこたえられるという楽観論もある．ただし，これはある日突然変わる可能性もある．

　いずれにしても，デフレ状態では財政は悪化する一方であるので，デフレ脱却のためにリフレ政策が必要になる．インフレになれば名目成長率とともに名目金利も上がるので，その悪影響が懸念されるという意見がある．

　物価上昇率が上昇すると名目金利が上昇するのは，いわゆるフィッシャー効果であるが，ある程度は避けられない．ただし，物価上昇率と名目金利の上がり方の程度問題である．2004年前半，名目金利がやや上昇していたのは，景気回復の期待を先取りしていたためで，少し長い期間で考えてみれば，フィッシャー効果には不況時と好況時に効果の非対称性があるので，物価の上昇率ほどには上がらない（実質金利は下がる）．国債に流れ込むマネーが大量にあって，その存在が将来の国債市場を落ち着いたものにするはずだ．図9-2は，フィッシャー効果を図示したものであるが，好況時には実質金利が変わらず（A→A′），不況時には実質金利が下がる（B→B′）ことを示している．

　金融機関の国債保有残高が過去最高のレベルに達しており，長期金利が上昇

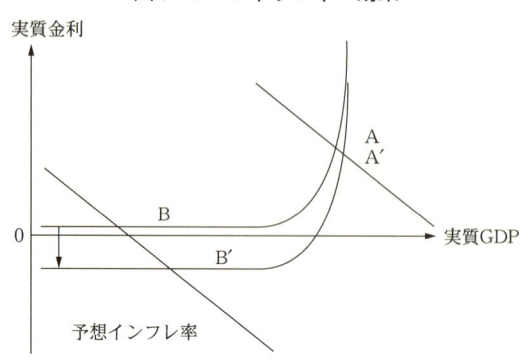

図9-2 フィッシャー効果

実質金利／予想インフレ率／実質GDP／A／A′／B／B′

して価格が下落した場合，貸借対照表への影響が問題という意見もあるが，金融機関の資産構成というのは国債だけで成り立っているわけではない．金利が上がるときは資産と負債の両方に影響があるが，適切なアセット・ライアビリティ・マネジメント（ALM）によって金利上昇の悪影響を回避できる．また，一部の資産価値が下がるのであれば，他の資産価値が高まるように仕組むことも可能だ．例えば，金利が上がったときに株のように資産価値が上がるものに投資すればいい．また，金利が上がるときは資金需要が増えるので，国債投資を減らして貸付けにまわすという選択もある．

　景気回復期待とともに長期金利が上昇するのは自然であるし，それを過度に心配する必要はない．

　また，長期金利の上昇を国債管理政策によって抑えようとする考え方は誤っている．国債管理政策とは，「公的債務管理のための指針」（IMF・世界銀行，2001年3月公表）によると，「必要な政府資金調達を行う観点から，その債務を管理するための戦略を立案・執行すること」とされている．国債管理当局は効率的な資金繰りを行い，債務の返済が確実に行われるようにしなければならないが，そのため，「必要な財政資金の調達において，リスクを適切な水準に抑えた上で，中長期的視点から政府の資金調達コストを最小化すること」が国債管理政策の基本となる．

　ここで，国債管理政策によって政府の調達コストを最小化することと，金利水準を低位にすることとは必ずしも同じではない．政府の資金調達コストを最

小化することは，中長期的な視点で行われ，具体的には，国債市場の流動性を向上させ，また，国債市場の安定性を高めるよう資本市場の整備に努めることである．

　国債管理政策はマネタリーベースを所与のものとして債券発行と債券買入が同時に行われる（例えば短期債券発行により資金調達を行い長期債券を購入する）ので，金利水準に影響を与えるというより，長短金利差あるいは市場の長短金利の期間構造に影響を与えるものである．

　一方，金融政策は，金利操作であっても量的緩和であっても，マネタリーベースを操作することとなるので，金利水準を低位にすることができる．例えば，バーナンキFRB議長は，「歴史的経験によれば，FRBが固い決意を持てば，財務省債券の価格と利回りを満期の最も短い証券以外の証券の価格と利回りに合わせてペッグしたり，キャップを設けたりすることは可能である，との主張が支持される傾向にある」とし，「FRBがその目的を達成するためには，想定し得るほとんどのケースで，長期財務省証券の金利操作が十分な手段になるのではないか，と私は思う」と主張していた．[2]要するに，中央銀行による長期国債の価格支持政策（利回り上限）を有効とし，金融政策によって，長期金利水準をコントロールできるとしている．[3]

　伝統的に日本銀行は「長期金利は市場に任せる」とのスタンスであった．短期金利については日銀が直接影響力を行使できるが，長期金利は「将来予想」要因などがあるのでコントロールできないからという理由だ．ただし，現在では日銀は長期金利をコントロールできるという立場のはずだ．というのは，日銀は2001年3月以降，いわゆる量的緩和金融政策を実施しており，その中で「時間軸効果」を主張している．オーバーナイトの金利のみならずより長めの金利も低下するという時間軸効果をいう以上，中央銀行として長期金利にも影

---

2) Bernanke [2002].
3) 小宮隆太郎は，日本銀行の長期国債買切オペの効果は，財務省の国債管理政策でも同じ効果が上げられるという（小宮 [2002]）．ただし，ここで注意しなければならないことは，マネタリーベースに対して日銀の長期国債買切オペと同じ効果を持つ政策は，短期国債発行・長期国債買入れという国債管理政策と日銀の短期国債買切オペの組合せである．短期国債発行・長期国債買入れという国債管理政策だけで，日銀の長期買切オペと同じ効果があるのではない．

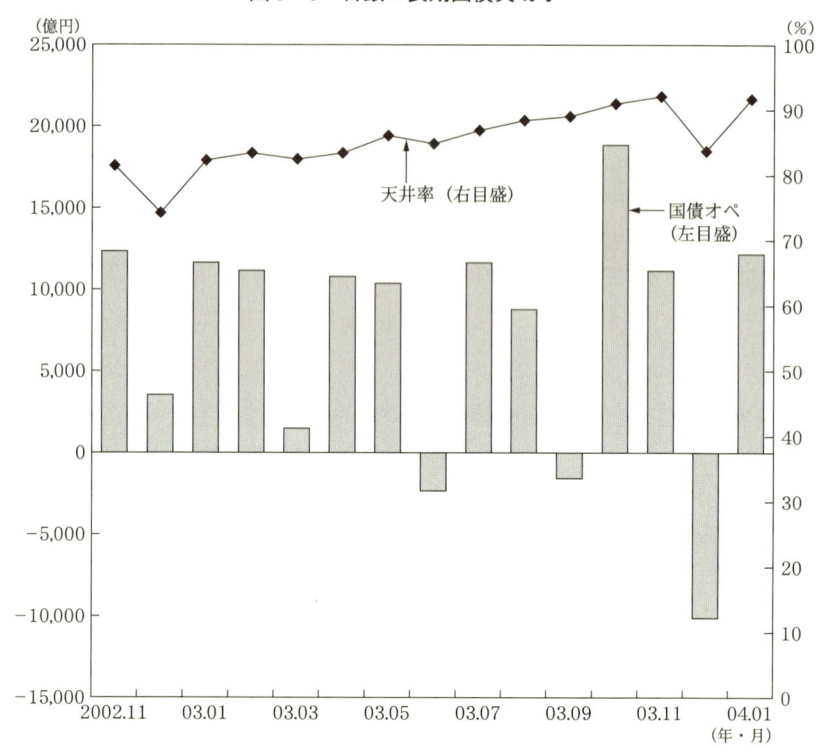

図9-3 日銀の長期国債買切オペ

響を及ぼすことができるという前提があるからだ．もっとも，バーナンキ FRB 議長が「個人的に好む」という長期国債の価格支持政策について，日銀はこれまで言及していない．なお，2002年10月以降，日銀は月額1兆2000億円の規模で長期国債買切オペを実施するといっていたが，これはグロスベースの数字であり，日銀の貸借対照表を見ると，ネットベースでは月平均7000億円程度の増加にとどまっている（図9-3）．しかも，日銀の長期国債残高は日銀発行残高の範囲内にするという非公式ルールに縛られている．

2.1.2 国債管理と郵政民営化

今後景気回復とともに予想される金利上昇に対して，国債管理政策で金利水準を操作しようとしても無理であるが，それでは当面何を目的としたらいいのだろうか．

2003年11月25日に公表された「公的債務管理政策に関する研究会報告書」では,

> 現在,企業部門における資金需要が低迷する中,国債の大量発行等に伴い多額の資金が公的部門に流れているが,日本経済再生のためには,こうした資金が民間部門の成長分野へ流れるよう,転換を図っていくことが重要である.
> わが国においては,公的部門に流れる資金として,①財政赤字のファイナンスのための債務のほか,②公的資金仲介のための債務(①以外の債務で,資産と両建てになっているもの.例えば財投債等)が多く存在することが特徴と言える.
> このうち①については,正に財政と裏腹の関係にあることから,まずは財政の健全化が図られるべきであるが,公的債務管理当局には,リスクを適切な水準に抑えた上で,必要な財政資金を中長期的視点から最小のコストで調達することが求められている.
> ②については,政府が厳しい経済状況下において,中小企業の資金繰り等に対するセーフティネットの提供等の役割を果たしてきた結果という面はあるが,他方,こうした公的資金仲介の比重の大きさには,市場機能の発揮を妨げる面があることは否定できない.

とされている.

つまり,日本の資金循環において多額の資金が公的セクターに流れているという問題意識は十分にあるものの,その是正について,国債管理政策はあまり積極的な役割を持っていないようだ.

他方,2004年4月26日,経済財政諮問会議は「郵政民営化に関する論点整理」を公表し,郵貯・簡保について,

○民営化後の郵便貯金・簡易保険のビジネスモデルの検討に際しては,事業展開の自由度とイコールフッティングの度合いは表裏一体であることを踏まえつつ,以下の点に十分に配慮し,郵政公社の有する膨大な資金が民間金融システムに円滑に統合されるようにすべきではないか

・規制改革等の金融改革の進展との整合性の確保
・地域・社会への貢献と金融機関との競争・共存のバランス

○郵便貯金・簡易保険の民営化が財政構造改革を妨げることのないよう,以

下の点に十分に配慮するべきではないか
・財投改革，政府系金融機関や特殊法人等の改革との整合性
・国債の安定消化への貢献
○民営化前の預金・保険については，民営化前と同等の水準の保証を継続するとともに，適切に運営すべきではないか．一方，民営化後の新規の預金・保険に対する保証については，民間と同等の扱いとし，適切に運営すべきではないか．

としている．

つまり，郵政民営化において，それと並行して，官民資金循環の是正，国債の安定消化及び郵貯・簡保への政府保証の廃止が求められており，この意味で郵政民営化と国債管理政策には密接な関係がある．[4]

後述するように，郵貯の金融商品としての性格が個人国債と酷似していることを考えれば，郵政民営化が国債管理政策と無関係なはずがない．逆に，国債管理政策の観点から，何をすれば，官民資金循環の是正，国債の安定消化及び郵貯・簡保への政府保証の廃止という郵政民営化に役立つことができるのかを検討すべきである．

2.2 現状の金融市場：預金金利は国債金利より低い

2003年1月，経済財政諮問会議は，ここ10年間におけるマクロの資金循環が歪んでいることを指摘した．まず，事実関係として，マクロ経済と資金の流れとして2001年度とバブルの絶頂期である1990年度の比較をし，失われた10年の変化を整理している．その間，家計部門について，民間の金融機関に対して預貯金が160兆円強増加し，郵貯，簡保，年金に対しては250兆円程度増加し，株式，社債等は210兆円程度から140兆円程度へと大きく減少した．民間金融機関については，株式，社債の購入は80兆円強減少しており，貸付けも100兆円近く減少している一方で，国債は150兆円程度増加している．つまり，家計部門

---

[4] 政府保証債務は偶発債務であるが，国債と並んで中央政府のコントロール下にある債務であり，国債管理政策の対象範囲である．また，郵貯・簡保は，現状政府保証が付されているので，偶発債務のリスクが拡大し，または顕在化することのないよう，リスク管理や事業運営を適切に行う必要がある．

は貯蓄を増やし、それを民間金融機関や、郵貯、簡保、年金等の形で公的部門に資金を流し、民間金融機関が国債、地方債を購入するという形でさらに公的部門の中に入っている。

その上で、こうした資金循環から見て、萎縮する民間部門と拡張する政府部門という構図が失われた10年の姿であり、これを大きく変えることが日本の経済活性化にとって極めて重要だという認識を示した。

この事実関係は正しいが、金利に着目して考えるとき、この10年間の資金循環の変化は理論的にまったくおかしいのでなく、合理的な資金循環として説明できる部分がある。資金循環を考えるときは、金利も併せて考えるべきである。むしろ、金利関係に着目したほうが、より日本経済にとって適切な資金循環に変えることができると思われる。

まず、金利関係を検討する前に、日本の金利自由化の流れを整理しておきたい。

日本では第2次大戦後、世界各国と同様に金利規制が行われていたが、先進国で金利自由化が進展するとともに、金利規制は金融の効率性を損なうと考えられるようになったために、1970年代後半から金利自由化が漸進的に進められてきた。金利自由化の流れを時系列的に追えば、まず1947年、政府は臨時金利調整法を定め、金利規制体制を築いた。これは米国が1930年代から導入していたレギュレーションQという預金金利上限規制と同様の金利規制であった。その後、各種の行政指導をはじめとして、金利規制は維持されてきた。ところが、1975年から政府は第1次石油危機による不況から脱出するために国債の大量発行を行ったことにより、国債を引き受けた金融機関が国債を売却する必要が生じ国債の流通市場が形成され、自由な国債の流通利回りによって規制金利が事実上崩れていった。

1978年、日銀はコールレートと手形売買レートの弾力化方針を発表し、1979年、譲渡性預金が導入され、1985年には無担保コール市場が創設され、短期金融市場金利が自由化されていった。

1985年からは1000万円以上の大口定期預金金利が自由化され、その後定期預金金利の自由化は拡大され、1993年には定期預金金利の自由化は完了し、1994年にすべての流動性預金金利が自由化され、金利自由化は完了した。

この金利自由化とは、規制当局から見て金利規制の撤廃を意味している。確

かに，金利規制はないが，それと金利機能が発揮されているかは別問題である．実は，金利機能はまだ十分に発揮されていないようだ．これを簡単な新聞資料から確認してみたい．

まず，国債は，社債等を含めた債券・金融市場において，唯一の借用リスクのない債券として中心的な地位を占めていることから，国債金利から見た預金金利を見てみよう．[5]

　　　　預金金利＝国債金利＋官民信用力格差＋流動性プレミアム

金利機能が発揮された姿として予想されるのは，預金は国債より信用・流動性で劣るので，同じ期間で見れば，預金金利は国債金利より高いことである．1000万円までは預金保険でカバーされているので，この部分であれば預金は国債と同じような信用リスクと考えることもできるが，それでも流動性は預金のほうが国債より劣るので，預金金利は国債金利を上回ることとなる．

しかしながら，理論的に予想される姿とは異なり，日本では現実の預金金利は国債金利より低い．ちなみに，新聞の金融商品欄を見ても，例えば2年物スーパー定期の利回りより2年物国債金利のほうが高い．実際，1982〜2001年の平均で，米国の場合，理論どおりに銀行預金金利は国債金利よりも0.6％も高いが，日本では逆に預金金利が国債金利より0.3％も低い．海外ではこうした預金金利と国債金利の逆転状況はまず見られず，日本はかなり特殊な金融環境である．日本での預金金利と国債金利の逆転現象は，国債が大量に発行された1980年代から金利自由化が完了した後も現在まで続いている（図9-4）．なお，データは，基本的に日本では2年もの定期預金と国債金利，米国では3カ月定期預金と国債金利をとっている．[6]

この事実について，金利自由化後の調整過程と見るべきか，異常な低金利環境が影響して預金者の預金行動が十分裁定的でないのか，または預金者に裁定行動を促すような十分な金利情報が行き渡っていないためなのか，現段階では明快な説明は困難である．いずれにしても，何らかの理由によって裁定がなさ

---

[5] 定期預金の譲渡性には制限がある（指名債権譲渡方式）．それに比べて，国債の譲渡性には制限がない（無記名債権譲渡方式）．このため，信用力格差のほかに，定期預金金利は国債金利より流動性プレミアム分だけ高くなる．

[6] 国債・預金の販売コストの差を考えると，必ずしも預金金利が国債金利より高いとはいえないかもしれないが，販売コストに関する客観的なデータはない．

第9章 他の政策への影響　213

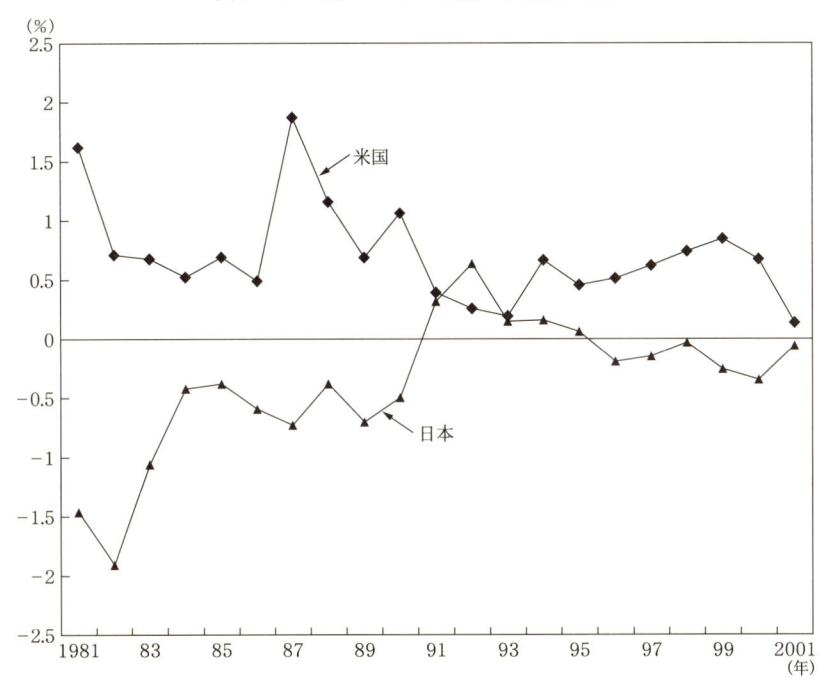

図9-4　日米における預金・国債金利差

れなかったのだろう．特に，日本において国債の個人消化はほとんどなく，預金者が各種金融商品と国債の金利の比較をするのがなかなか困難であることは事実である．[7] 2003年3月から個人向け国債が発行されているが，変動金利となっており，定期預金との金利比較は簡単ではない．

2.3　郵貯と金利機能

2.3.1　郵貯金利は国債金利と同等

一方，郵貯金利について，郵貯の大宗を占める定額郵貯の金利を見てみよう．

---

[7] これまで銀行は国債金利商品に対して冷淡であった．昭和50年代前半，証券界が開発した「中国ファンド」（主に国債に対する投資信託）に対して銀行界は猛烈な反対運動を行った．昭和50年代後半，銀行は国債の窓口販売を行えるようになったが，銀行を通じた国債販売実績は一貫して低調であった．このため，預金者が銀行店頭において預金と国債の金利比較を行うのは容易でなかった．

これまで銀行と郵貯の100年戦争といわれるように，郵貯を批判してきた金融界の見方は厳しい．最近においても，2001年9月，経済同友会から「郵貯改革についての提言」が出され，その中で，「国が『定額郵貯』という安全，高利かつ高い流動性という民間の個別金融機関では供給不可能な貯蓄手段をほとんど無制限に供給してきたため，日本の金融構造が特異なものとなった」と指摘している．さらに，全国銀行協会は，2002年11月「郵便貯金事業の抜本的改革を求める私どもの考え方」を公表し，「これまで，郵便貯金事業は，約1400兆円の個人金融資産の2割弱を占める巨額の資金を市場原理の埒外に置くことで，我が国の金融資本市場における資金需給構造を歪め，効率的な金融資本市場の形成や，我が国の経済構造改革を進める上での，大きな障害となってきた」とするとともに，2003年12月「郵政民営化と郵便貯金のあり方について」で，「現在の郵便貯金のビジネスモデルは，預入期間10年でありながら半年経過すれば預け替え自由という市場原理と相容れない定額貯金を主たる資金調達手段としており，その運用は容易ではない」と郵貯を批判している．

郵貯の7割強を占める定額郵便貯金は，戦後社債市場が事実上存在せず，また長らく国債が発行されない状況の中にあって，国民に対してほぼ唯一の長期貯蓄手段であった．この定額郵便貯金を，純粋に金融論的な立場から見ると，国の債務（郵政公社化の後も定額郵貯には政府保証が付されているのでこの事情は変わらない）を個人が持っているので，個人向け国債（または海外の貯蓄国債）と同じと考えられる．もっとも，単純な国債商品（10年間流動性のない定期貯金）ではなく，半年後からペナルティなしで解約できるプット・オプション付きである．定額郵貯は国債とオプションの複合商品であるからだ．このオプションのために，

　　　　定額郵貯の金利＝国債金利＋流動性プレミアム－オプション料

になる．1993年からの実際の定額郵貯の金利は，「民間金融機関の3年定期金利×(0.90〜0.95) または10年国債金利－0.5％」であり，国債金利より低かった銀行の預金金利よりもさらに低い水準に設定されていたために，結果として金融論的な視点からもほとんど合理的な水準であった．[8] 実際，定額郵貯の金利と10年国債の金利の差の推移を見ると，1990年代に金利水準の低下とともに，差の絶対値は拡大しており，金利水準が低いほど解約した場合の利得が大きくなるので，解約オプションの価値が大きくなることと整合的である（図9-5）．

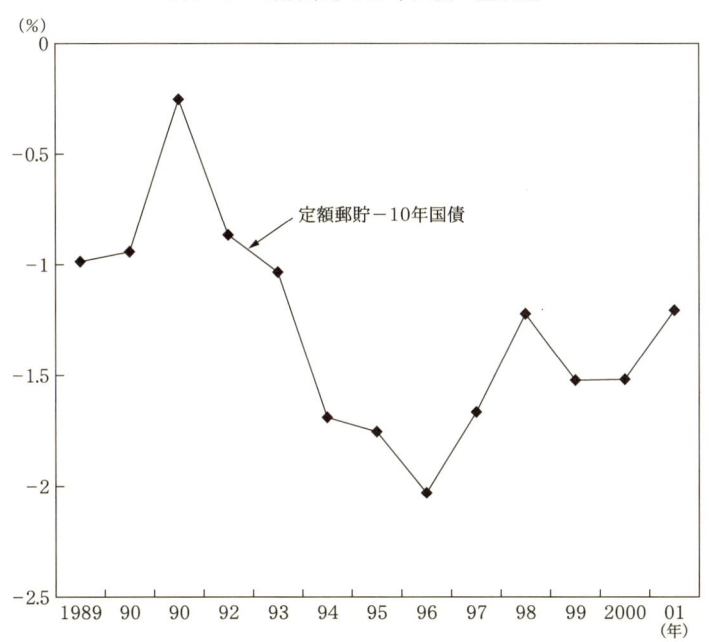

図9-5 定額郵貯と10年国債の金利差

結論をまとめると，定額郵貯は，金利も解約オプションを考慮すれば国債と同等，個人向け国債（貯蓄国債）の代替となっている．ただし，2000年代前半ではゼロ金利政策を考慮すると定額郵貯金利はマイナスでもよかったと思われる．

金融界は，定額郵貯を安全，高利かつ高い流動性を併せ持つ経済非合理な商品であると批判してきたが，安全とは国債と同程度，高利とは銀行預金金利が低すぎること，高い流動性とは解約オプションという意味で国債とオプションの組合せという経済合理的なハイテク金融商品であったわけだ．[9]

---

8) 郵貯の経費率は残高に対し0.4%程度である．郵貯が財投システムに存在していたときには，預託金利の上乗せや預託金利の変更に対して郵貯が情報を持っていたことにより有利な預託行動（預託金利が上がった後に大量の預託をするなど）によって，郵貯は国債金利に対し有利な運用を行い，経費率の大半をカバーしてきたと考えられる．郵貯経営が長期的に収支トントンであったので，これまでの郵貯の調達コストが国債金利と同等であったとしても驚くことではない．

2.3.2 金利差と郵貯シフトの関係

郵貯の8割程度を占める定額郵貯の金利について，オプションを考慮すれば国債金利と同等であることがわかった．そこで，預金金利と国債金利の差が郵貯シェアの変化に影響を与えているかどうかを調べたい．時系列から見て，2年物の預金金利と国債金利の差は，郵貯シェア（個人金融資産のうち現金を除く部分に対する郵貯のシェア）と緩やかな関連性があるように見える．国債金利が預金金利に比べて高まると郵貯シェアが高くなるようである（図9-6）．もっとも，1990年代の郵貯シフトは急激であり，金融機関の信用不安などの金利以外の要素が入っているかもしれない．

クロスセクションの観点からは，各県別の預金金利（各地方銀行のディスクロージャーから算出したもの）と各県別の郵貯シェア（ここでは各県の預金残高と郵貯残高の合計に対する郵貯シェアをとっている）にも緩やかな負の相関が見られる（図9-7）．つまり，預金金利が低いほど郵貯シェアは高くなっており，国債金利と同等である郵貯金利は全国共通であるので，国債金利が預金金利と比べて相対的に高いほど郵貯シェアは高くなっており，時系列分析と整合的である．[10]

これらの時系列分析及びクロスセクション分析から，1990年代に郵貯が増えた原因の1つには国債金利が高く銀行預金金利が低すぎることが挙げられると考えられる．国債市場については，指標銘柄への過度の集中など流動性の問題が指摘されてきたが，[11]それでも日本の国債市場は海外取引やスワップ市場等との裁定取引が行われ，その金利は預金金利に比べて合理的な水準になってい

---

9) 民間金融機関でも，定額郵貯と類似したハイテク預金を開発できたはずだ．しかしながら，定額郵貯を非合理的な商品であると批判してきたことや従来型の預金でも低利な資金調達が可能であったことから，定額郵貯と類似したハイテク預金について，民間金融機関は積極的ではなかったのだろう．

10) 本章と関係ないが，同じ手法によって，県別貸出金利と県別公的金融シェアを算出することができる．その結果は，公的金融シェアと貸出金利には正の相関関係があり，政策金融シェアが高いほど貸出金利が高い．これは，公的金融シェアが高いほど，公的金融の低い貸出金利に引きずられ，民間金融機関の貸出金利が低くなるという一般的な印象と異なっている．

11) BIS [1999] 参照．

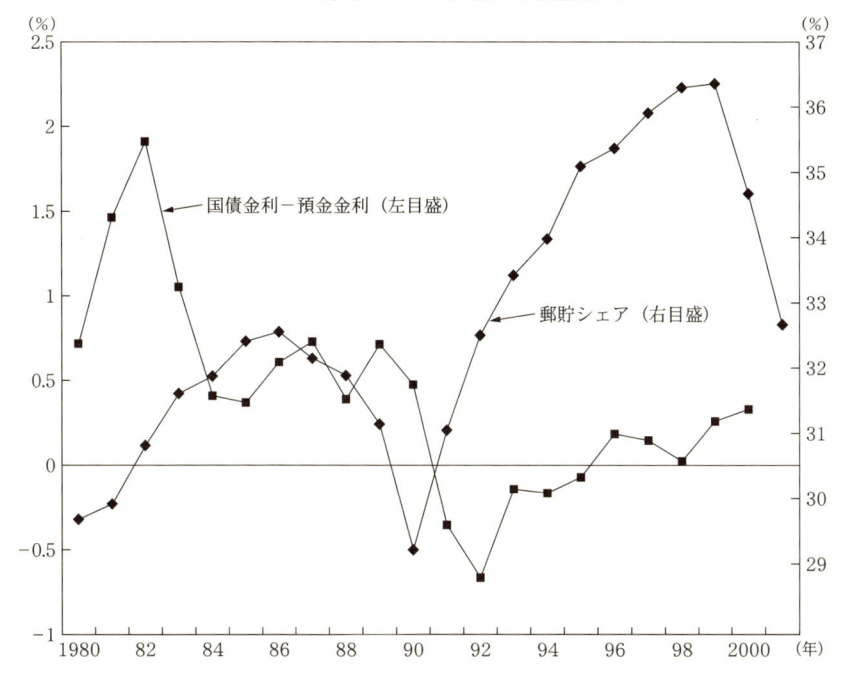

図9-6 郵貯シェアと国債・預金金利差

ると思われる．国債金利と同等な金利水準の郵貯が低すぎる金利の銀行預金より魅力的で好まれたのは，市場原理から見ると当然である．逆にいえば，銀行の預金金利が正常化すれば，郵貯から銀行預金へのシフトが起きるだろう．

こうして見ると，1990年代における郵貯シフトは，市場機能が部分的に発揮された結果であり，むしろ問題は国債金利より低い預金金利という見方もできる．さらに，郵貯金利が国債金利と同等であったために，金利の市場機能の発揮のために一定の役割を果たしたと考えることもできる．

2.3.3 個人向け国債が十分に存在しない

前述の「公的債務管理政策に関する研究会報告書」では，

　民間部門において，現在，国債保有が預金金融機関に偏在していることについては，市場の環境が変化した場合，同質的な市場参加者の取引が一方向に流れがちな傾向があることから，国債保有者層及び市場参加者層の

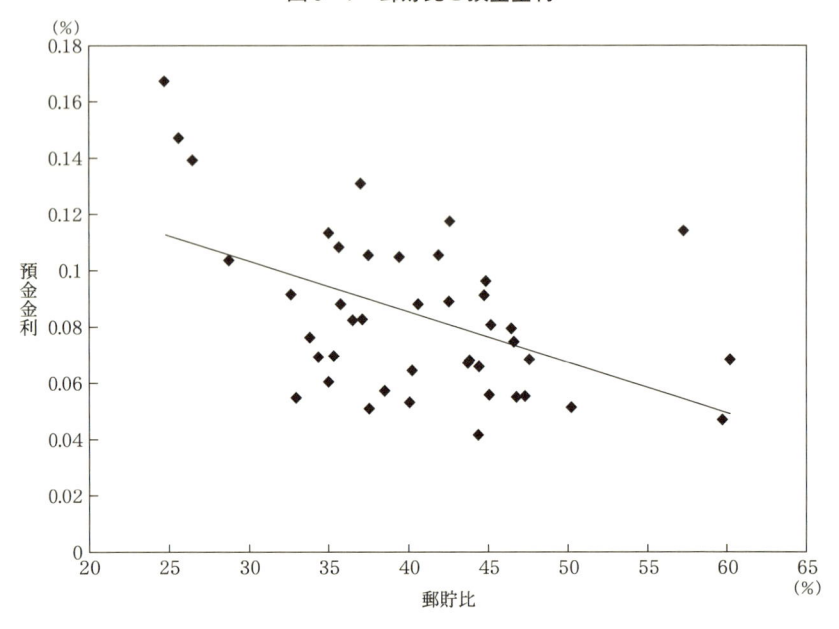

図9-7 郵貯比と預金金利

　拡大による市場行動の多様化が大きな課題となっている．また，国債保有者層等の多様化は国債市場の流動性維持・向上にも資するものであり，ひいては国債の安定消化及び我が国の金融市場の発展にも寄与するものである．

とし，こうした国債保有構造を是正するため個人向け国債の導入等が必要としている．

　欧米では，郵便貯金は少なく，その代わりに個人向け国債（市場性がない個人向け国債）がある．欧米の国債の個人所有比率は10～20％であるが，日本ではわずか2.6％にすぎない（図9-8，2002年）．この理由は，日本では広い意味での財政収入（財投の原資）になる郵貯が存在していたために，個人向け国債が必要なかったのだ．このため，海外から見ると，郵貯こそが個人向け国債であると思われている．実際，郵貯は政府保証が付されており，個人向け国債と同じ機能になっている．

　これまで，政府は個人向け国債を発行しない代わりに，財投の枠組みの中で

第9章 他の政策への影響　219

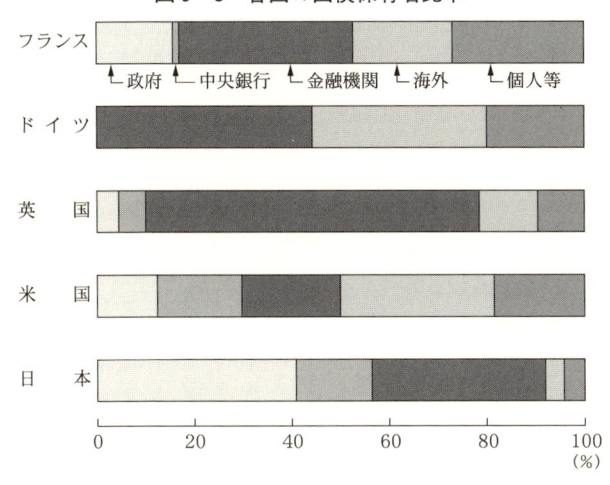

図9-8　各国の国債保有者比率

フランス：政府／中央銀行／金融機関／海外／個人等
ドイツ
英国
米国
日本

郵貯を使って資金調達してきたと解釈できる．ところが，この仕組みは2001年4月に実施された財投改革によって大きく変わった．つまり，郵貯は旧資金運用部（現在は財政投融資資金）への預託を行わず，全額自主運用することとなったのだ．預託制度の廃止は，1878年に郵貯が大蔵省国債局に預けられて運用されることになって本格化した財投の歴史始まって以来の大改革である．なお，この財投改革の預託制度の廃止について，財務省が財投債を発行してそれを郵貯が買うわけだから，資金の流れは従来の預託制度と変わらないが，金利については劇的な変化があり，それが「財投改革の肝」である．従来の預託制度において，郵貯からの預託金利は，例えば7年預託金利は10年国債クーポンレート＋0.2％に決められるなど，資金運用部が国債（財投債）を直接発行して資金調達するより調達コストは0.2％も割高であった．財投システムの中で，これらの割高な調達コストは特殊法人に転嫁され，その負担を可能にするように特殊法人に対して追加的な補給金が支給され，結果として郵貯がその分の利益補塡を受けていた．しかしながら，財投改革後は，郵貯は市場から国債を購入するので，0.2％の利益補塡の道は断たれる．しかも，郵政公社になって透明性の高い会計処理によって，この変化はいずれ確認されるだろう．

　いずれにしても，2003年3月から個人向け国債が発行されており，国債の保有者構造は徐々に是正されていくだろう．現在の個人向け国債は，最低額面は

1万円，償還期限は10年，金利は変動金利，各利払期の10年国債金利－αとなっている．ここで，変動金利のタイプはコンスタント・マチュリティ・スワップ[12]であり，半年後，1年後，10年後の10年国債金利を予測しながらその価値が今の国債と同じになるようにこのαは計算される．その意味では，この個人向け国債の金利はまったく国債金利と同等である．そして中途換金が可能であり，しかもペーパーレスなので販売手数料もほとんどないはずだ．

2.4 結論：郵政民営化と整合的な国債管理政策
——郵貯の個人向け国債化

当面行うべき国債管理政策は，長期的な観点から行う国債市場の整備などを除くと，長期金利の上昇に対処することではなく（これはむしろ金融政策の問題），官民資金循環の是正，国債の安定消化及び郵貯・簡保への政府保証の廃止である．これらは郵政民営化と整合的であり，それを支援するものであろう．

この観点からいえば，これまで発行されてきた個人向け国債をさらに拡充すべきである．それは，郵貯・簡保への政府保証が廃止される郵政民営化における政府保証商品の受け皿になりうるし，同時に国債保有構造を是正し，国債の安定消化に役立つ．また，直接的に国民に対し国債金利情報を提供することになって，官民資金循環の是正に貢献するだろう．この点は金利環境をかなり変える可能性がある．これまで国債は大量に発行されていたにもかかわらず，なぜ預金者は預金金利が低いことに気がつかなかったのか．1983年頃から，国債は銀行の窓口でも販売されるようになったが，預金金利が低かったので，銀行は国債販売にあまり熱心でなかったようだ．預金者に販売するよりも銀行が自ら保有し預金を集めて利ざやをぬくほうが有利だったと思われる．そのために，個人へ国債がほとんど出回らずに，銀行が国債を大量に保有しているという状況になっているのだろう．預金者に直接販売するルートができれば，国債金利と銀行預金金利の比較が容易になり，預金金利が低いということに多くの人は

---

[12] 個人向け国債は半年ごとに「10年国債－α」という形で金利が変動する．これは，短期の変動金利（6カ月TBレート）と長期の変動金利（10年国債レート－α）を交換する金利スワップ取引，つまりコンスタント・マチュリティ・スワップ（これはイールドカーブ・スワップとも呼ばれる）を考えればよい．αの水準はイールドカーブの形状により変化し，順イールドの場合正の値，逆イールドの場合負の値となる．

気がつくはずだ．そうなると，預金金利は上がるに違いない．

ただし，現在の個人向け国債の金利は変動金利であり，他の金融商品の金利と単純に比較できない．今後は，1年物などを含む多様な個人向け国債を検討すべきであろう．そうなれば金利機能が発揮され，郵貯はおのずと減少し，その受け皿は個人向け国債と銀行預金になるであろう．

ここまでくると，さらに1歩進めて，郵貯の資産・負債のオフバランス化を推進するために，郵貯の個人向け国債化（bond conversion）も考えられる．郵貯の貸借対照表（2002年度末）を見ると，資産238兆円のうち201兆円は国債・預託金であり，国に対する債権となっている．これは，理論上201兆円の資産と引換えに国が郵貯を国債として引き受けられることを意味している（国から見れば郵貯に対する負債201兆円と国債201兆円のデット・デット・スワップ（Debt-Debt Swap），郵貯から見れば資産201兆円と負債201兆円のオフバランス化）．

国債管理政策としては，政府保証債務を解消し個人向け国債比率を一気に高めることができるし，郵貯にとってもオフバランス化によって各種のリスクを減少させ，経営の安定化を図ることが可能になる．さらに，郵貯の利用者にとっても，これまでの金融商品を継続して利用できるというメリットがある．[13]

3．財政再建

名目成長率と名目金利の関係について政府内で興味深い論争があった．経済財政諮問会議において，吉川洋東大教授は「理論的にも長期金利のほうが成長率よりも高くなるのが正常な姿」[14]といい，与謝野経済財政担当相も「長期金利が名目成長率を日常的に下回ることはない」と述べた．一方，竹中平蔵総務相（当時）は「日本では戦後，金利のほうが低かった」と主張していた．

---

13) もちろん，政府と郵貯の両当事者に積極的なメリットが見出せなければ実現しないかもしれない．ただし，重要な点は，この種のスワップ取引は政府と郵貯の両当事者にデメリットが出るわけでなく，経済的には等価交換であることだ．
14) 平成17年第31回経済財政諮問会議，2005年12月26日．

この議論は経済学では古くから行われてきた．経済学者ドーマー（Domar）が議論し，また，2006年2月1日の経済諮問会議でも民間議員から提案されているが，公債残高対GDP比を一定の範囲で抑えるという考え方に密接に関係している．一体どのような経済状態になれば，公債残高対GDP比を増加させずに一定の範囲内に抑えることができるのか．

公債残高対GDP比の変化は次式のようになる．

$$\Delta\left(\frac{D}{GDP}\right) = -\frac{PB}{GDP} - (g-r) \times \frac{D}{GDP}$$

ただし，D：公債残高，GDP：名目GDP，PB：プライマリーバランス，g：名目成長率，r：国債金利

このため，将来における公債残高対GDP比を今よりも低くしようとすれば，①プライマリーバランス対GDP比を黒字にすること，②できるだけ成長率が金利より大きくなるようにすること，③成長率が国債金利より小さくなっても悪影響を少なくするように，現在の公債残高対GDP比を小さくすることが必要となる．

小さな政府という考え方は，①から③までに好影響を与えると思われる．特に，郵政民営化や政策金融改革とその延長線上にある政府資産負債改革は，直接的に③を達成できる．なお，成長率から国債金利を差し引いたものをドーマー条件といい，成長率が国債金利より大きいとき，ドーマー条件が満たされているということにする．

しかしながら，このドーマーの議論には金利と成長率が独立しているという前提がある．金利と成長率の間に何らかの関係があるとすれば，単純に金利を上回る成長率とはいえないかもしれない．例えば，経済学でレファレンスとして用いられる新古典派成長モデル（ソロー（Solow）モデル）の黄金律（golden rule）では，1人当たりの消費水準が最大となるような定常状態で，長期の成長率は資本収益率と等しくなければならない．資本収益率が成長率より小さいときに資本は過剰であり，ある時点における消費を拡大し貯蓄を低めることによって，将来の消費を高められる余地があるということになる．これを動学的非効率性（dynamic inefficiency）といっている．逆に，資本収益率が成長率より大きいときには，ある時点における消費を拡大すると将来の消費は低くなる．これを動学的効率性（dynamic efficiency）といっている．サマ

ーズ（Summers）らの実証研究では，「主要国経済は動学的効率性を満たしている」とされている.[15] そして，多くの経済学者はこの実証研究の結果を単に「先進国では金利のほうが成長率より高い」と解釈している．

この考え方は経済理論としては正しいだろう．ただし，注意しなければいけないのは，サマーズらの実証研究で議論されているものは資本収益率であって，現実世界では民間の貸出金利や株価収益率に対応するものである．一方，ドーマーの議論での金利は国債金利である．

日本の専門家の中には，「経済で動学的効率性が満たされていなければ，政府債務が持続可能であることは自明である．政府債務の持続可能性が問題となるのは，経済で動学的効率性が満たされているときである」という意見がある.[16] これは，資本収益率が国債金利に等しいときには正しいが，資本収益率は国債金利より少なくとも1％以上高いので，必ずしも正しいとはいえないだろう．

実は，サマーズらの実証研究を読めばわかるのだが，歴史的な事実として国債金利のほうが成長率より低いことを指摘した上で，資本収益率として国債金利をとって実証分析すると，「動学的効率性を満たしていない」という結果になる．そこで，彼らは，資本収益率として別の指標をとって，「主要国経済は動学的効率性を満たしている」と示しているのだ．

長期的な事実関係では，元CEA委員長マンキュウ（Mankiw）論文では過去約120年，70年，50年の米国の実績を紹介しているが，いずれも成長率が国債金利を上回る.[17] また，ミシュキン（Mishkin）論文では，他の主要国についても成長率のほうが高かったことを述べている.[18] 長期的に見て，成長率が国債金利よりも高かったこと，つまりドーマー条件を満たしていたことは歴史的事実であり，多くの経済学者の議論の出発点となってきた．

ちなみに，図9-9は，OECD諸国のうち，ドーマー条件を満たしている国の数から満たしていない国の数を引いたものをグラフに表したものである．こ

---

15) Abel, Mankiw, Summers and Zeckhauser［1989］．
16) 井堀ほか［2000］．
17) Laurence, Mankiw and Elmendorf［1998］．
18) Mishkin［1984］．

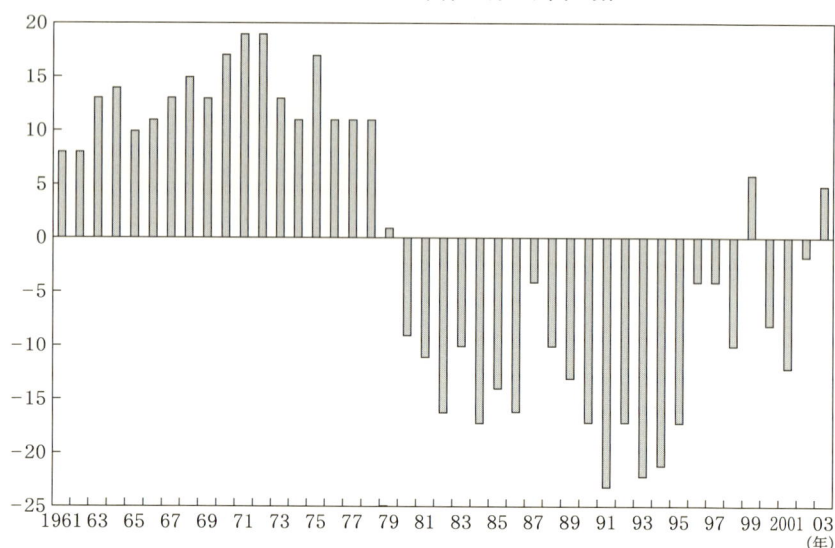

図9-9 ドーマー条件を満たす国の数

のデータを見ると,①1960, 70年代には成長率が金利を上回り,ドーマー条件を満たしている国が多く,②1980, 90年代には成長率が金利を下回り,ドーマー条件を満たしていない国が多く,③2000年代にはドーマー条件を満たしている国と満たしていない国の数は拮抗してきていることがわかる.

また,主要先進国(G7)の状況を,1960年から2004年までの平均で見ても,ドイツを除いて成長率が金利より高く,ドーマー条件を満たしている.米国は金利7.1%,成長率7.3%,英国は金利8.9%,成長率9.1%,フランスは金利7.9%,成長率8.7%,カナダは金利8.1%,成長率8.2%,イタリアは金利9.8%,成長率11.7%,ドイツは金利6.8%,成長率6.3%,日本は金利5.4%,成長率7.4%(ただし日本の場合は1966年から2004年まで)となっている.

経済財政諮問会議では,専門家をメンバーとするタスクフォースがつくられ,歳出歳入一体改革が議論されたが,もしメンバーの意見が現実の資本収益率と国債金利が同じということならば問題となったであろう.ちなみに,2005年12月26日の経済財政諮問会議では,民間議員が「理論的にも長期金利のほうが成長率よりも高くなるのが正常な姿であり,……19世紀以来,長期的には先進国で長期金利のほうが名目成長率よりも高い」と発言しており,2月1日の経済

財政諮問会議でも，同様な議論が繰り返されており，金利について民間金利か国債金利かについて議論に混乱があったのではないか．

さらに，各国とも金利規制が厳しい期間があり，その期間には成長率が金利を上回るが，金利規制が撤廃されれば成長率は金利を下回るのでないかという考え方がある．もしこれが正しいなら，各国ともに金利規制は年々緩くなるので，成長率は金利を下回る国が増えるはずだ．ところが，2000年以降は成長率が金利を上回る国が増えていることから，金利規制との関係で，成長率と金利の関係を論ずることは適当でない．

なお，成長率が上がると金利も上がるはずで，金利が上昇すると財政収支の改善にはならない，という意見も財務省から出ている．ちなみに，財務省の中期財政試算では，名目成長率3％・名目金利3％の場合，名目成長率2％・名目金利2％に比べて，2007年度，2008年度，2009年度において，税収増加額は，それぞれ0.5兆円，1.1兆円，1.7兆円の増加であるが，利払費は，それぞれ1.6兆円，2.8兆円，4.0兆円の増加になって，財政収支は悪化するとしている．

小泉政権はプライマリーバランスの2010年代初頭の回復を目標としていたが，この議論はなぜこれを目標としていたのかを理解していない．プライマリーバランスは確実に改善している．このため，もう1つの政策目標である公債残高対GDP比の上昇は食い止められ，財政破綻は回避できる．

このように名目成長率と名目金利の論争について，理論的観点や歴史的観点から見れば，長期的には成長率と国債金利の大小関係は確定しにくい．しかし，実はこの論争は名目成長率の水準の差による財政再建シナリオの違いが重要なポイントなのである．

与謝野馨経済財政担当は，政府の中期的経済運営方針「改革と展望」（2006年）において，名目成長率の見通しについて2011年度で3.2％程度とし，竹中平蔵が経済財政相だった2005年の同4.0％程度から引き下げた．これに対して竹中は，名目成長率4％程度は堅実な前提だ，と主張していた．

まず，財政再建について海外の事情はどうであろうか．1990年代に財政再建を行ったOECD諸国は，単なる財政収支のバランスから，高齢化への対応を踏まえて，マクロ経済とのかかわりをどう調和させるかという点が問題になっている．その上で，社会保障分野で改革を行っている．要するに単年度の観点より，長期的な持続可能性をどうコントロールしていくかが問題になっている．

財政学者のワイプロス（Wyplosz）は，債務の長期的な持続可能性に信頼性を持ってコミットメントすることと，景気に適切に対応できるような政策手段に短期的な弾力性を与えることの2つをいかに両立させるかが重要と主張している．[19]

　もっとも，OECD諸国の中でも成功している国とそうでない国もある．例えば英国，スウェーデン，オランダは成功しているが，フランス，ドイツは，マーストリヒト条約でいう3％財政赤字基準はかろうじて1998年にクリアしたが，その後3％を超えてしまった．

　金融政策と財政政策を比べると，財政政策のマネジメントというのは難しい．これは民主主義のプロセスを経る必要があるわけで，中央銀行のような独立性を与えられた組織が動かすものではない．また，財政管理について世界的な潮流はルール・目標の導入となっている．しかし，日本では，ルールの導入には政策当局を強く拘束しすぎるという批判も強い．

　英国では財政ルール・目標としてゴールデン・ルール，サステナビリティ・ルールの2つが1998年から導入されている．ゴールデン・ルールは，日本の建設公債原則に対応するが，日本のものとは減価償却がきちんと考慮されている点が異なっている．減価償却が考慮されないと，社会資本であればグロスの数字で公債発行が可能になってしまう．

　フランスはこれまで財政ルールはなかったが，マーストリヒト条約のあとに中期的財政のフレームワークなどが導入された．ただ，実際の改革の動きは最近始まったばかりであり，まだこれからという状態だ．フランスの財政問題は，マクロ経済のコントロールと毎年の予算編成がリンクしていないことだ．

　ドイツは日本と同様な建設公債原則というのが以前からあり，財政再建の仕組みも日本と似ている．さまざまな財政再建の取組みをずっとやっていて，日本の赤字国債脱却の取組みと非常に似ている．中期的なフレームワークは1967年からあるが，それは単なる中期的見通しであって，それと予算がリンクしていないという問題がある．この意味ではフランスと似ている．さらに，州政府の権限，独立性が強いので，州政府の財政規律を担保する仕組みがない．

　オランダは伝統的に連立政権が恒常化しており，財政規律を守りにくいとい

---

19) Wyplosz [2001].

第9章 他の政策への影響　227

われているが，1994年からトレンドベース・アプローチという新しいフレームワークを導入して，選挙が終わると，向こう4年間の財政全体の枠組みを決めた．このハードな仕組みは財政規律を担保することに今のところ成功している．

スウェーデンは1990年代前半の経済危機の苦い経験を教訓として，景気循環を通じて，一般政府の財政収支を平均的に2％の黒字にするというマクロ・ルールをつくった．さらに，このマクロ・ルールから毎年の構造収支を推計し，毎年の財政余剰の目標を設定して，向こう3年分の歳出総額のシーリングを決めるというハードな仕組みを導入している．

これらのOECD諸国のマクロ・ルールは，日本が基本的にフローにしか制約を課していないのに対して，ストックベースにも制約を課している．

いずれにしても，ルールの拘束性と弾力性をいかにバランスさせるかということで，日本と米国を除く多くの国は，景気循環を通じてバランスさせ，一定の債務残高に収束させるという方向だ．マーストリヒト条約では3％の財政赤字基準になっているが，実際の運用レベルでは，景気循環を通じての目標達成になっているので，この意味で弾力性を入れている．

また，予算編成ルールでは，英国，オランダ，スウェーデン，これらに加えてニュージーランド，オーストラリアなどの国は，マクロ・ルールを踏まえて財政支出にハードな制約を課すような仕組みを導入している．他方，フランス，ドイツでは，毎年の予算編成に対してハードな制約を課すような仕組みがない．

マクロ・ルールが抽象的なので，それだけでは毎年の予算編成をコントロールできない．そういうことで，多くの国はシーリングやpay-as-you-go（歳出歳入同時一体措置）のアプローチにより，予算編成をコントロールする予算編成課程のインフラができている．

ただし，マクロ・ルールと予算編成ルールだけではマクロ経済との調和にうまく対処できない．そのために，中期的なフレームワークの中で，初めの見積もりと現実の乖離をきちんと認識して軌道修正していく．ここで，経済分析や予測の問題が出てきて，諸条件の感応度分析をし，乖離したときはその理由を説明するなどの分析をする必要がある．英国，オランダ，スウェーデンは政府の分析がしっかり行われているが，ドイツ，フランスは不十分である．

今回の名目成長率の論争は，財政再建シナリオの差異につながる．マクロ経済の状況と財政再建の関係については，アレシナ（Alesina）らの財政再建に

関する実証研究では，財政再建成功国では成長率が高くなり金利が低下し，財政再建失敗国では逆に成長率が低くなり金利が上昇していることが示されている．[20]

このことは，マクロ経済のパフォーマンスと財政再建には密接な関係があることを示している．おそらく両者には，マクロ経済のパフォーマンスを上げれば財政再建が成功し，財政再建が成功するとマクロ経済のパフォーマンスが上がるという双方向の因果関係があるのだろう．

名目成長率について，与謝野前経済財政担当は3％程度，竹中前総務相は4.0％程度を主張しているが，実質成長率では2％程度と大きな差がないので，名目成長率の差は物価上昇率に帰着するといえよう．ということは，両者の差は金融政策の差になるだろう．与謝野前経済財政担当は現状の日銀の金融政策で十分とし，インフレ目標政策には否定的であった．一方，竹中前総務相は政府と日銀が政策目標を共有しているとは言い難い状況に対して，インフレ目標政策の導入によって政府と日銀が政策目標を共有し，そこまでは政府が金融政策への期待を表明するが，ひとたび目標を掲げた後は日銀のオペレーションは日銀に任せるという中央銀行の独立性を確保するという，世界で標準的な金融政策を求めていた．

マクロ経済のパフォーマンスの向上に金融政策が重要だということは世界では常識だ．金融政策，特にインフレ目標政策が鍵を握っているというのが一般的になっている．イングランド銀行のマービン・キング総裁は，「インフレ目標を1992年から導入してから，すべての4半期でプラス成長になっている．これはインフレ目標のおかげである」と筆者に話したことがあり，インフレ目標政策のマクロ経済パフォーマンスに与える影響を強調している．また，岩田規久男学習院大学教授も，英国とオーストラリアについて，「両国ともに，インフレ目標政策採用以降，インフレ率が中期的に2～3％で安定化するにつれて，成長率が高まるとともに，景気後退を一度も経験することなく安定成長がこれまで続いている」と指摘している．

インフレ目標政策は，米国と日本以外の先進国で採用されている標準的な金融政策の枠組みである．ニュージーランド，カナダ，英国，スウェーデン，フ

---

20) Alesina and Ardagna [1998].

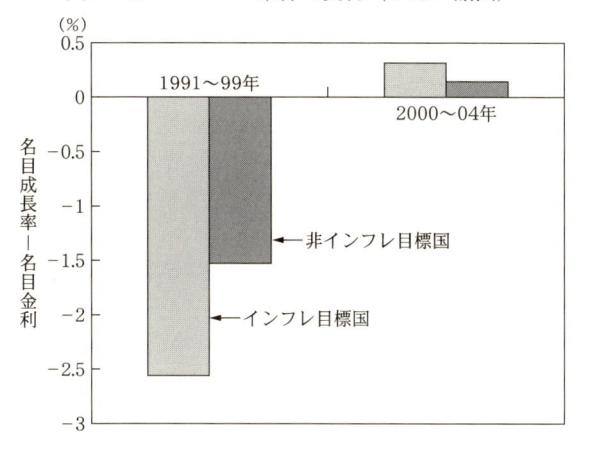

図9-10 ドーマー条件の変化（OECD諸国）

ィンランド，オーストラリア，スペイン，韓国，チェコ，ハンガリー等の国は，インフレ目標政策が金融政策になっている（欧州通貨制度加盟国については，ECB＝欧州中央銀行がインフレ目標に準じた金融政策を実施している）．多くの国で目標とされているインフレ率は2〜3％程度である．

1990年代からインフレ目標政策を採用した国では，実質経済成長率が高まり，インフレ率は低下し，両者の変動率は大きく縮小した．しかも，これは財政健全化にも大きく貢献した．1990年代と2000年代で比較しても，インフレ目標採用国とそれ以外を比較しても，ドーマー条件の改善度合いはインフレ目標国のほうが大きい（図9-10）．これは，金融政策でインフレ目標政策を採用している国のほうがマクロ経済のパフォーマンスがよく，財政再建がより容易であることを示唆している．

政府内の名目成長率と名目金利論争は，本質的なところは名目成長率の差であり，それは結局のところ，金融政策の差に帰着する．つまり，政府と日銀の政策目標の共有もできず，日銀の独立性について曖昧になっているため，量的緩和解除時期についても百花繚乱で中央銀行の独立性が確保されているとは言い難い現状でもよしとするのか，インフレ目標政策によって政府と日銀の政策目標を共有し，その後は日銀の目標達成手段については日銀の独立性を尊重し，口出ししないという本来の中央銀行の独立性を確保するかという問題であった．

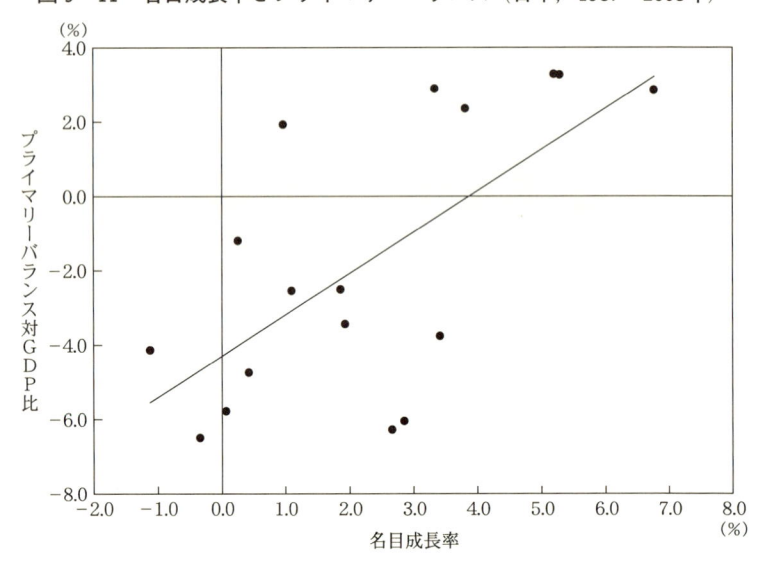

図9-11　名目成長率とプライマリーバランス（日本，1987〜2003年）

　また，日本の金融政策はバーナンキ FRB 議長が「ひどく稚拙な金融政策」（exceptionally poor monetary policy）と表現したものであるが，そのままで満足するか，世界各国で採用されていてマクロ経済のパフォーマンスを向上させるインフレ目標政策に転換するかという選択であるといえる．

　今後10年間くらいを展望すると，成長率と国債金利のどちらが高くなるかはわからない．そうであるならば，成長率をできる範囲で高く，一方で国債金利をできる範囲で低くする努力が重要である．成長率と国債金利をそれぞれ先進国の平均である4％程度にすることはそれほど難しいことではない．また，名目成長率とプライマリーバランスの相関関係を考慮すると，4％程度の名目成長率を目指すのは合理的である（図9-11）．

　ちなみに，名目成長率が4％というのは，過去10年間の OECD 諸国の平均名目成長率が5.8％であるので決して不可能な数字ではない．ちなみに，同期間における名目成長率がいちばん低かった国は0.3％の日本である．なお，GDP デフレータについて，過去10年間の OECD 諸国平均は3.2％であるが，ここでも最低は▲0.9％の日本である．

　最後に，デフレは財政再建だけでなく，経済全体に「悪」であることを最適

金融政策の観点から示そう．

　現実の経済は複雑である．教科書的なモデルの適用には，その前提条件などを十分に吟味すべきである．もっとも，このことは教科書的なモデルを否定するわけでない．むしろ，現実を抽象化し，問題点を鋭くえぐり出すときには，単純な教科書的モデルは有効である．要するに，教科書的モデルはその限界をわきまえてうまく使わなければならない．ところが，誰しも学生時代に学んだ経済学の教科書モデルには強烈な印象があり，それから自由になることはなかなか難しい．昨今の金融政策をめぐる議論の中で，特にフリードマン・ルールについて，それらの鮮やかさと簡明な結論によって，その傾向が強いのではないだろうか．かつて「よいデフレ」という議論がまことしやかに語られ，デフレが正当化されたことがあり，その理論的背景またはこれを許容する心理的背景の1つに，フリードマン・ルールがあったのかもしれない．

　フリードマン・ルールとは，大学院レベルのマクロ経済学の標準的な教科書[21]に書かれており，名目金利をゼロにする政策（ゼロ金利政策）という形で紹介され，社会厚生を最大にする最適な金融政策といわれている．名目金利がゼロ，つまり債券の収益率はゼロとなり，資産保有者にとって現金と債券は収益率で見る限り同じになる．ただし，このことは現金と債券が無差別になるわけではないことに注意しておこう．金利がゼロであってもそれが永遠に続かない限り，償還期限が有期である債券には金利獲得のチャンスがあるからだ．金利がプラスのときは，債券の収益は現金の収益を上回り，現金・債券の資産選択においてさまざまな歪みが生じる．ところが，ゼロ金利の状況では，現金・債券は同じ収益率になるため，経済の歪みをなくすことができる．

　フリードマン・ルールが実施されている場合，インフレ率はマイナスになる．というのは，予想実質金利の定義式，

　　　予想実質金利＝名目金利－期待インフレ率

において，期待インフレ率が実際のインフレ率に等しいと考えれば，

　　　インフレ率＝名目金利－予想実質金利

となる．これらの式は，米国の経済学者アービング・フィッシャーにちなんで，フィッシャー方程式，定義式あるいは恒等式であることを強調する場合はフィ

---

21) Ljungqvist and Sargent [2000].

ッシャー恒等式と呼ばれる．これらは，定義式あるいは恒等式であるから，各経済変数の相互関係，例えば予想実質金利と名目金利がどのように決定されるかについては何も語っていないことに留意しておきたい．

ただし，理論上の話として，経済が長期均衡している場合を考えてみよう．この状況を現実世界の中でイメージするのはなかなか難しいが，こうした経済の長期均衡している状況では，予想実質金利はプラスの値になると考えてもいい．これは，資本の収益性や市場参加者の時間割引率によって定まるからだ．フリードマン・ルールでは名目金利はゼロにするから，予想実質金利がプラスなら，インフレ率はマイナスになる．つまり，金融政策をフリードマン・ルールで運営すれば，長期経済均衡では経済はデフレになるわけだ．

以上が従来の教科書で説明されているポイントである．ところが，ウッドフォード（プリンストン大）の『利子と価格：金融政策理論の基礎』[22]によれば，フリードマン・ルールによるデフレは，もう少し別の論点からは必ずしも最適とはいえないと紹介されている．以下では，同書に従ってそのロジックを追ってみよう．

最適金融政策とは何か

まず，経済学でいうところの「最適金融政策」を明らかにしよう．最適金融政策とは経済に発生するショックに対して経済厚生を最大化する政策を表す（これと同じであるが，経済厚生の損失を最小化するともいえる）．ここで経済厚生とは，理論的には代表的な個人の効用関数を考えて，それを最大化させることである．最近の経済理論では，家計の効用最大化問題を，中央銀行の損失関数の最小化問題と置き換えられる，つまり個人の効用関数と整合的な中央銀行の損失関数が存在することが知られている．簡単にいえば，個人の効用関数を2次近似させると，インフレーションとGDPギャップの2次関数で表せる．「最適金融政策」とは，こうして求められた中央銀行の損失関数を最小化する政策になるわけだ．

$$loss = \sum_{t=0}^{\infty} \beta^t (\pi_t^2 + \alpha x_t^2) \tag{3}$$

π_t：インフレ率，x_t：GDPギャップ，α：インフレ率とGDPギャッ

---

[22] Woodford [2003].

プに対する相対的ウエイト，β：主観的割引率．

ここでの GDP ギャップ x_t は実際の GDP の「自然産出量」（価格伸縮的な場合に達成される産出量）からの乖離として定義されたものであり，インフレ率 π_t と GDP ギャップ x_t の相対的なウエイト α は経済構造パラメータの関数となっている．

このため，従来から用いられてきた経験的な中央銀行の損失関数（通常，インフレ率と潜在 GDP から導いた GDP ギャップのそれぞれの 2 乗の和の形）に関する分析結果の多くは，大きな修正なしで使える．さらに，従来の教科書的モデルではしばしば完全競争という仮定によってモデルを単純化しているが，完全競争であれば各企業の価格は限界費用に一致し，価格が粘着的な状況，つまり価格が限界費用から乖離する現象を扱えない．ところが，ここで求められた中央銀行の損失関数では，完全競争ではなく不完全競争に基づいているので価格粘着性を論じることができる．価格が伸縮的でなく価格粘着性が増すと，インフレ率に対するウエイトは大きくなることがわかる（α は小さくなる）．直感的にいえば，価格粘着性が高いと見かけ上は価格が変化しないが，実質的にはそれ以上に変化しているかもしれないので，より価格の変化に敏感にならなければいけない．

こうしたミクロ経済の基礎がしっかりした損失関数は，インフレの社会的費用に関する知見も得られる．つまり，インフレの社会的費用は，インフレ率の上昇によって個々の財の相対価格のばらつきが大きくなり，各財の相対生産量が効率的でなくなることである．

中央銀行の損失関数が規定できたので，マクロ経済の全体構造を考えよう．マクロモデルは総供給と総需要から成り立つが，現在の標準的なニュー・ケインジアンの立場はそれぞれ経済主体の動学的最適化行動を前提にするというミクロ経済の基礎を持っている．総需要曲線（IS 曲線）は，代表的な消費者に関する異時点間の最適化行動から導かれる．結論をいうと，次式になる．

$$x_t = E_t x_{t+1} - \sigma(\hat{i}_t - E_t \pi_{t+1} - r_t^n) \tag{4}$$

　　π_t：インフレ率，x_t：GDP ギャップ，$\hat{i}_t$：リスクフリーの名目金利の均衡値からの乖離幅，σ：民間需要の異時点間の代替弾力性，r_t^n：自然利子率．

ここで自然利子率は伸縮価格の下での均衡実質利子率であり，ゼロインフレ，

ゼロ GDP ギャップと整合的な利子率である．なお，GDP ギャップと金利の関係は右下がりであり，マクロ経済での IS 曲線の拡張になっていることがわかる．

総供給曲線（フィリップス曲線）は，価格の硬直的な企業の最適価格設定行動から導かれる．これも，結論をいえば次式になる．

$$\pi_t = \kappa x_t + \beta E_t \pi_{t+1} + u_t \tag{5}$$

π_t：インフレ率，x_t：GDP ギャップ，u_t：コストプッシュショック，
β：主観的割引率，κ：企業が価格を変えない程度を表す係数．

企業が価格を自由に調整できる場合であっても完全に調整しないならば（κ が大きいと），金融政策や経済ショックの効果が持続的になる．また，(5)式でコストプッシュショックを除くとインフレと GDP ギャップの間にトレードオフがなくなるが，労働市場の不完全性をトレードオフの原因と考えて，コストプッシュショックを考慮している．

(4)の総需要曲線（IS 曲線）と(5)の総供給曲線（フィリップ曲線）に，もう1つの金融政策ルールとして，例えば，

$$\hat{i}_t = \bar{i} + \delta_\pi (\pi_t - \bar{\pi}) + \delta_x x_t \tag{6}$$

$\bar{\pi}$：目標インフレ率，$\bar{i}$：目標名目利子率，δ_π：インフレ率に関する反応係数，δ_x：，GDP ギャップに関する反応係数．

を加え，3本の連立方程式として，π_t, x_t, $\hat{i}_t$ について解き，マクロ経済のインフレ率，GDP，名目金利を決定することができる．

最適金融政策の導き方

最適金融政策は，(4)の総需要曲線（IS 曲線）と(5)の総供給曲線（フィリップス曲線）の下で，(3)式の中央銀行損失関数を最小化することとして求められる．具体的には，次のラグランジュアンによる乗数法によって最適金融政策は得られる．

$$L = \sum_{t=0}^{\infty} \beta^t \{ [\pi_t^2 + \alpha x_t^2] - \varphi_{1t}[x_t - E_t x_{t+1} + \sigma(\hat{i}_t - E_t \pi_{t+1} - r_t^n)] \\ - \varphi_{2t}[\pi_t - \kappa x_t - \beta E_t \pi_{t+1} - u_t] \} \tag{7}$$

ここで，φ_{1t}, φ_{2t} はラグランジュ係数である．

ラグランジュ乗数法によって最小解を求める前に，政策ルール分析における「裁量」と「コミットメント」の違いを指摘しておく．「裁量」とは，金融政策が経済主体の期待に与える影響を所与として政策を実行することをいい，民間

主体の期待 $E_t x_{t+1}$, $E_t \pi_{t+1}$ を所与のものと外生化して，ラグランジュ乗数法によって最小解を求める．また「コミットメント」とは，金融政策が経済主体の期待に与える影響を内生化し，それを考慮に入れて政策を実行することをいい，民間主体の期待 $E_t x_{t+1}$, $E_t \pi_{t+1}$ を内生変数として，ラグランジュ乗数法によって最小解を求める．

現代の経済分析では，フォワード・ルッキング・モデルが用いられている．例えば，(4)の総需要曲線（IS曲線）でも，今期の総需要は今期の実質短期金利と来期の総需要予想によって総需要が決まっている．来期の総需要は来期の実質短期金利と来来期の総需要予想による．これを繰り返せば，今期の総需要は将来の実質短期金利に依存して決まることがわかる．このため，将来の金融政策に関する予想が重要になっているわけだ．しかも，経済主体の行動に組み込まれていることがポイントである．もし，中央銀行がその金融政策の目標達成について，曖昧で信認が得られないと，予想形成に及ぼす効果も不確定になる．この意味でも「コミットメント」が重要である．もともと「コミットメント」の意味は，「具体的な目標について責任を持って期限内に達成することを約束し，未達成の場合には具体的な形で責任をとる」ことをいう．「できる限りのことをする」という日本的な曖昧さはない．

初めに裁量解を求めよう．$E_t x_{t+1}$, $E_t \pi_{t+1}$ を所与のものとして，(7)式の1階条件は次の通りになる．

$2\pi_t - \varphi_{2t} = 0$

$2\alpha x_t + \varphi_{2t}\kappa - \varphi_{1t} = 0$

$-\varphi_{1t}\sigma = 0$

$x_t - E_t x_{t+1} + \sigma(\hat{i}_t - E_t \pi_{t+1} - r_t^n) = 0$

$\pi_t - \kappa x_t - \beta E_t \pi_{t+1} - u_t = 0$

初めの3式から，$x_t = (\kappa/\alpha)\pi_t$ が得られ，これと後の2式から，

$\hat{i}_t = r_t^n + \lambda_u u_t + \cdots$

$\lambda_u = \kappa/\sigma(\alpha + \kappa^2)$

となる．

次に，コミットメント解を求める．完全予見を仮定し，$E_t x_{t+1} = x_{t+1}$，$E_t \pi_{t+1} = \pi_{t+1}$ とする．(7)式の1階条件は次の通りになる．

$2\pi_t + \varphi_{1,t-1}\sigma/\beta - \varphi_{2t} + \varphi_{2,t-1} = 0$

$$2\alpha x_t - \varphi_{1t} + \varphi_{1,t-1}/\beta + \varphi_{2t}\kappa = 0$$
$$-\varphi_{1t}\sigma = 0$$
$$x_t - x_{t+1} + \sigma(\hat{i}_t - \pi_{t+1} - r_t^n) = 0$$
$$\pi_t - \kappa x_t - \beta \pi_{t+1} - u_t = 0$$

初めの3式から,

$$x_t - x_{t-1} = -(\kappa/\alpha)\pi_t \tag{8}$$

が得られ, これと後の2式から, 金融政策として

$$\hat{i}_t = r_t^n + \mu_x x_{t-1} + \mu_u u_t + \cdots \tag{9}$$

μ_x, μ_u は構造パラメータ

が得られる. このコミットメント解では, 政策が過去の変数に依存し, これを歴史依存性 (history dependence) という. 前述したように総需要のフォワード・ルッキング・モデルでは, 今期の総需要は将来の実質短期金利に依存するが, 実際の経済では長期金利が実体経済に重要な影響を与える. これは長期金利が将来の実質短期金利の予想に依存しているためであり, 民間主体の将来の短期金利に関する予想を適切に管理することが重要になってくるわけだ. このため, 最近の金融政策議論では「政策の時間軸」が問題になっている. コミットメント解が過去の経済変数を含んでいることは, 現在の短期金利を過去の経済変数に依存させて決定することをコミットすれば, 将来の短期金利が現在の変数に依存して決まることになる. このことは, 急に金融政策の枠組みを変えることは回避すべきであり, 当分の間は量的緩和政策を継続すべきことを示唆している.

(8)式は, $\pi_t = -(\alpha/\kappa)(x_t - x_{t-1})$ であり, インフレ率ターゲット・ルールともいえる. ただし,

$$p_t = -(\alpha/\kappa)x_t \tag{10}$$

という物価水準ターゲット・ルールでも同じ均衡を達成できる. また, (9)式の金利ルールでも同じ均衡を達成できる. 要するに, 同じ均衡を達成できる最適な金融政策は1つではない.

貨幣の保有コストを考慮した最適金融政策

貨幣需要を説明する考え方として取引動機がある. 収益を生まない劣位資産である現金を人々が保有する理由は, 現金の流動性が高く取引に便利だからであるという考えである. こうした取引動機に基づく貨幣需要モデルとして代表

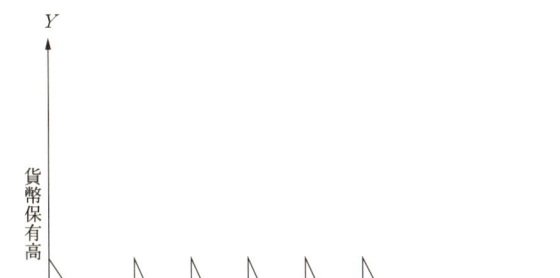

図9-12 銀行へ N 回行く場合の貨幣保有高

的な「トービン・ボーモル・モデル」によれば，次のように，銀行往復費用 F が高いほど，所得 Y が高いほど，金利 i が低いほど，貨幣需要残高は増加することがわかる．

貨幣保有費用 C は，銀行へ年間 N 回出向き，預金を現金化するとすれば，
$$C = iF/2N + FN$$
となる．これを最小化する銀行へ出向く回数は，
$$N^* = \sqrt{iY/2F}$$
となり，平均貨幣保有は，
$$Y/2N = \sqrt{YF/2i}$$
となるからだ．

このような取引に必要で仕方なく保有する貨幣は，「不要なもの」である．なければないほうがいいが，経済活動の取引を行うために無駄な資産として保有しなければならない．この取引摩擦を考慮すると，代表的な個人の効用関数には金利項目が加わり，それと整合的な中央銀行の損失関数(3)は，次のように修正されることがわかっている．

$$loss = \sum_{t=0}^{\infty} \beta^t (\pi_t^2 + \alpha_x x_t^2 + \alpha_i \hat{i}_t^2) \tag{11}$$

この場合においても，コミットメント解は完全予見の前提の下でラグランジュ乗数法によって求めることができる（前と同じく φ_{1t}, φ_{2t} をラグランジュ

係数とする)．なお，このように拡張された損失関数でも，価格が伸縮的でなく価格粘着性が増すと，インフレ率に対するウエイトは大きくなることがわかる（α_x, α_iは小さくなる）．逆に価格が伸縮的ならば，インフレ率に対するウエイトは小さくなることがわかる（α_x, α_iは大きくなる）．ここで最小化のための1階条件は次の通りである．

$$2\pi_t + \varphi_{1,t-1}\sigma/\beta - \varphi_{2t} + \varphi_{2,t-1} = 0$$

$$2\alpha_x x_t - \varphi_{1t} + \varphi_{1,t-1}/\beta + \varphi_{2t}\kappa = 0$$

$$2\alpha_i \hat{i}_t - \varphi_{1t}\sigma = 0$$

$$x_t - x_{t+1} + \sigma(\hat{i}_t - \pi_{t+1} - r_t^n) = 0$$

$$\pi_t - \kappa x_t - \beta\pi_{t+1} - u_t = 0$$

ここで，これらの性質を見るために，定常状態（$\pi_t = \bar{\pi}, x_t = \bar{x}, \hat{i}_t = \bar{i}, r_t^n = \bar{r}^n$）を考えると，

$$\bar{\pi} = -\alpha_i \bar{r}^n/(\alpha_i + \beta) \tag{12}$$

$$\bar{i} = \bar{\pi} + \bar{r}^n = \beta\bar{r}^n/(\alpha_i + \beta) \tag{13}$$

であることがわかる．

価格が完全に伸縮的であると，α_iは無限大の大きさになる．この場合，定常状態でのインフレ率$\bar{\pi}$(12)はマイナスになり，金利$\bar{i}$(13)はゼロになる．これが，フリードマンが指摘した最適なインフレ率がマイナスになる，つまりデフレの世界である．しかし，現実の世界では価格は硬直であるので，α_iは有限の値でありそれほど大きくはない．さらに種々の条件によりインフレ率$\bar{\pi}$を精緻に計算し，形式的にパラメータを推計した場合でも，年率−0.4％程度という結果である．[23]

以上は，収益率ゼロの貨幣をその他の収益率がプラスの金融資産と比べた場合，できるだけ貨幣がないほうがよいという考え方から見て，最適なインフレ率はマイナスになるという議論である．

デフレは本当に最適か

もちろん実際の世界は複雑であり，別に考慮すべき要素は多い．そうした観点から見れば，長期的にプラスのインフレ率は正当化できる．まず，1つは，名目金利にはゼロ下限があり，金融政策の景気安定化機能を損なうという理由

---

[23] Woodford [2003].

がある.[24] インフレ率がマイナスになっても，金利はゼロより下げられないためである．2つ目は，名目賃金の下方硬直性に基づくものである．[25] 雇用制度には，労働者を保護する非経済的な要素も含まれており，実質賃金が低下するような名目賃金の低下はめったにない．この結果，インフレ率がマイナスになると，賃金による労働力調整が行われにくくなる．このような点も考慮され，世界の中央銀行では，ゼロではなく，ゼロより若干上のマイルドなインフレ率が目標とされて金融政策が実施されている．ちなみに，インフレ目標では下限は0％ではなく，1％程度に設定されていることが多い．例えば，ニュージーランドでは1988年からインフレ目標政策を採用しており，1997年から2002年まで消費者物価上昇率0～3％を目標としていた．ところが，アジア通貨・金融危機後の1998年に景気後退に陥り，同年後半に消費者物価指数（金利等を除く）の上昇率が目標レンジの中央値を下回るに至った．こうした情勢下，ニュージーランド準備銀行は1998年後半に大幅な金融緩和を行い，1999年前半まで継続した．この結果景気は回復へと向かった．その当時ニュージーランドはインフレ目標の下限を0％としていた．2002年9月，この反省から，ニュージーランド準備銀行は，アラン・ボラード新総裁の下，インフレ目標の下限をそれまでの0％から1％へと引き上げた（物価指数統計に上方バイアスがあることも考慮されている）．

いずれにしても，これまでデフレの弊害は明らかになり，その脱却に向けて量的緩和政策などの政策努力が行われてきた．景気の回復につれて，量的緩和政策からの「出口論」が論じられた．

これを最適金融政策の観点から考えると，金融政策の保守性が必要かもしれない．最近の理論から，中央銀行が経済の構造パラメータを完全に把握していない場合，経済変数の変動に対する金融政策の最適反応は，完全に把握している場合のそれよりも小さくなることが知られている．つまりパラメータの不確実性がある場合には，慎重な政策対応が望ましい．現在の日本経済は大きな構造変化が生じている可能性があり，多少景気が上向きの情報があっても，従来の量的緩和政策を継続するほうが無難であろう．また，最適政策の歴史依存性

---

24) Summers [1991].
25) Akerlof *et al*. [1996].

を考慮すると，量的緩和政策の出口は過去のインフレやGDPギャップに依存せざるをえない．これは，自然利子率が正に戻るよりも遅れて，量的緩和つまりゼロ金利政策を解除すべきことを意味している．この点からも，量的緩和政策の解除を急いではいけない．さらに，同じ均衡を達成する最適金融政策は複数あるが，インフレ率が一時的に上昇しても一定期間ゼロ金利政策を継続することについて，経済主体の予想に強く働きかけられるのは，物価水準ターゲティングである．[26] これによって，より長期の金融緩和が予想され，景気回復につながる．物価水準ターゲティングは，物価の慣性（inertia）が強いと，物価水準をターゲットまで戻すときにGDPギャップを大きく変化させ，その後の大幅なオーバーシュートのリスクはあるが，量的緩和政策を最適な物価水準ターゲティングに組み替えるほうが，より簡明な透明性の高い出口戦略であっただろう．

---

26) Bernanke [2003].

補論　郵政法案について

1．郵政法案の国会提出まで

　郵政法案は小泉純一郎総理主導でつくられた．そのスタートは2003年10月3日の経済財政諮問会議であるが，大きな節目は，①2004年9月10日郵政民営化の基本方針，②2005年2月10日いわゆる「4項目」についての対応，③2005年4月4日郵政民営化法案について，④2005年4月27日郵政民営化法案に関する合意であった．もっとも，結果として見れば，政治プロセスに入る前段階である経済財政諮問会議でつくられた，①2004年9月10日郵政民営化の基本方針によって，郵政民営化スキームの大部分がつくられたことがわかる．
　郵政法案の作成プロセスは従来とはまったく異なっていた．
　一般論でいえば，多くの場合，各省庁の政策は関係部局における審議会などを通じて作成される．つまり，関係部局において政策の原案が作成され，それを審議会などで議論することによって関係者の意見調整が行われていく．その上で，その政策は各省の中でオーソライズされ関係部局から省庁の政策となり，その実現のために，あるものは予算要求され，あるものは法律案が用意される．もちろん法律案の提案は政府だけではないが，多くの法律案は政府から提出されるので，ここでは政府提出の場合のみを考えておく．そうして各省庁の政策は財務省を含む他の関係省庁との調整が行われる．その調整は，「法令協議」あるいは「各省折衝」などと呼ばれる（財務省については，政策には予算がつきものであるので，関係省庁とは別に財務省主計局による調整が行われる）．その最終局面は事務次官等会議であり，ここで了承され，最終的には閣議決定で政府内プロセスが終了する．その政府内プロセスと並行して与党の事前審査が行われる．与党には省庁ごとに部会があり，そこが調整の場になる．この与党の事前審査プロセスは与党の政審・総務会の了承を得て終わる．
　いずれにしても，各省庁の政策担当者は与党担当者との調整とともに，他省との調整を同時並行的に行うことになる．そして，法案の閣議決定の前に，与党の事前審査をクリアするのが慣行になっている．つまり，政府は与党として法律案に賛成する旨の「党議」を得ておくわけだ．

法律案は閣議決定されてから国会に提出されて審議される．上記のような与党の事前審査プロセスがあるので，国会審議は提案側の政府と野党との審議になることが多い．郵政法案では，通常使われる担当省庁の審議会プロセスではなく，総理が自ら出席する経済財政諮問会議でまず議論された．

　実は，その前に小泉総理の私的勉強会だった「郵政三事業の在り方について考える懇談会」（座長＝田中直毅・21世紀政策研究所理事長）が郵政民営化について検討を重ねたが，その後，なかなか進まなかった．2003年10月3日経済財政諮問会議において，田中理事長は

　　　昨年9月に提出した「郵政三事業の在り方について考える懇談会」の報告書の趣旨を簡単にお話しして，現在の郵政ネットワークがどういう問題を抱えていると考えられるのかを申し上げたい．

　　　懇談会の報告書の性格だが，当時は民営化法案を正面から議論する状況ではなかった．公社法案が国会にかかっている状態であり，公社ができた後に民営化するとすれば，どのような民営化の仕方があるのか，理念型を提示することがこの懇談会の役割であった．

と語っている．これでわかるように，「郵政三事業の在り方について考える懇談会」とは全然違うやり方をしなければいけないということになって，経済財政諮問会議において総理主導で行われることとなった．

　小泉総理の指示により竹中平蔵経済財政担当相が中心となって，経済財政諮問会議の民間議員がポジションペーパーを出すことと相まって，郵政民営化の議論が進められた．経済財政諮問会議は，総理が議長で，関係有力大臣（経済財政担当相，総務相，財務相，経済産業相）と日銀総裁がメンバーに入っている．その中で総理がイニシアチブを取って進めるのだから重みが違う．

　その中で，2004年9月10日郵政民営化の基本方針がまとめられ，同日に閣議決定された．経済財政諮問会議の議論を通じて，主として竹中経済担当相と麻生太郎総務相の間で政府内調整プロセスが行われたわけだが，結果として竹中経済担当相が政府案として基本方針を策定した．ただし，それまで実質的な政治プロセスはない，つまり与党との協議はほとんどなかった．

　その後，この基本方針どおりに郵政法案の作成準備作業が郵政民営化準備室スタッフにより始められた．それと同時並行的に，政治プロセス，つまり与党との調整プロセスに入った．

　この政治プロセスでは，民営化すると郵便局がなくなるのではないかという不安や貯金・保険のユニバーサルサービスを求める声などへの政治的な対応が中心であった．与党の懸念は以下のようであったが，いわゆる「4項目」といわれた．

補論　郵政法案について

　第1に，民営化すると郵便局がなくなるのではないかという不安に対して，それまでの経済的な説明はネットワークの価値維持から見ればそれほど心配する必要がないなど，不安を重要視する者にとっては必ずしも説得的でなかった．
　第2に，貯金・保険のユニバーサルサービスを求める声に対しても，それまでの経済的な説明は民間活動への規制は最小限にすべきというもので，要望者にとっては十分とはいえなかった．
　第3に，社会や地域に対するサービス提供はどうなるのかという声に対して，民営化の考え方は必ずしも回答にならなかった．
　第4に，公共的なサービスがどうなるかについても不安があった．
　こうした中で，民営化の趣旨を損なわないように，政治的な解決策が，2005年2月10日，いわゆる「4項目」についての対応として政府から出された．
　郵便局の設置については，「あまねく全国において利用されることを旨として郵便局を設置することを法律上義務付け，さらに省令における具体的な設置基準として，特に過疎地について，法施行の際，現に存する郵便局ネットワークの水準を維持することを旨とすることを規定するなど，きめ細やかな法制上の担保を行うこと」とされている．
　また，「貯金，保険という金融業のサービスについては，法律上，ユニバーサルサービスの提供義務を課していないが，金融の事業は大変重要であるということは強く認識をしており，それを実効あらしめるための仕組みを同時にしっかりとつくっている．／銀行，保険のみなし免許を付与するにあたっては，最低限移行期間をカバーする長期安定的な代理店契約，保険募集委託契約があることを条件とし，一括して金融サービスがなされるような契約が移行期間を十分にカバーするような期間についてまず結ばれる．その後についても，これは当然経営判断として金融サービスが提供されると考えているが，かりに過疎地などの一部の郵便局で貯金，保険サービスの提供が困難となる場合には，社会・地域貢献基金を活用して，地域にとって必要性の高いサービスとしての金融等々がしっかりと確保されるような制度設計している」とされている．さらに，公共的なサービスも新たな法的枠組で継続することとなった．
　その後，そのほかの論点について，例えば，持株会社の下でのグループ経営のあり方，社会・地域貢献のための基金規模などについて，政府と与党間で調整が行われて，2005年4月4日，竹中経済担当相と麻生総務相との間で長時間にわたる折衝の末，「郵政民営化法案について」がまとめられた．
　それに基づき具体的な法案が作成され，2005年4月27日に郵政法案が閣議決定された．郵政法案は，次の6つの法案から成り立っている．

郵政民営化法案
日本郵政株式会社法案
郵便事業株式会社法案
郵便局株式会社法案
独立行政法人郵便貯金・簡易生命保険管理機構法案
郵政民営化法等の施行に伴う関係法律の整備等に関する法律案

以上のような政治的な対応を可能にしたのは，奇妙かもしれないがやはり4分社化であった．つまり，貯金・保険と郵便・郵便局ネットワークで，前者は完全民営化，後者は特殊会社化と民営化のレベルを分けることが可能であったために，後者については一定限度の政策対応が可能だった．貯金・保険については，民営化スタート段階から特殊会社でなく商法上会社であり，10年間内の移行期間の後に完全民営化するが，これらの会社への規制は基本的には移行期間に限り必要最小限になっている．郵便・郵便局ネットワークについては，特殊会社であるので郵便のユニバーサルサービス義務や郵便局の設置基準などを法的に課すことが可能だった．

なお，民営化スタート段階から特殊会社でなく商法上会社という民営化プロセスは，従来にない斬新な発想である．民営化する際，まず特殊会社に移行し，その後に完全民営化のためにさらに立法措置を要する従来の方法であると，金融業務の場合には，移行期間において民間金融機関とのイコールフッティングが確保されないばかりか，民営化会社においても最終的な完全民営化段階において大きな変化（国の後ろ盾を失う）とならざるをえず，民営化がうまく遂行できないおそれがある．郵政民営化で採用された商法上会社でスタートすることは金融での民営化プロセスとしては最良であろう．

なお，政策金融改革において，政策投資銀行と商工中金の完全民営化については，まず特殊会社へ移行することとされた．郵政民営化と同じ議論ができるわけでないが，両者の移行プロセスの差異がどのような成果の変化になるか，興味深い．

2．郵政法案の国会審議

通常の法案であれば与党の事前審査があるため，実質的な国会審議は政府と野党側で行われる．ところが，郵政法案では，政府と与党・野党間で厳しい審議が行われた．

第162回通常国会の衆議院郵政民営化に関する特別委員会において，109時間25分にもわたる長時間の審議があった（衆院特別委員会の審議時間としては歴代第4位

である).なお,参議院においても,81時間57分の長時間の審議があった.

衆議院の審議において,①郵政民営化委員会が行う見直し等について,その内容を国会に報告すること,②郵便貯金銀行・郵便保険会社の定款に,議決権の面で連続的保有を可能とするよう,議決権の行使に関する事項を規定すること,③社会・地域貢献基金は,郵便貯金銀行・郵便保険会社の株式の売却益,配当収入等の一部を原資とし,規律ある配当の下で1兆円の積立てが義務付けられるが,1兆円を超えて積み立てることは妨げられず,2兆円までは1兆円までと同じルールで積み立てること,④郵便窓口業務を営むほか,地方公共団体の特定事務,銀行業・生命保険業の代理業務等の各種業務を営むことができることの修正が行われ,2005年7月5日,衆議院本会議において,賛成233票・反対228票で可決された.

しかし,8月8日,参議院本会議では賛成108票・反対125票で否決された.

小泉総理はこの参議院否決を受け,衆議院を解散し,衆議院議員総選挙となった.

衆議院議員総選挙では自民党は296議席を獲得し,公明党の31議席と合わせて与党で衆議院議員定数の3分の2以上にあたる327議席を獲得した.

総選挙後の第163回特別国会において,郵政法案は民営化の施行日を2007年4月1日から10月1日に変更し,再度提出された.10月11日,衆議院本会議で賛成338票・反対138票で可決,10月14日,参議院本会議で賛成134票・反対100票で可決され,法案は成立した.

ちなみに,このときの審議時間は衆議院10時間55分,参議院11時間10分であった.論点は多岐にわたったが,筆者から見れば,この国会審議において民営化する場合の経営試算が提示されているのは経済問題を議論する場合に当然とはいえ,従来の国会審議には見られなかった画期的なことであると思う.民営化の姿について抽象的に述べるだけでなく,具体的な数字によって語ることができた.第163回特別国会において野党も対案を提示したが,その前提となる経営試算は実質的に政府が提示したものと同じであり,実質的に対案になっていなかった.

参 考 文 献

跡田直澄編著 [2003] 『財政投融資制度の改革と公債市場』税務経理協会.
─── ・髙橋洋一 [2005] 「郵政民営化・政策金融改革による資金の流れの変化について」慶應義塾大学商学部ディスカッションペーパー No.0502.
─── ほか [2003] 「政策提言 政府金融リストラプラン：民主導の資金循環を作り出すための7つの提言」PHP総合研究所「公的金融改革」研究プロジェクト.
池尾和人 [1990] 『銀行リスクと規制の経済学：新しい銀行論の試み』東洋経済新報社.
─── [1998] 「政府金融活動の役割：理論的整理」岩田・深尾編 [1998] 所収.
─── [2005] 「金融システムの何が問題か」『経済セミナー』1月号.
猪瀬直樹 [1997] 『日本国の研究』文藝春秋.
─── [2001] 『構造改革とはなにか：新篇日本国の研究』小学館.
─── [2003] 『道路の権力』文藝春秋.
井堀利宏ほか [2000] 「財政赤字の経済分析：中長期的視点からの考察」（経済分析──政策研究の視点シリーズ第16号）経済企画庁経済研究所.
岩田一政・深尾光洋編 [1998] 『財政投融資の経済分析』（シリーズ現代経済研究15）日本経済新聞社.
岩本康志 [1998] 「財投債と財投機関債」『フィナンシャル・レビュー』第47号.
─── [2000] 「日本の財政投融資」『経済研究』第52巻第1号.
牛尾治朗・奥田碩・本間正明・吉川洋 [2003] 「日本経済の低迷と資金循環」経済財政諮問会議有識者議員提出資料.
宇野雅夫・折茂建 [2005] 「政策金融の国際比較」財務省財務総合政策研究所 Discussion Paper Series, No.05A-14.
大蔵省財政史室編 [1980] 『昭和財政史──終戦から講和まで 第10巻 国庫制度 国庫収支・物価・国家公務員給与・預金部資金・資金運用部資金』東洋経済新報社.
大野興一 [1994a] 「公的金融システムへの妄説を糺す（上）」『週刊金融財政事情』10月17日号.

────── [1994b]「公的金融システムへの妄説を糺す（下）」『週刊金融財政事情』10月24日号.

────── [1997]「ビッグバンは市場原理が働く真の金利自由化をもたらす」『週刊金融財政事情』7月14日号.

大山陽久・成毛建介 [2002]「近年におけるフランスの公的金融機関の民営化について」日本銀行海外事務所ワーキングペーパーシリーズ，2002-2.

貝塚啓明 [1981]「金融における官業と民業」『季刊現代経済』臨時増刊，第45号.

────── [1991]「財政投融資」金本良嗣・宮島洋編『公共セクターの効率化』所収，東京大学出版会.

笠井隆 [1995]「スペシャルリポート」『日経ビジネス』2月13日号.

片桐幸雄 [2003]「藤井総裁の嘘と専横を暴く」『文藝春秋』8月号.

加藤寛ほか [1995]『官庁大改造：こうすればできる行政改革』PHP研究所.

鎌田康一郎 [1993]「定額貯金の実質価値について」『金融研究』第12巻第2号.

官僚研究グループ [2002]「交通需要かさ上げ国交省の数字操作が判明」『週刊エコノミスト』10月29日号.

北田栄作 [1961-2]「資金運用部資金について」『公社債弘報』1961年9月～62年7月.

行政改革委員会官民活動分担小委員会 [1996]「行政関与の在り方に関する基準」．

────── [1997]「行政関与の仕方に関する制度設計」．

金融調査研究会 [2005]「政策金融改革のあり方について」全国銀行協会連合会金融調査部.

経済企画庁経済研究所編 [1997]『財政投融資改革への提言』大蔵省印刷局.

経済財政諮問会議 [2005]「構造改革と経済財政の中期展望：2004年度改定」1月21日閣議決定.

経済団体連合会 [1997]「財投改革の基本方針」5月20日．

経済同友会 [1995]「『公的金融・財政投融資』の課題と見直しの方向」公的部門の構造改革を考える委員会，7月25日．

────── [1996]「『公的金融・財政投融資』の改革に向けて」公的部門の構造改革を考える委員会，7月23日．

公的債務管理政策に関する研究会 [2003]「公的債務管理政策に関する研究会報告書」財務省，11月25日．

コックス，J., M. ルービンシュタイン著，谷川寧彦ほか訳 [1989]『オプション・マーケット：新しい金融取引の理論と実際』HBJ出版局．

小西砂千夫 [2003]「政府のバランスシートから財政運営に必要な情報を読みと

る」財政制度等審議会第4回公会計基本小委員会, 3月6日.
小宮隆太郎［2002］「日銀批判の論点の検討」小宮隆太郎・日本経済研究センター編『金融政策論議の争点：日銀批判とその反論』所収, 日本経済新聞社.
コルナイ・ヤノーシュ著, 門脇延行・盛田常夫訳［1983］『反均衡と不足の経済学』日本評論社.
「財政投融資の将来」研究会［1996］「『財政投融資の将来』研究会報告書」財務省, 6月.
斎藤達三・日高昭夫［1985］『自治体行政の生産性：効率化追求の新方向』日本能率協会.
財務省『財政投融資リポート』各年版.
産業構造審議会産業資金部会［1997］「産業金融小委員会中間報告書」通商産業省産業政策局, 6月.
資金運用審議会懇談会［1997］「財政投融資の改革に向けて」財務省, 7月23日.
志村嘉一［1978］『現代日本公社債論』東京大学出版会.
社会経済生産性本部［1996］「財政投融資と特殊法人の未来像」.
代田純［1997］「欧州投資銀行による公的金融と証券発行」『証券経済研究』第5号.
鈴木淑夫［1994］「公的金融はかくリストラすべし」『週刊東洋経済』12月24日号.
全国銀行協会連合会［1996］「公的金融システムの改革へ向けて」.
髙橋洋一［1994］『新版 ケース・スタディによる金融機関の債権償却』金融財政事情研究会.
――――［1998］「財政投融資の改革の方向」岩田・深尾編［1998］.
――――［1999］「バランスシート分析なき年金改革論議の大間違い」『週刊ダイヤモンド』1999年12月4日号.
――――［2000］「民営化はじめの一歩はコスト分析」『エコノミックス』第3号, 東洋経済新報社.
――――［2002a］「郵政公社移行後の郵貯改革への視点」『週刊金融財政事情』8月26日号.
――――［2002b］「特殊法人改革における公会計分析及び経済分析の活用について」『国際税制研究』No.8.
――――［2003a］「近未来シミュレーション：郵貯は市場の力で縮小を余儀なくされた」『週刊金融財政事情』3月24日号.
――――［2003b］「財政投融資の将来負担」『ESP』5月号.
――――［2003c］「財政投融資の将来負担：星・土居論文への反論として」日本

財政学会第60回大会報告.
────［2003d］「どうなるのか郵政民営化」『メールマガジン日本国の研究』第259号, 9月11日.
────［2003e］「どうなるのか郵政民営化（その2）」『メールマガジン日本国の研究』第262号, 10月2日.
(http://www.inose.gr.jp/mg/back/03-10-2.html)
────［2004a］「フリードマン・ルールによるデフレは最適になるか」『経済セミナー』9月号.
────［2004b］「プラクティカル国債管理政策」『フィナンシャル・レビュー』第73号.
────ほか［1996］『ALM：アセットライアビリティマネジメント』銀行研修社.
竹中平蔵［2005］『郵政民営化：「小さな政府」への試金石』PHP研究所.
────［2006］『構造改革の真実：竹中平蔵大臣日誌』日本経済新聞社.
────・石川達哉［1991］「社会資本ストックの経済学」『経済セミナー』5月号.
土居丈朗［2002］「財政投融資対象機関の健全性と財政投融資の不良債権の推計」日本財政学会第59回大会報告論文.
────［2003］「特殊法人『不良債権』の実態」『文藝春秋』5月号.
────・畑中卓司・森宏一郎［2001］「特殊法人［年金運用先］の財務的研究」『日本医師会総合政策研究機構報告書』第27号.
────・森宏一郎［2002］「公的年金積立金の運用実態の研究：年金制度改革に向けて」『日本医師会総合政策研究機構報告書』第38号.
富田俊基［1997］『財投解体論批判』東洋経済新報社.
内閣府編［2005］『日本21世紀ビジョン』国立印刷局.
中川稚治・乾文男・原田有造共編［1994］『財政投融資』大蔵財務協会.
中津海知方［1928］『預金部秘史』東洋経済新報出版部.
西崎文平ほか［1997］「財投問題についての論点整理」（経済分析──政策研究の視点シリーズ第9号）経済企画庁経済研究所.
日本経済調査協議会［1997］「公的金融システムのあり方」.
根津智治［1995］『金融革命と銀行行動』行人社.
野田彰彦［1996］「欧米主要国における公的金融の動向：わが国との比較の観点から」『富士総研論集』IV号.
バーナンキ，ベン著，高橋洋一訳［2004］『リフレと金融政策』日本経済新聞社.

深尾光洋［1998］「財政投融資制度の概観と問題の所在」岩田・深尾編［1998］所収．
―――・森田泰子［1997］『企業ガバナンス構造の国際比較』日本経済新聞社．
福島量一・山口光秀・石川周共編［1973］『財政投融資』大蔵財務協会．
星岳雄・土居丈朗［2002］「財政投融資の健全性」『ESP』7月号．
松浦克己［1991］「公的金融――財政投融資――の評価」松浦克己・橘木俊詔偏『金融機能の経済分析：公的金融と民間金融』東洋経済新報社．
三井清・太田清編著［1995］『社会資本の生産性と公的金融』日本評論社．
宮脇淳［1995］『財政投融資の改革：公的金融肥大化の実態』東洋経済新報社．
―――［2001］『財政投融資と行政改革』PHP新書．
郵政民営化準備室［2004］「骨格経営試算」．
吉田和男・小西砂千夫［1996］『転換期の財政投融資：しくみ・機能・改革の方向』有斐閣．
―――［1994］「寡占的金融市場における公的金融の役割」貝塚啓明・植田和男編『変革期の金融システム』東京大学出版会．
吉野直行・古川彰編［1991］『金融自由化と公的金融』日本評論社．
―――・和田良子［2000］「家計の金融資産選択行動のパネルデータ分析」松浦克己・吉野直行・米澤康博編『変革期の金融資本市場』日本評論社．
―――ほか［1998］『公共投資の経済効果に関する実証研究』建設省建設政策研究センター．

Abel, Andrew B., N. Gregory Mankiw, Lawrence H. Summers and Richard J. Zeckhauser [1989] "Assessing Dynamic Efficiency: Theory and Evidence," *Review of Economic Studies* 56.

Akerof, G. A.,W, T. Dickens and G. I. Perry [1996] "The Macroeconomics of Low Inflation," Brookings Papers on Economic Activity, Vol.1996, No.1.

Alesina, A. and S. Ardagna [1998] "Tales of Fiscal Adjustment," *Economic Policy* 18.

―――and Perotti, Roberto [1995] "The Political Economy of Budget Deficits," 42 International Monetary Fund Staff Papers, 1-31.

Arrow, K. J. [1964] "The Role of Securities in the Optimal Allocation of Risk-Bearing," *Review of Economic Studies* 31.

Aschauer, D. A. [1989] "Is Public Expenditure Productive?" *Journal of Monetary Economics* 23.

Bank of International Settlement (BIS) [1999] "Market Liquidity: Research Finding and Selected Policy Implications."

Bernanke, B. S. [2002] "Deflation: Making Sure 'It' Doesn't Happen Here," before the National Economists Club, Washington, D. C., November 21.

────── [2003] "Some Thoughts on Monetary Policy in Japan," before the Japan Society of Monetary Economics, Tokyo, Japan, May 31.

Bosworth, B. P. [1987] "The Economics of Federal Credit Programs," The Brookings Institutions.

Congresional Budget Office [1996] "Assessing the Public Costs and Benefit of Fannie Mae and Freddie Mac."

Doi, Takeo and Takeo Hoshi [2002] "Paying for the FLIP," in Magnus Blomstrom, Jennifer Corbett, Fumio Hayashi and Anil Kashyap eds., *Structural Impediments to Growth in Japan*, University of Chicago Press.

Domar, E. D. [1944] "The Burden of the Debt and National Income," *American Economic Review*, December.

Dornbusch, R. and M. Draghi [1990] *Public Debt Management: Theory and History*, Cambridge University Press.

Hull, John C. [1993] *Options, Futures, and Derivative Securities*, Second Edition, Prentice Hall.

Kornai, Janos [1980] *Economics of Shortage*, North-Holland.

Kotlikoff, Laurence J. and Willi Leibfritz [1998] "An International Comparison of Generational Accounts," NBER Working Paper 6447, March.

Laurence, Ball, N. Gregory Mankiw and Douglas W. Elmendorf [1998] "The Deficit Gamble," *Journal of Money, Credit and Banking* 30.

Ljungqvist, L. and T. J. Sargent [2000] *Recursive Macroeconomic Theory*, MIT Press.

Mishkin, Frederic S. [1984] "The Real Interest Rate: A Multi-Country Empirical Study," *Canadian Journal of Economics*, Vol.17.

Sappington, David E. M. and Joseph E. Stiglitz [1987] "Privatization, Information and Incentives," *Journal of Policy Analysis and Management*, Vol. 6, No.4, Summer.

Stiglitz, Joseph E. [1988] *Economics of the Public Sector*, W. W. Norton & Co.

────── [1989] "On the Economic Role of the State," in Joseph E. Stiglitz et al., *The Economic Role of State*, Basil Blackwell.

―――― [1993] "The Role of the State in Financial Markets," World Bank.
Summers, L. [1991] "How Should Long Term Monetary Policy Be Determined?" *Journal of Money, Credit and Banking* 23.
Takahashi, Yoichi [2000] "Does Discipline by SOE Bonds Work?: Japan's Experience with Zaito Reform," at the OECD meeting on January 2000 (http://www.oecd.org//daf/corporate-affairs/privatisation/country-programmes/in-China/takahashi.pdf).
―――― [2003] "Will Japan Go Bankrupt?" Waseda Economic Papers, No.42, Waseda University, Tokyo, Japan.
Woodford, M. [2003] *Interest and Prices: Foundations of a Theory of Monetary Policy*, chapters 6, 7, Princeton University Press.
Wyplosz, Charles [2001] "Fiscal policy: Institutions vs. Rules," Report prepared for the Swedish Government's Committee on Stabilization Policy in the EMU.

索　引

A～Z

E メール　101
GDP ギャップ　233
JPS（Japan Post System）　114

ア 行

アクションプラン　105
アレシナ，アルバート　227
生田正治　51
失われた10年　14
ウッドフォード，マイケル　232
オープン・グループ基準　144
母屋（一般会計）でおかゆ，離れ（特別会計）ですき焼き　196

カ 行

株式会社商工組合中央金庫法　193
株式会社日本政策金融公庫法　193
株式会社日本政策投資銀行法　193
完全民営化　119, 192
感応度分析　109, 146
官民信用力格差　212
機会費用　200
規模の経済性　120
逆イールド　44
行政改革推進法　193
行政関与の在り方に関する基準　85
行政コスト計算書　133
キング，マービン　228
金利決定方式　96
金利自由化　211

経済財政計画書　203
経済財政諮問会議　52
小泉政権　50
高速通行料金の引下げ　168
交通需要見通し　160
公的債務管理のための指針　206
公的不動産基金　203
国際協力機構　191
国債の個人所有比率　218
個人向け国債　221
国家貸付資金勘定　75
骨格経営試算　103
コミットメント　235
コンスタント・マチュリティ・スワップ　220

サ 行

財政安定化規律　203
財政融資資金特別会計貸借対照表　23
再調達原価方式　165
最適金融政策　232
財投改革の肝　17
財投機関債　78
裁量　234
サブシディ・コスト　59
サリー・メイ　62
３大商業銀行　180
資金運用部資金並びに簡易生命保険及び郵便年金の積立金の長期運用に関する特別措置に関する法律　33
資金運用部資金法　33
資金運用部貸借対照表　23

資金循環　13
資金循環統計　22
自己資本利益率　117
自主運用　17, 19
市場洗礼淘汰論　79
自然利子率　233
使途別分類　35
社会保険税　150
社会保険方式　148
ジャンク債　124
集合的消費の混雑費用　128
住宅金融公庫　54
出生率　146
順イールド　44
準備金規則　30
証券化　201
消費の排除費用　128
将来キャッシュ・フロー分析　131
新古典派成長モデル　222
信用改革法　58
信用リスク　115
政策コスト　79
政策コスト分析　134
清算バランス　197
成長会計　125
整備計画　158
政府支援機関　62, 67
政府資産負債管理　195
税方式　148
世代会計　148
1990年アマート法　183
総資産利益率　117
ソフトな予算制約　130
損失関数　232

タ　行

第一国立銀行　29
代理貸付　175

竹中平蔵　51
田中直毅　51
地域分割　120
地租改正　27
地方公営企業等金融機構法　193
中央省庁等改革基本法　20
中期経営計画　106
長期国債買切オペ　208
超長期金融　66
貯蓄性　98
直轄整備方式　167
積立方式　143
定額郵貯　41
定額郵貯の金利　214
デット・デット・スワップ　221
ドイツ調整銀行　177
ドイツ農林金融公庫　177
動学的効率性　222
動学的非効率性　222
党議　241
統合管理・運用　49
道路公団の債務超過　161
道路公団のファミリー企業　160
道路民営化委　159
特殊法人改革　53
トービン・ボーモル・モデル　237
ドーマー条件　204, 222

ナ　行

ナローバンク　92
ニュー・ケインジアン　233
年金ALM　156
年金財政のバランスシート　141
年金積立金の運用　152

ハ　行

橋本行革　50
バーナンキ, ベン　207

索　引

バランスシート・アプローチ　131
範囲の経済性　119
費用便益分析　126
フィッシャー効果　205
フォワード・ルッキング・モデル　235
賦課方式　143
復興金融公庫　73,177
プット・オプション　43,214
プラン・ターミネーション基準　144
フリードマン・ルール　231
フルセット主義　185
便益対費用比率　126
法令協議　241
保障性　98
ホーム・カントリー・バイアス　205
ポンジー・スキーム　144

マ　行

前島密　28
マーケット・ウィンドウ　178
マーシャルのk　16,22
マーストリヒト条約　176
窓口会社への手数料　106
マンキュウ, N・グレゴリー　223
見えない資産　196
ミルク補給　87
民営化に要する国民負担額　167

民に委ねるものは民に　14
民の萎縮, 官の拡大　47

ヤ　行

郵政民営化の基本方針　52
郵貯の貸借対照表　94
郵便局ネットワーク　101
郵便局の設置基準　89
郵便料金　90
ユニバーサルサービス　102
預金供託公庫　70,181
預金行動　212
預金部預金法　31
預託金利　18
預託制度　17
4項目　242
4分社化のメリット　119

ラ　行

ラグランジュアン　234
流動性プレミアム　212
歴史依存性　236
連邦家族融資制度　60
連邦信用計画　57
連邦政府機関　67
連邦政府業績結果法　63
連邦直接学生融資制度　60

著者紹介

1955年東京都生まれ。東京大学理学部数学科・経済学部経済学科卒業，博士（政策研究）。1980年大蔵省入省。大蔵省理財局資金企画室長，プリンストン大学客員研究員，内閣府参事官（経済財政諮問会議特命室）等を経て，2006年より内閣参事官。早稲田大学政経学部講師（非常勤）兼務。
主な著書に『新版　ケース・スタディによる金融機関の債権償却』（金融財政事情研究会，1993年），『財政投融資の経済分析』（共著，日本経済新聞社，1998年）等。

財投改革の経済学

2007年10月18日　第1刷発行
2007年12月26日　第2刷発行

著　者　髙橋洋一（たかはし　よういち）
発行者　柴生田晴四

〒103-8345
発行所　東京都中央区日本橋本石町1-2-1　東洋経済新報社
　　　　電話　東洋経済コールセンター03(5605)7021　振替00130-5-6518
　　　　　　　　　　　　　　　　　印刷・製本　丸井工文社

本書の全部または一部の複写・複製・転訳載および磁気または光記録媒体への入力等を禁じます。これらの許諾については小社までご照会ください。
© 2007 〈検印省略〉 落丁・乱丁本はお取替えいたします。
Printed in Japan　ISBN 978-4-492-62066-3　http://www.toyokeizai.co.jp/